[社会のなかの数理 新装版]

行列とベクトル入門

イアン・ブラッドリー／ロナルド・L・ミーク［著］
小林淳一／三隅一人［訳］

九州大学出版会

MATRICES AND SOCIETY
Matrix Algebra and Its Applications
in the Social Sciences
By Ian Bradley & Ronald L. Meek
Copyright © Ian Bradley & Ronald L. Meek, 1986
Japanese edition copyright © 1992
By Kyushu University Press
The moral rights of the author have been asserted
Japanese translation rights arranged with Penguin Books Ltd.
through Tuttle-Mori Agency Inc., Tokyo

# 序

**数学の効用**　社会科学の書物において数学を使っているからといって，なにもいまさら弁解する必要はあるまい。あらゆる社会科学において数学が使用され，大きな成果が得られてきたことは，よく知られている。研究者が，もし英語のような普通の言葉だけ使っていたなら，そうした成果をあげることはできなかったであろう。普通の言葉は含蓄には富んでいるが，複雑な量的・論理的関係を表現するには不向きなのである。実際，数学によって記述されるようになる以前には，複雑な関係を表現することは難しかった。たとえばつぎのような簡単な数学的推論でも，それを普通の言葉に直そうとすれば，ほとんど意味がわからなくなる。

$$X^2 - 5XY + 6Y^2 = 0$$
$$\therefore (X-2Y)(X-3Y) = 0$$
$$X = 2Y \text{ もしくは } 3Y$$

つぎのように直してみよう。「2つの量があるとせよ。最初の量に対してそれ自身を乗じ，つぎにそれから2つの量の積を5倍したものを引き，さらに今度は，2番目の量に対してそれ自身を乗じたものを6倍してから加えよ。その結果は，ゼロとなる。」これだけでも，なんのことやらわからない。ましてや，そのつぎの式の論理を普通の言葉で説明できるわけがない。

社会科学にとって数学が役に立つということは，今日では十分に知られている。しかし，数学であればどんなものでも社会科学にとって役に立つというわけではない。数学は，物理科学とともに成長した。その結果，数学はかなりのところ物理科学によって形づくられたのである。そのことは，数学の

大半が経済学者や社会学者などにとってはあまり役に立たないし，また社会科学や行動科学の諸問題を扱うのに適した数学の分野が発展していない，という結果を招いている。しかしそれにもかかわらず，よく発展した数学の若干の分野はおおいに役に立つのである。社会科学の典型的な問題は，物理学者が扱う問題よりも多くの変数を含んでいるだろう。たとえば経済においては，多くの種類の財があり，それを生産するには，さまざまな場所で多くの種類の投入物を使用しなければならない。しかし行列代数は，2つの財を含む問題でも300の財を含む問題でも，同じようにたやすく表現することができる。したがって行列代数は，多くの社会過程と社会現象を分析するにあたって，大きな力となることがわかる。つぎに経済の小さな部分，つまり企業に注目し，行列代数がいかに役に立つかを示してみよう。

**1つの例**　ある企業の利潤を調べることに関心があるとしよう。話を簡単にするため，その企業は2種類の財だけを生産していると仮定する。ここで $y_1$ を財1の生産量，$y_2$ を財2の生産量としよう。また財1単位当りの価格を，それぞれ $p_1$, $p_2$ とする。さらに，それぞれの財を生産するのに必要な投入物の組合せは異なっている，としよう。つまりトマトスープ1缶を生産するには，いくばくかのトマト，砂糖などと缶1個が必要である。これに対し，玉葱のピクルス1びんを生産するには，いくぶん異なった成分が必要である，といった具合である。そこでいろいろな生産の仕方を検討した結果，2つの財を生産するにはそれぞれ全部で3つの種類の投入物がいることがわかった。まず最初の財を1単位生産するのに，投入物1を $a_{11}$, 投入物2を $a_{21}$, そして投入物3を $a_{31}$ だけ必要だとする。また同じく2番目の財を1単位生産するのに，投入物1を $a_{12}$, 投入物2を $a_{22}$, そして投入物3を $a_{32}$ だけ必要だとする。一般的にいえば，財 $i$ を1単位生産するのに，投入物 $j$ が $a_{ji}$ だけ必要とするのである。

企業の利潤を調べるには，これら3種類の投入物の価格を知らなければならない。その価格をそれぞれ，$w_1$, $w_2$, $w_3$ とする。財1を生産することからえられる利潤は，その財を販売してえられる収入から生産に要する費用を差し引いたものである。

収入 $= p_1 y_1$

1単位当りの生産に要する費用 $= w_1 a_{11} + w_2 a_{21} + w_3 a_{31}$

$y_1$ だけ生産するのに要する費用 $= (w_1 a_{11} + w_2 a_{21} + w_3 a_{31}) y_1$

$y_1$ だけ生産することからえられる利潤 $= p_1 y_1 - (w_1 a_{11} + w_2 a_{21} + w_3 a_{31}) y_1$

あらゆる財(といっても，この場合は2財だけだが)についてこうした計算をおこない，各財の生産からえられる利潤を合計すると，企業全体としての利潤を得ることができる．

$$\text{総利潤} = p_1 y_1 + p_2 y_2 \\ - (w_1 a_{11} + w_2 a_{21} + w_3 a_{31}) y_1 \\ - (w_1 a_{12} + w_2 a_{22} + w_3 a_{32}) y_2$$

もしこの企業が57個の財を生産し，92個の投入物を使用するならば，この計算がどれほど複雑になるか想像できるだろうか．

**行列による表現** 　読者はこれから先，行列代数の最大の便利さの1つがインクと紙の節約であることを理解することになろう．上でおこなったような計算に習熟している読者は，すぐにつぎのように書き表わすことだろう．

$$\boldsymbol{y} = \begin{bmatrix} y_1 \\ y_2 \end{bmatrix}$$

$${}^t\boldsymbol{p} = \begin{bmatrix} p_1 & p_2 \end{bmatrix} \qquad {}^t\boldsymbol{w} = \begin{bmatrix} w_1 & w_2 & w_3 \end{bmatrix}$$

つまり，1つの記号 $\boldsymbol{y}$ で産出物全体を縦に1列にならべて表わし，また記号 ${}^t\boldsymbol{p}$ と ${}^t\boldsymbol{w}$ でそれぞれ産出物と投入物の価格全体を横に1行にならべて表わすわけである．つぎに，

$$A = \begin{bmatrix} a_{11} & a_{12} \\ a_{21} & a_{22} \\ a_{31} & a_{32} \end{bmatrix}$$

つまり単一の記号 $A$ で，産出物を生産するのに必要な総投入量を適当な順番にならべた長方形の表を表わすことにする．この場合，産出物1を生産する

のに必要な投入物は第1列に，また産出物2を生産するのに必要な投入物は第2列に書き込まれている。以上の記号を使えば，

$$総利潤 = 収入 - 費用$$
$$= {}^t py - {}^t wAy$$

初学者はこの段階で，こうした計算を理解することはできないであろう。しかし，それは構わない。本書の最初の3つの章を読んだ後で，この箇所をもう一度見てほしい。これまでは行列の定義と操作の仕方にのっとって，利潤を簡潔に表現してみた。しかし行列代数は，単に簡便な表記法以上のものである。利潤をさきほどのように表現することにより，もし投入物と産出物の価格が変化すれば利潤はどのように変化するかを，たやすく理解できる。また企業の生産量が変化した場合でも，あるいは産出物を生産するのに要する投入物の量が変化した場合でも，利潤の変化の仕方をたやすく理解できるのである。つまり問題を行列の形で表現し，特定の種類の行列がもつ数学的特徴を知ることによって，見掛け上は複雑な問題がきわめて単純になるのである。実際，本書にはそのような事例がいくつも含まれている。

わたしは以前に，数学は物理科学とともに成長してきたと述べた。しかし行列は，社会科学者にとってものすごく役に立つものであり，そのためいくつかのタイプの行列を議論し，その特徴をみいだすことが，社会科学にとって必要であった。その好個の一例が，ゲーム理論として知られているが，それは本書の最後3つの章の主題である。ゲームの理論が適用されるのは，個人，組合，または政府，その他なんであれ，利益を求めて努力する行為者が，ゲームの結果を必ずしも自分の思うままには決定できないような状況である。つまりゲームの理論は，軍事的，経済的，政治的，あるいは厳密な意味で社会的なコンフリクトの状況に適用されるのである。この分野の古典的著作は，J. フォン・ノイマンとO. モルゲンシュテルンによる *The Theory of Games and Economic Behavior*（1944，銀林浩・橋本和美・宮本敏雄監訳，『ゲームの理論と経済行動』，東京図書，1972年）である。書名からもわかるように，その本は社会科学者のためにとくに発展させられた数学があることを示している。

**読者の皆様に**　本書の目的は，ゲームの理論だけではなく行列を使う他

の方法も，社会科学にとって役に立つことを示すことである。手順としては，読者（興味のある人なら学生でもだれでもよいのだが）に対し，まず基礎的な行列代数の知識を与える。そのうえで実例を通して，経済学・人類学・社会学・政治学・地理学などにおいて，行列代数がいかに多様な問題を解明する手助けとなっているかを読者に理解させることになっている。本書は，単なる行列の教科書でもないし，社会科学における行列の使用法に関する包括的なガイド・ブックでもない。また多様な分野から適用例をひっぱってきたのは，つぎの2つの理由からである。1つは，行列の技法が広い範囲で役に立つことを示すため。もう1つは，議論される諸問題が，すべての社会科学者および社会の仕組みに関心をもつ一般の人びとにとって，興味深いものだと考えているためである。社会科学におけるさまざまな分野がより量的になってきているが，大学や高専でそれらの分野を学ぶ学生は，一般にたいした数学的素養をつんでいるとは思われない。また，たいした素養をつんでいる必要もない。しかし，自分が専攻する分野にふさわしい数学を調べ，勉強するように準備しておくことは必要である。本書は，そのような学生向きのものであり，またどんな分野で数学がうまく使われているかに関心をもつ人向きのものである。大雑把にいって，本書は，行列に関する特定の技法を数学的にあまり複雑にならない程度に論議し，つぎに実例によってそうした技法がいかに便利であるかを示すように，編成されている。数学は高校初学年程度の力があればよい。もっとも読者は，他の学科同様，真剣に考えることが必要であるが。また本書のふさわしい箇所に，練習問題をはさんである。読者は，自分の理解の度合いをチェックするため，練習問題を全部やってみるようお薦めしたい。そして読者は本書の範囲を越えて，自分が抱くようになった特定の興味を追求してほしい。その手始めの案内として，先に読み進むための本をあげている。

　本書を書き始めるにあたって，ロナルド・ミークはつぎのような考えを強く抱いていた。それは，読者に行列代数がきわめて重要でかつ興味深い問題を理解する助けとなることを理解させたい，というものであった。ただし，未来の社会科学者全員を行列代数の細部まで理解した専門家にしたてようとは，意図していない。それは，不必要なことである。ロナルド・ミークは，自分のことを数学オンチだと思いたがっていた。かれの明晰で論理的な精神

からして，そのようなことはないのだが。かれは，すべての経済学者は数学に強くなければならない，ということが未だ広く認識されていなかった時代に教育を受けている。しかしかれは，すぐに，社会科学とくに経済学において数学を使うことの便利さを理解し，また数学の恩恵をこうむるようになった。かれは，社会を理解する手助けとなるような新しい技法の習得にいつも熱心で，「行列のマジック」と好んで呼んでいた技法を携えて，発見の旅に出たものだった。そのうちかれは，自分の経験と興奮を他人と分かちもちたいと思うようになったのである。しかしかれは，本書の1・2・3章と5・6章の大部分の草稿を残したままで死去してしまった。そのためわたしが，いくらかの修正と付け加えをしたが，ミークの独特の文体を保つよう努力した。もちろん，それらの章だけでなく，本書全体における間違いや手抜かりあるいは誤解は，すべてわたし個人の責任に帰すべきものである。

イアン・ブラッドリー

# 目　次

序 ································································ i
1　行列の扱い方 ················································ 1
　　1．行列とはなにか ·········································· 1
　　2．社会科学における行列 ···································· 3
　　3．行列の操作 ·············································· 7
　　4．割り算について ·········································15
2　逆行列の求め方 ··············································21
　　1．逆行列の基礎 ············································21
　　2．2×2の一般的ケース ····································23
　　3．基本的行変形 ············································28
　　4．もっと大きな行列の逆行列 ································31
3　簡単な投入―産出分析 ········································35
　　1．産業連関 ················································35
　　2．投入係数 ················································42
　　3．1つの具体的な例 ········································45
　　4．無限の連鎖 ··············································47
　　5．最後の問題 ··············································50

## 4 部族社会の親族構造 …………………………………… 57
1. 親族システム ………………………………………… 57
2. 順列行列について …………………………………… 64
3. 再び親族システムについて ………………………… 65
4. いとこ婚 ……………………………………………… 70

## 5 集団内の勢力関係をさぐる ……………………………… 79
　　── 優越行列とその応用 ──
1. めんどりのつつき順位 ……………………………… 79
2. 力のある裁判官をみつける ………………………… 88

## 6 マルコフ連鎖の基本的な数学 …………………………… 97
1. 名物教授の試験問題を予想する …………………… 97
2. 1つの重要な定理 …………………………………… 106
3. うわさと真実 ………………………………………… 109

## 7 移動のマルコフ連鎖モデル ……………………………… 115
1. いくつかの簡単な移動過程 ………………………… 115
2. 産業間移動のマルコフ・モデル …………………… 120
3. 移動者と停留者 ……………………………………… 127

## 8 吸収マルコフ連鎖の数学 ………………………………… 133

## 9 吸収マルコフ連鎖の応用 ………………………………… 143
1. 刑務所運営と犯罪常習性 …………………………… 143
2. 集団圧力と同調 ……………………………………… 150
3. マルコフ・モデルを応用するときの諸問題 ……… 154
4. ニュースの伝播過程 ………………………………… 157

## 10 人口動態のシミュレーション ……………………167
1．生存行列 ………………………………………167
2．中国の人口政策 ………………………………174
3．出生力とレスリー行列 ………………………178
4．現行の出生率が続く場合 ……………………184
5．「子ども2人」の場合 …………………………187
6．「一人っ子」の場合 ……………………………189

## 11 簡単なゲームの理論 ………………………………193
1．いろいろなゲーム ……………………………193
2．優越戦略 ………………………………………196
3．鞍点と純粋戦略 ………………………………199
4．混合戦略 ………………………………………201
5．別のゲームによる復習 ………………………213

## 12 定数和ゲーム理論の応用 ………………………219
――部族社会の知恵？――
1．呪術慣行 ………………………………………221
2．ジャマイカの漁 ………………………………224
3．ガーナにおける農業 …………………………230

## 13 紛争と協同――非定数和ゲームの理論と現実―― ……235
1．密輸のゲーム …………………………………235
2．囚人のジレンマ ………………………………241
3．軍拡競争のゲーム ……………………………244
4．各種の公共財問題 ……………………………247
5．汚染のゲーム …………………………………251
6．合理性再考――実験室から学ぶ―― ………258

| | |
|---|---|
| 終章　今後の研究のために | 265 |
| 訳者あとがき | 275 |
| 練習問題の解答 | 277 |
| 索　　引 | 305 |

# 1　行列の扱い方

## 1．行列とはなにか

あなたが夜，家に居るとしよう。テレビはあまり面白くないし，とくにすることもない。とすると，パブにでも行くか，劇場にでも行くか，それとも家に友達をよんでカード・ゲームをするかしかない。3つの選択肢があるわけだ。各選択肢の長所と欠点を比較秤量するために，わかっている事を紙に書き出すことにした。几帳面な性格なので，つぎのような表の形にまとめてみた。

**表1**

|  | 運転<br>(マイル) | 入場料<br>(ポンド) | 酒<br>(パイント) | ポテトチップ<br>(袋) |
|---|---|---|---|---|
| パブに行く： | 3 | 1 | 4 | 3 |
| 劇場に行く： | 2 | 3 | 1 | 1 |
| 自宅でカードをする： | 0 | 0 | 12 | 9 |

パブに行くとすれば，車庫から車を出し，3マイル運転しなくてはならない。今夜は特別なショーをやっているので，1ポンドの入場料がかかるし，さらに酒4パイントとポテトチップ3袋（それくらいは飲み食いするだろう）分の代金がかかる。劇場に行くとすれば入場料は3ポンドかかるが，パブの場合とくらべれば車の費用を若干節約できるし，飲み食いの代金は大いに節約できる。これらに対し，自宅に居て友達をよんでカード・ゲームをやるとすれば，かなり多くの酒とポテトチップを用意しないといけないが，その代わり車を必要としないし，入場料ももちろんいらない。

**いろいろな行列**　　ここで面白半分に，上の表から数字だけ抜き出し，そ

れをつぎのような大きな角ばった括弧で囲んだとしよう。

$$\begin{bmatrix} 3 & 1 & 4 & 3 \\ 2 & 3 & 1 & 1 \\ 0 & 0 & 12 & 9 \end{bmatrix}$$

おそらく驚かれるだろうが，あなたは**行列**をつくってしまったのだ。というのは行列は，数字を長方形に配列したものにすぎないからである。行列の個々の数字は，**成分**とか**要素**とかよばれる。上の行列は，3つの行と4つの列をもっているので，3×4行列といわれる。もし問題となっている3つの選択肢のうち，2つしか考慮に入れない——たとえば，「劇場に行く」を除去する——とすれば，つくるべき行列はつぎのようになる。

$$\begin{bmatrix} 3 & 1 & 4 & 3 \\ 0 & 0 & 12 & 9 \end{bmatrix}$$

この行列は，2つの行と4つの列をもっているので，2×4行列である。他方，3つの行はそのままで，列を1つだけ除去すれば，3つの行と3つの列をもつ3×3の**正方**行列となる。

つぎに例の3つの選択肢のうち，1つ——たとえばパブに行く——しか真剣に考慮しないとしよう。そうすると行列は1×4，つまり4つの数字からなる1行しか含まないことになる。

$$[3, \ 1, \ 4, \ 3]$$

このように1つの行に書かれている数字の秩序ある並びは，特別な（またきわめて重要な）行列であって，**行ベクトル**とよばれる。

最後に3つの選択肢をとったときの酒の消費量にだけ関心があるとしよう。そうすると行列は3×1，つまり3つの数字からなる1列しか含まない。

$$\begin{bmatrix} 4 \\ 1 \\ 12 \end{bmatrix}$$

このように1つの列に書かれている数字の秩序ある並びは，もう1つの特別な（そして同じように重要な）行列であって，**列**ベクトルとよばれる。

## 2. 社会科学における行列

それでは，行列は社会科学においてなぜ重要なのであろうか。非常に多くの教科書において，どうして行列の操作法が説明されているのだろうか。当然，このような疑問が出てくるだろう。簡単に答えれば，つぎのようになる。社会科学は，いろいろな種類の複雑な**相互関係**の究明に関心をもつことが多い。そのような相互関係を行列の形で紙に書き出すことは，きわめて便利で啓発的なのだ。

**投入産出分析**　経済学では，たとえばつぎのような事実が含意することに関心がある。それは，ある産業が生産するもの（つまり「**産出物**」）の一部が，他のものないしはそれ自体を生産するための原料（つまり「**投入物**」）として使われるという事実である。われわれの国で生産される電力の大部分は，個人的に消費されるのではなく，とうもろこし・機械・衣料などを生産するための投入物として使用される。さらに電力は，電力それ自体を生産するための投入物としても使用されるのだ。ここで産業がわずかに3つしかないきわめて単純な経済を想定し，それらの産業をA，B，Cとよんでおこう。さて産業Aは，毎年300単位の生産物——何トンかの鉄鋼，何キロワット時間かの電力など——を生産する。そして300単位のうち50単位を，自分自身の生産過程における投入物として使用するために，（いわば）自分自身に売るのである。また100単位は産業Bに，50単位は産業Cに，**それぞれの**生産過程における投入物として売るのである。残り100単位は，われわれのような最終消費者に売られる。産業Bは150単位生産し，そのうち70単位は自分自身に，25単位はAに，5単位はCに，そして残り50単位は最終消費者に行く。産業Cは180単位生産し，そのうち60単位は自分自身に，30単位はAに，10単位はBに，そして残り80単位は最終消費者に行く。

3つの産業の全産出物が費消される仕方は，つぎのような簡単な行列の形で表わすことができる。

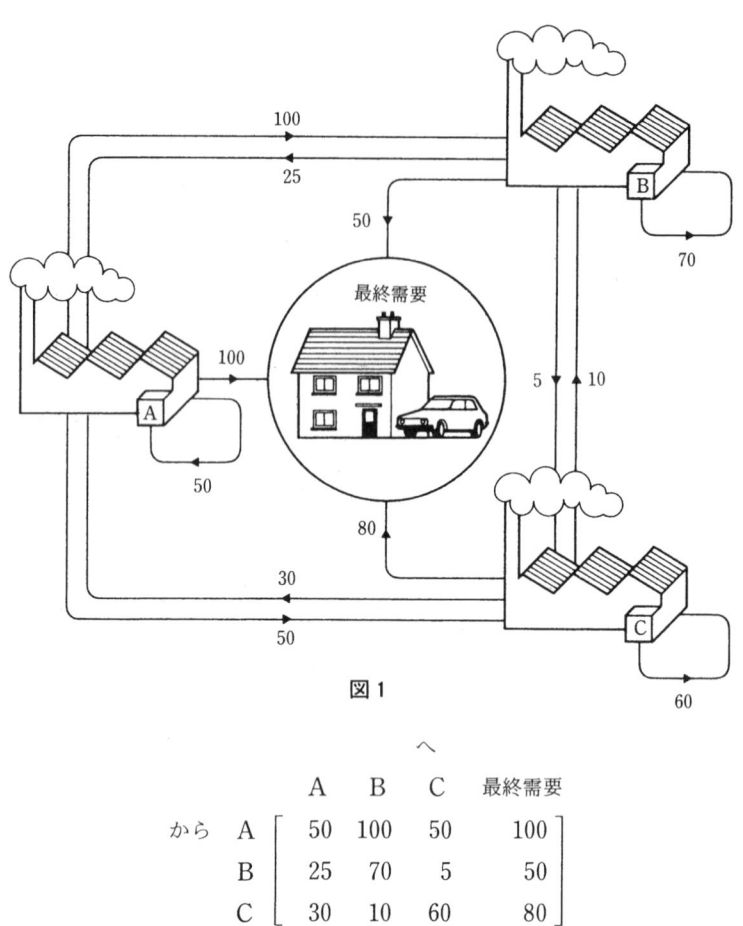

図1

|  | | へ | | |
|---|---|---|---|---|
| から | A | B | C | 最終需要 |
| A | 50 | 100 | 50 | 100 |
| B | 25 | 70 | 5 | 50 |
| C | 30 | 10 | 60 | 80 |

行列で表現することの利点の1つは，2つの相互に関連する側面からなる全般的状況を一挙に提示することにある。つまり上の行列の場合，3つの行は各産業の産出物の行き先を示し，また最初の3つの列は，各産業の物的な投入物がどこから来ているのかを示している。

**ゲーム理論**　社会科学において，以上の行列とは別のタイプの行列もよく問題になる。それは，2人（ないしはそれ以上）のプレイヤーによるある種のゲームから生じる損得を，表現する行列である。たとえば，トムとジェリー

という2人のプレイヤーがおり，かれらは一種の葛藤状況に置かれているとしよう。そしてかれらは，可能な選択肢の中から，とるべき行動のコースを（互いに独立に）選ばなければならない。ゲームの最終的結果——つまり各プレイヤーの損得——は，かれら2人の選択の組合せによって決まるのである。ここでもっと具体的に，トムとジェリーを公的な地位を求めて争っている2人の候補者だと想定してみる。そして，選挙キャンペーンのある段階で重大局面が訪れ，トムは2つの選択肢から，ジェリーは3つの選択肢から，行動のコースを選ばなければならなくなったとお考えいただきたい。したがって2人の選択の組合せは，6（＝2×3）個となる。この6個の組合せに応じて，トムの獲得する（あるいは失う）票数がいくらで，逆にジェリーが失う（あるいは獲得する）票数がいくらかがわかっているとき，つぎのような行列で表現することができる。

$$\begin{array}{c} \text{ジェリー} \\ \begin{array}{cc} & \begin{array}{ccc} 1 & 2 & 3 \end{array} \\ \text{トム} \begin{array}{c} 1 \\ 2 \end{array} & \left[ \begin{array}{ccc} 1000 & 0 & -1000 \\ -3000 & 2000 & 1000 \end{array} \right] \end{array} \end{array}$$

トムの利得行列

この行列から，たとえば，トムが最初の戦略を採用しジェリーが3番目の戦略を採用するとすれば，トムが1000票失う（逆にジェリーが同数の票を獲得する）ことがわかる。しかしトムが2番目の戦略を採用し，ジェリーも**かれの**2番目の戦略を採用するならば，トムが2000票獲得する（逆にジェリーが同数の票を失う）のである。その他の組合せについても，同様の見方をすればよい。わかっていることをこのように表現することの利点は，さきほど述べたように，同時に2つの視点から事態を表わせる点にある。つまり一方で行はトムの視点から，他方で列はジェリーの視点から，事態を表わしているのである。

**いくつかの社会学的話題**　また社会学では，**優越状況**(dominance situation) といわれるものに，関心がある。

それは，たとえば，3人（ピップ，スクーク，ヴィルフレッド）間の優越パターンであって，行列で表現することができる。この場合1という要素は，その

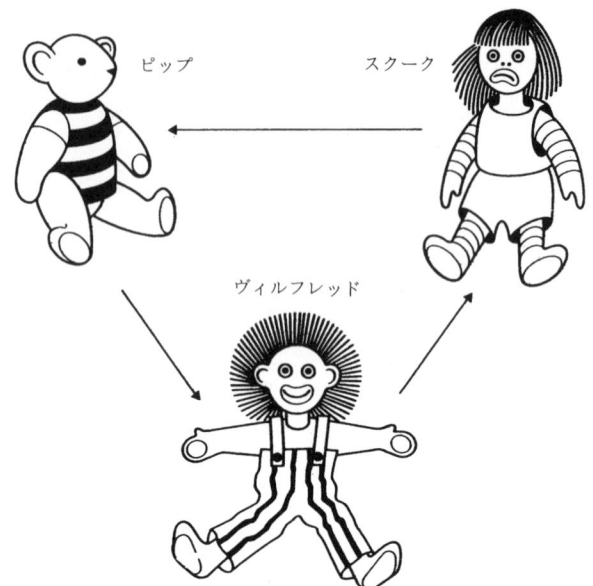

a ⟶ b は，a が b に優越していることを意味する。
**図2**

行の人物がその列の人物に優越していることを意味している。また0という要素は，その行の人物がその列の人物に優越していないことを意味している。

$$\begin{array}{c c} & \begin{array}{ccc}\text{ピップ} & \text{スクーク} & \text{ヴィルフレッド}\end{array} \\ \begin{array}{c}\text{ピップ}\\ \text{スクーク}\\ \text{ヴィルフレッド}\end{array} & \left[\begin{array}{ccc} 0 & 0 & 1 \\ 1 & 0 & 0 \\ 0 & 1 & 0 \end{array}\right] \end{array}$$

したがって上の行列の行をみれば，ピップはヴィルフレッドに，スクークはピップに優越していることがわかる。また列をみれば，ピップはヴィルフレッドに，ヴィルフレッドはスクークに，スクークはピップに優越**されてい**ることがすぐわかる。

最後の例として，ある種の**推移行列**をとりあげよう。それは，ある人が所定の期間中──1世代とか──に，(たとえば)ある社会階級から別の社会階級に移ってゆく確率を記述するものである。つぎの行列は，上流・中産・下層それぞれの階級の人の息子が，上流・中産・下層の各階級に移ってゆく確

率を表わしている。

|  | | 息子 | |
|---|---|---|---|
|  | 上流 | 中産 | 下層 |
| 父親 上流 | .4 | .5 | .1 |
| 中産 | .1 | .7 | .2 |
| 下層 | .1 | .5 | .4 |

つまり行は，父親の階級がわかっているとき，息子が各階級に属する確率を示している。たとえば父親が中産階級の息子は，10人に1人の割合で上流に移り，10人に7人の割合で中産にとどまり，5人に1人の割合で下層に移行する。しかし列の解釈は，ハッキリしない。たとえば第1列が，上流の息子が上流・中産・下層の父親をもつ確率などを示していないことは，明瞭である。そのような確率は，各階級に属する父親の数によって決まるものである。

## 3．行列の操作

これまでは，行列とはなんであるかを説明し，つぎに行列を使えば，社会科学者が関心を抱くような相互関係をうまくかつ簡便に記述できることを明らかにしてきた。しかしただそれだけのことであれば，なにもわざわざこのような本を書くことはないのである。大切なことは，行列の形で相互関係を記述することだけでなく，行列それ自体をいろいろな仕方で**操作する**ことなのである。要するに行列の便利さは，操作しやすい点にあるのだ。しかし行列を操作するには，どのようにすればよいのだろうか。

個々の数を扱う通常の算術では，足し算，引き算，掛け算，割り算の簡単な技法がある。そのような技法は，われわれが子どものときに学ぶものである。しかしわれわれは，個々の数ではなく，数の配列を取り扱いたいのである。行列を1つの単位として扱い，通常の算術の足し算，引き算，掛け算，割り算に似た演算を施すのが便利だと思う場合には，どうすればよいのであろうか。

個々の数ではなく行列を取り扱うときには，行列の足し算，引き算，掛け算，割り算の**意味**をはっきりさせなければならない。そのためには，行列の

演算を規定する一組の規則が必要となる。そのような規則は，行列の演算によって解決しようとしている問題にとって便利なものでなければならない。

**行列の足し算** この場合は，採用される規則はきわめて単純で，常識に合致するものである。同一の次元ないしは次数をもつ（つまり行の数も列の数も等しい）2つの行列を加えるには，対応する要素を足せばよい。たとえば，つぎのようにすればよい。

$$\begin{bmatrix} 2 & 0 \\ -1 & 4 \\ 3 & 7 \end{bmatrix} + \begin{bmatrix} 6 & -2 \\ 0 & 4 \\ -2 & 1 \end{bmatrix} = \begin{bmatrix} 8 & -2 \\ -1 & 8 \\ 1 & 8 \end{bmatrix}$$

もっと簡単な例を2つ示しておこう。最初は $1 \times 3$ の行ベクトルの足し算であり，2番目は $2 \times 2$ の正方行列の足し算である。

$$[3, -2, 4] + [0, -3, -2] = [3, -5, 2]$$

$$\begin{bmatrix} 1 & 2 \\ -1 & 3 \end{bmatrix} + \begin{bmatrix} 3 & 2 \\ -1 & 0 \end{bmatrix} = \begin{bmatrix} 4 & 4 \\ -2 & 3 \end{bmatrix}$$

ここで，行の数が違っていたり，列の数が違っていたりする行列の足し算はどうすればよいのか，質問がでるかもしれない。そのようなときには，足し算はしないし，またできないのである。「足し算」という演算は，行列に対して適用される場合，対応する要素に関して定義されており，そのため同一の次元の行列にしか適用されないのである。

**引き算** も，足し算と同じように定義されるので，同じ形をした行列同士にしか適用されない。いくつかの例をあげておく。

$$\begin{bmatrix} 1 & 2 \\ -1 & 3 \end{bmatrix} - \begin{bmatrix} 3 & 2 \\ -1 & 0 \end{bmatrix} = \begin{bmatrix} -2 & 0 \\ 0 & 3 \end{bmatrix}$$

$$\begin{bmatrix} 6 \\ 4 \\ -2 \end{bmatrix} - \begin{bmatrix} 3 \\ 5 \\ -3 \end{bmatrix} = \begin{bmatrix} 3 \\ -1 \\ 1 \end{bmatrix}$$

**行列の掛け算**　足し算と引き算は，簡単であった。しかし**掛け算**は，違う仕方で定義されており，難しくなっている。そこで，少していねいに説明しよう。

まず**スカラー倍**について説明する。行列の各要素にある数，たとえば 2，を掛けることを，スカラー倍という。次の例で，演算の仕方を示しておく。

$$2 \begin{bmatrix} 1 & -3 \\ 2 & 4 \end{bmatrix} = \begin{bmatrix} 2 & -6 \\ 4 & 8 \end{bmatrix}$$

しかしスカラー倍ではなく，ある行列に別の行列を掛けたり，ある行列にその行列自体を掛けたりするには，どうしたらよいのであろうか。つぎにこの点について，見てみよう。そうした演算に，どのような意味をもたせれば便利なのであろうか。

この問題に対し，遠回りにはなるが，つぎのやり方でアプローチしてみる。まず本章の最初の部分でこしらえた行列を再登場させよう。

|  | 運　転<br>（マイル） | 入 場 料<br>（ポンド） | 酒<br>（パイント） | ポテトチップ<br>（袋） |  |
|---|---|---|---|---|---|
| パブに行く： | 3 | 1 | 4 | 3 |  |
| 劇場に行く： | 2 | 3 | 1 | 1 | $= A$ |
| 自宅でカードをする： | 0 | 0 | 12 | 9 |  |

この行列を他から区別するために，$A$ という名前を与える。そしてさきほどの議論からは一歩進んで，3 つの選択肢の損得を計量するため，各選択肢に含まれる**金銭上の総費用**を計算することになったと想定されたい。さらになんらかの理由によって，これらの費用から税金の部分を分離することになった，とも想定されたい。したがって 3 つの選択肢は，2 つの別個の数字——1 つは選択肢の総費用を示し，もう 1 つは総費用に含まれる税金の額を示しいる——をもつことになる。

1 マイルあたりのガソリン代は，ペンスで計算して 20 であるが，そのうち 10 だけ税金が含まれている。つぎに入場料は 100（これは決して不自然ではない）で，そのうち税金は 25，また 1 パイントあたりのお酒の料金は 80 で，そのうち税金は 20 である。最後に 1 袋あたりのポテトチップの代金は 10 で，この場

合には税金はかかっていない。以上の情報は，4×2の形をした第2の行列によって表現するのが便利である。これを行列$B$とする。

$$B = \begin{array}{r} \text{1マイルあたりのガソリン代} \\ \text{入場料} \\ \text{1パイントあたりの酒代} \\ \text{1袋あたりのポテトチップ代} \end{array} \begin{bmatrix} \text{費用（税金を含む）} & \text{税金} \\ 20 & 10 \\ 100 & 25 \\ 80 & 20 \\ 10 & 0 \end{bmatrix}$$

これら2つの行列$A$と$B$が与えられれば，後の計算はごく簡単である。パブに行く場合の金銭上の総費用を算出するには，$A$の第1行の各要素にそれに対応する位置にある$B$の第1列の各要素を掛け，それら4つの積を足してやればよい。つまり

パブに行く場合の費用（税金を含む）
= (3×20) + (1×100) + (4×80) + (3×10)
= 510

この合計510ペンスに含まれる税金の部分を算出するには，今度は，$A$の第1行の各要素にそれに対応する位置にある$B$の第2列の各要素を掛け，それら4つの積を足してやればよい。つまり

パブに行く場合の費用に含まれる税金
= (3×10) + (1×25) + (4×20) + (3×0)
= 135

同様に，劇場に行く場合の金銭上の総費用を算出するには，$A$の第2行の各要素にそれに対応する位置にある$B$の第1列の各要素を掛け，それら4つの積を足してやればよい。つまり

劇場に行く場合の費用（税金を含む）
= (2×20) + (3×100) + (1×80) + (1×10)
= 430

この合計430ペンスに含まれる税金の部分を算出するには，今度は，$A$の第2行の各要素にそれに対応する位置にある$B$の第2列の各要素を掛け，それら4つの積を足してやればよい．つまり

　　劇場に行く場合の税金
　　　$= (2 \times 10) + (3 \times 25) + (1 \times 20) + (1 \times 0)$
　　　$= 115$

　自宅でカード・ゲームをする場合の計算は，もうお分りであろう．また最終的な結果を，3×2の行列の形で提示するのが便利なことについても，お分りだと思う．その行列を，$C$としよう．

$$\begin{array}{c} \text{総　費　用} \\ \text{（税金を含む）} \end{array} \quad \text{税金の総額}$$

$$\begin{array}{r} \text{パブに行く} \\ \text{劇場に行く} \\ \text{自宅でカードをする} \end{array} \begin{bmatrix} 510 & 135 \\ 430 & 115 \\ 1050 & 240 \end{bmatrix} = C$$

　まさしくわれわれは知的な飛躍をおこなったのであり，行列$A$に$B$を**掛け**行列$C$をえることができたのである．つまり

$$\begin{bmatrix} 3 & 1 & 4 & 3 \\ 2 & 3 & 1 & 1 \\ 0 & 0 & 12 & 9 \end{bmatrix} \begin{bmatrix} 20 & 10 \\ 100 & 25 \\ 80 & 20 \\ 10 & 0 \end{bmatrix} = \begin{bmatrix} 510 & 135 \\ 430 & 115 \\ 1050 & 240 \end{bmatrix}$$

　いいかえれば，2つの行列の掛け算というものを，さきほど記述したような1組の算術的演算として定義したのである．

　**掛け算のまとめ**　　行列の掛け算についての理解を確実なものとするため，含まれていた6つの演算を復習しておく．
1．$C$の**第1行第1列**の数字をえるには，$A$の**第1行**の各要素にそれに対応する位置にある$B$の**第1列**の各要素を掛け，それらの積を足せばよい．
2．$C$の**第1行第2列**の数字をえるには，$A$の**第1行**の各要素にそれに対

応する位置にある$B$の**第2列**の各要素を掛け，それらの積を足せばよい．
3. $C$の**第2行第1列**の数字をえるには，$A$の**第2行**の各要素にそれに対応する位置にある$B$の**第1列**の各要素を掛け，それらの積を足せばよい．
4. $C$の**第2行第2列**の数字をえるには，$A$の**第2行**の各要素にそれに対応する位置にある$B$の**第2列**の各要素を掛け，それらの積を足せばよい．
5. $C$の**第3行第1列**の数字をえるには，$A$の**第3行**の各要素にそれに対応する位置にある$B$の**第1列**の各要素を掛け，それらの積を足せばよい．
6. $C$の**第3行第2列**の数字をえるには，$A$の**第3行**の各要素にそれに対応する位置にある$B$の**第2列**の各要素を掛け，それらの積を足せばよい．

以上より，掛け算についての**一般的**規則はもはや明らかである．つまり，2つの行列$A$と$B$を掛けて行列$C$に至るとしよう．その場合$C$の特定の要素——たとえば第$m$行第$n$列の要素——は，$A$の第$m$行の各要素にそれに対応する位置にある$B$の第$n$列の各要素を掛け，それらの積を足すことによってえられるのである．**掛け算**をこのような仕方で定義すれば，3つの選択肢の損得をペンスを単位として計量するという問題に，意味ある答えを与えることができる．もちろん，われわれが用いてきたありふれた事例だけでなく，もっと実際的な価値のある他の多くの事例を扱うためにも，上の定義はおおいに役立つことであろう．掛け算の定義は，適切になされているはずである．

つぎに進む前に，掛け算の定義をいくつかの例で確認しておいてほしい．

(1) $\begin{bmatrix} 2 & -1 \\ 0 & 4 \end{bmatrix} \begin{bmatrix} 6 & 0 \\ -2 & -2 \end{bmatrix} = \begin{bmatrix} 14 & 2 \\ -8 & -8 \end{bmatrix}$

(2) $\begin{bmatrix} 6 & 0 \\ -2 & -2 \end{bmatrix} \begin{bmatrix} 2 & -1 \\ 0 & 4 \end{bmatrix} = \begin{bmatrix} 12 & -6 \\ -4 & -6 \end{bmatrix}$

(3) $[3, 4, -1] \begin{bmatrix} 2 & 4 \\ 3 & -1 \\ -2 & 0 \end{bmatrix} = [20, 8]$

(4) $\begin{bmatrix} 3 & 1 & 3 \\ 2 & 5 & 0 \end{bmatrix} \begin{bmatrix} 1 & 2 & 0 & 1 \\ 1 & 0 & 1 & 0 \\ 0 & 3 & 1 & 1 \end{bmatrix} = \begin{bmatrix} 4 & 15 & 4 & 6 \\ 7 & 4 & 5 & 2 \end{bmatrix}$

**掛け算が可能な場合**　読者は，以上の例に共通しているある事に気づかれただろうか．それは，最初の行列の列の数と次の行列の行の数が等しい，ということである．これはもちろん，偶然ではない．実際，少し考えてみれば，これが掛け算の定義から必然的に由来することだということがわかるであろう．というのは，行列$A$に行列$B$を掛けることができるのは，定義上，行列$A$が行列$B$の行と同じ数の列をもっているときに限られるからである．またつぎのことも同様に，掛け算の定義と上の例から理解されよう．つまり2つの行列$A$と$B$の積として求められる行列は（これを積行列という），その行の数が行列$A$の行の数と等しく，その列の数は行列$B$の列の数と等しいのである．

したがって2つの行列がありその掛け算をする場合には，その行列の次元を下に書き並べればよい．たとえば

$$\begin{array}{cc} A & B \\ 3\times 2 & 2\times 5 \end{array}$$

もしこの例のように，2番目の数字と3番目の数字（$A$の列の数と$B$の行の数を意味している）が等しければ，行列同士を掛け合わせることが**できる**のである．そして1番目の数字と4番目の数字——この場合は3と5——が，積行列の次元なのである．いくつか例をあげておく．

**表 2**

| $A$ | $B$ | 掛け算可能か | 積行列の次元 |
|---|---|---|---|
| $3\times 5$ | $5\times 4$ | 可能 | $3\times 4$ |
| $5\times 4$ | $3\times 5$ | 不可能 | — |
| $2\times 3$ | $3\times 1$ | 可能 | $2\times 1$ （列ベクトル） |
| $1\times 5$ | $5\times 4$ | 可能 | $1\times 4$ （行ベクトル） |
| $2\times 2$ | $2\times 2$ | 可能 | $2\times 2$ |
| $2\times 3$ | $2\times 3$ | 不可能 | — |
| $1\times 4$ | $4\times 1$ | 可能 | $1\times 1$ （1つの数） |

以上のことは，ドミノ遊びの規則として知られている．$A$と$B$をドミノ牌とし，積$AB$をドミノの連鎖の最終値としよう．

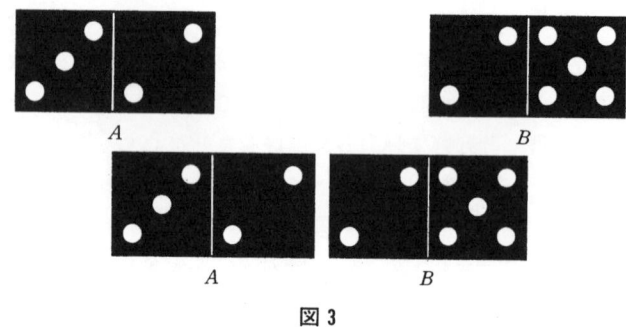

**図 3**

つぎのドミノの場合には，3 ないし 5 のドミノが必要である。

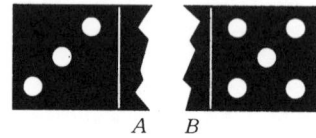

**図 4**

**掛ける順番**　掛け算について最後に触れておくことは，**掛けてゆく順番**についてである。これは，非常に大事である。もちろん通常の掛け算では，6 に 7 を掛けることができれば，7 に 6 を掛けることができる。掛け算の結果は，そのどちらでも同一であり，その順番は問題にならない。しかし行列の掛け算は，この点で，おおいに異なっている。

第 1 に，もし $A$ に $B$ を掛けることができるとしても，**$B$ に $A$ を掛けることができるとはかぎらない**。これは 13 頁にあげられているリストのうち最初の 2 つの例をみれば明らかである。3 × 5 の行列に 5 × 4 の行列を掛けることはできるが，5 × 4 の行列に 3 × 5 の行列を掛けることは**できない**。

第 2 に，たとえ 2 つの行列を 2 通りの順番で掛けることができるとしても（2 × 2 の行列同士とか，5 × 3 の行列と 3 × 5 の行列とか），積行列は同じになるとはかぎらない。実際，異なっている場合が多い。これは，$A$ が 5 × 3 で $B$ が 3 × 5 の場合を考えればあまりにも明らかなことである。つまり，$AB$ は 5 × 5 であるのに対し，$BA$ は 3 × 3 であるので，その 2 つの積行列が等

しいなどということは，始めからありえないのである。それでは同一の次元をもつ正方行列同士——たとえば2×2の行列——の場合は，どうであろうか。この場合は，それほど明瞭ではないかもしれない。しかし12頁の例(1)と(2)をみれば，2×2の行列同士を2通りの順番で掛け合わせたら，共通した要素を1個ももたない積行列がでてきていることを理解するだろう[1]。

これまで述べてきたように，行列の掛け算は（足し算とは違って）**可換的**ではない。掛け算においては，その順番がきわめて重要であるので，順番を明確に示すために特別な用語を使うことになっている。つまり，$AB$ であれば $B$ を $A$ の右から掛けるといい，$BA$ であれば $B$ を $A$ の左から掛けるという。こうすれば，掛け算の順番を間違いなく伝えることができるのである。

## 4．割り算について

**単位行列**　　単一の数字ではなく行列を扱うとき，足し算，引き算，掛け算がなにを意味しているかについてはわかった。それでは，**割り算**についてはどうであろうか。ある行列を別の行列で割るということで，どういうことを意味させれば便利であろうか。これに対する答えは，つぎのようなものである。つまり行列代数においては，通常の意味での割り算というものは存在していない。われわれは行列 $A$ で割るというかわりに，行列 $A$ の**逆行列**を掛ける，という物のいい方をするのである。

このことを理解するには，まず**単位行列**を定義しなければならない。通常の算術では，1ないしそれに該当する数が存在している。つまりどの数（たとえば8）に掛けても，それと同じ数となる（$8 \times 1 = 8$）ような数である。これとの類推によって，**単位行列**（$I$）を定義することができる。それはつまりどんな行列 $A$ に掛けても，それと同じ行列（$AI = A$）になるような行列である。たとえば，$A$ をつぎの2×3の行列としよう。

---

[1] このことは，$AB$ と $BA$ が決して等しくならない，といっているのではない。たとえば，
$$\begin{bmatrix} 3 & 2 \\ 2 & 3 \end{bmatrix} \begin{bmatrix} -1 & 2 \\ 2 & -1 \end{bmatrix} = \begin{bmatrix} 1 & 4 \\ 4 & 1 \end{bmatrix} = \begin{bmatrix} -1 & 2 \\ 2 & -1 \end{bmatrix} \begin{bmatrix} 3 & 2 \\ 2 & 3 \end{bmatrix}$$

$$\begin{bmatrix} 6 & 3 & 0 \\ 5 & 0 & -2 \end{bmatrix}$$

このとき，上で定義された単位行列はどのような行列になるだろうか．読者のなかには，それはやはり2×3の行列ですべての要素が1の行列だ，と考える人がいるかもしれない．一見すると，その答えは正しいように思われるが，じつはまったく間違っている．そうではなく実際は，左上から右下にかけての対角線（**主対角線**という）上の要素はすべて1で，他の要素はすべて0であるような3×3の正方行列が，この場合の単位行列なのである．行列の掛け算の定義を使えば，

$$\begin{bmatrix} 6 & 3 & 0 \\ 5 & 0 & -2 \end{bmatrix} \begin{bmatrix} 1 & 0 & 0 \\ 0 & 1 & 0 \\ 0 & 0 & 1 \end{bmatrix} = \begin{bmatrix} 6 & 3 & 0 \\ 5 & 0 & -2 \end{bmatrix}$$

であることを示すのは容易である．

しかし $A$ が3×2の行列である場合は，単位行列 $I$ は，主対角要素は1，他の要素はすべて0であるような2×2の行列となる．たとえば，

$$\begin{bmatrix} 2 & 4 \\ 3 & 1 \\ 0 & -3 \end{bmatrix} \begin{bmatrix} 1 & 0 \\ 0 & 1 \end{bmatrix} = \begin{bmatrix} 2 & 4 \\ 3 & 1 \\ 0 & -3 \end{bmatrix}$$

となる．

以上のことを，一般的に表現しよう．$A$ が $n \times m$ の行列である場合，$AI$ がつねに $A$ に等しいならば，$I$ は $m \times m$ の正方行列で，主対角線には1が他の箇所には0が入っている行列である．それでは，単位行列はなぜ正方行列でなければならないのだろうか．$AI$ ではなく，$IA$ が $A$ に等しくなるには，$I$ の次元はどうなっていなければならないのであろうか．われわれは話を早く逆行列にまで進めたいので，こうした問題については指摘するにとどめておこう．

**逆行列**　通常の算術では，任意の数 $a$ に関し，$ab=1$ となるような逆数

$b$ が存在する。たとえば $4 \times .25 = 1$ であるので，4 の逆数は .25 である。これを $\frac{1}{4}$ と表記するが，ときには $4^{-1}$ とも表記する。行列の算術の場合にも，これに類似した概念つまり逆行列の概念を採用すると，いろいろと便利なことが多い。われわれは，行列 $A$ の逆行列（普通は $A^{-1}$ と表記する）を，$AB=BA=I$ となるような行列 $B$ として定義する[2]。たとえば $A$ が

$$\begin{bmatrix} 1 & 2 \\ -2 & -3 \end{bmatrix}$$

だとしよう。するとその逆行列 $A^{-1}$ を，計算することは簡単である（そのやり方については，まだ説明していないが）。

$$\begin{bmatrix} -3 & -2 \\ 2 & 1 \end{bmatrix}$$

本当にそうであるかを確かめるには，検算をしてみればよい。つまり行列 $A$ とこの行列との積を 2 通りの順番で求めてみれば，どちらも $I$ になることがわかる。

$$\begin{bmatrix} 1 & 2 \\ -2 & -3 \end{bmatrix} \begin{bmatrix} -3 & -2 \\ 2 & 1 \end{bmatrix} = \begin{bmatrix} -3 & -2 \\ 2 & 1 \end{bmatrix} \begin{bmatrix} 1 & 2 \\ -2 & -3 \end{bmatrix}$$

$$= \begin{bmatrix} 1 & 0 \\ 0 & 1 \end{bmatrix} = I$$

ここで行列を扱うときに，通常の算術での割り算に類似した演算がどのようにおこなわれるかについて，検討してみよう。もちろん行列代数の場合には，「割り算」はなんの意味ももっていないことは，さきに述べたとおりであ

---

[2] ここで，逆行列をもつことができるのは正方行列だけである，ということを述べておくべきであろう。というのは $A$ が正方行列でなければ，$AB$ と $BA$ が等しくなることはないからである。$A$ と $B$ を，$AB$ と $BA$ という演算が可能な 2 つの行列だとしよう。したがって $A$ がもし $n \times m$ の行列であれば，$B$ は $m \times n$ の行列でなければならない。しかしそのとき $AB$ は $n \times n$ の行列となり，$BA$ は $m \times m$ の行列になるので，$n=m$ でなければ $AB$ と $BA$ が等しくなることはないのである。

る。まず2つの行列 $A$ と $B$ があるとする。そして $B$ は, $A$ と未知の行列 $X$ との積であるとする。つまり

$$AX = B \cdots\cdots (1)$$

である。

どうすれば未知の行列 $X$ の正体がわかるだろうか。もし $A, X, B$ が単一の数字であるならば, 答えは簡単である。つまり式(1)の両辺を $A$ で割れば, 答えはすぐわかる。

$$X = \frac{B}{A}$$

しかし, 行列代数においては割り算という概念はない。それでは, どうすればよいのか。答えは, つぎのようになる(この答えが役に立つことは, あとでわかる)。$A$ の逆行列（つまり $A^{-1}$）を, 式(1)の両辺の左から掛ける。すると

$$A^{-1}AX = A^{-1}B \cdots\cdots (2)$$

となる。しかし, 定義により $A^{-1}A = I$ であり, また $IX = X$ であるので[3],

$$X = A^{-1}B \cdots\cdots (3)$$

となる。したがって, 行列 $A$ が実際に逆行列をもっているならば, 式(3)より行列 $X$ の正体がわかる。読者には, こうした演算のやり方がまどろこしく思われるかもしれない。しかし後になれば, このやり方がいかに役に立つかがわかるだろう。さらに, このやり方が見かけほど簡単でないこともわかるだろう。少し先どりしていうと, それはつぎの2つの理由による。第1に, すべての行列(それが正方行列であろうと)が, 逆行列をもっているとはかぎらないこと。第2に, 逆行列が存在する場合でも, 計算するのが困難で, コンピューターの助けを借りなければならないこと。この2つである。

---

3) 単位行列を含む掛け算は, 可換的である。この場合は,
$$IX = XI = X$$
となる。

## 練習問題

**1-1.** 以下の練習問題によって，本章で紹介された技法の理解を確認せよ．

$$A = \begin{bmatrix} 1 & 2 \\ 3 & 4 \end{bmatrix} \qquad B = \begin{bmatrix} 4 & -2 \\ -3 & 1 \end{bmatrix}$$

$$C = \begin{bmatrix} 1 & 0 \\ 0 & -1 \\ 2 & 2 \end{bmatrix} \qquad D = \begin{bmatrix} 1 & 0 & 2 \\ 2 & -1 & 0 \end{bmatrix}$$

**1-2.** つぎの計算をし，計算ができないものに対してはその理由を説明せよ．
1. $A+B$
2. $A-B$
3. $A+C$
4. $AB$
5. $BA$
6. $AC$
7. $CA$
8. $BD$
9. $DB$
10. $CD$
11. $DC$
12. $ABC$
13. $ABD$
14. $AB$ と $BA$ の計算結果を用いて，$A$ と $B$ の逆行列を計算せよ．

# 2　逆行列の求め方

## 1．逆行列の基礎

**前章の復習**　逆行列を求めることは，社会科学者にとってきわめて重要であり，次章では経済計画における逆行列の役割を検討する予定である。そこで読者には，逆行列の概念に慣れ，単純な逆行列の計算ができ，さらにはもっと複雑な計算の仕方を理解することができるようになってほしい。この章は，そのためのものである。

すでにみたように[1] 正方行列 $A$ の逆行列は，$AB=BA=I$ （単位行列）となるような行列 $B$ として定義される。前の例では，

$$A=\begin{bmatrix} 1 & 2 \\ -2 & -3 \end{bmatrix}$$

であり，その逆行列は

$$B=\begin{bmatrix} -3 & -2 \\ 2 & 1 \end{bmatrix}$$

であった。$AB=BA=I$ となることは，すでに示したとおりである。

$$\begin{bmatrix} 1 & 2 \\ -2 & -3 \end{bmatrix} \begin{bmatrix} -3 & -2 \\ 2 & 1 \end{bmatrix} = \begin{bmatrix} -3 & -2 \\ 2 & 1 \end{bmatrix} \begin{bmatrix} 1 & 2 \\ -2 & -3 \end{bmatrix} = \begin{bmatrix} 1 & 0 \\ 0 & 1 \end{bmatrix}$$

**計算の手順**　しかしこの場合，実際にはどのように計算すればよいのだろうか。これについては前章では説明しなかったが，つぎのような通常の代

---

1）17頁を見よ。

数計算をすればよいのである。それはきわめて簡単である。まず逆行列 $B$ を，4つの未知数（それぞれを $e, f, g, h$ とする）を要素とするような行列としよう。そこで

$$\begin{bmatrix} 1 & 2 \\ -2 & -3 \end{bmatrix} \begin{bmatrix} e & f \\ g & h \end{bmatrix} = \begin{bmatrix} 1 & 0 \\ 0 & 1 \end{bmatrix}$$

となる。掛け算をしてみれば，4本の式からなる連立方程式を簡単に導くことができる。

$$e+2g=1 \cdots\cdots(1)$$
$$f+2h=0 \cdots\cdots(2)$$
$$-2e-3g=0 \cdots(3)$$
$$-2f-3h=1 \cdots(4)$$

この方程式は，通常の代数的方法によって簡単に解くことができる。つまり(1)式の両辺を2倍し，それを(3)式に加えれば，$e$ が消去され，$g=2$ となる。それを(1)式に代入すれば，$e=-3$ となる。同様に(2)式と(4)式から，$f=-2$ および $h=1$ となる。

**逆行列は必ず存在するか**　つぎに任意の行列は，必ずしも逆行列をもつとはかぎらないことを説明しよう。さきほどの代数的な方法によって，

$$A = \begin{bmatrix} 3 & 9 \\ -2 & -6 \end{bmatrix}$$

の逆行列をとればどうなるだろうか。つぎのように書けるので，

$$\begin{bmatrix} 3 & 9 \\ -2 & -6 \end{bmatrix} \begin{bmatrix} e & f \\ g & h \end{bmatrix} = \begin{bmatrix} 1 & 0 \\ 0 & 1 \end{bmatrix}$$

以下の方程式を導出できる。

$$3e+9g=1 \cdots\cdots(5)$$

$$3f+9h=0 \quad \cdots\cdots(6)$$
$$-2e-6g=0 \quad \cdots\cdots(7)$$
$$-2f-6h=1 \quad \cdots\cdots(8)$$

しかしこの連立方程式は，解くことができない。というのは，それが矛盾を含んでいるからである。たとえば(7)式の両辺を $-\frac{3}{2}$ 倍すると，

$$3e+9g=0$$

となる。これに対し，(5)式は

$$3e+9g=1$$

であり，両者は明らかに矛盾している。

2×2の行列について，いろいろと試してみれば，つぎのことがわかるだろう。つまり，逆行列をとろうとしている行列の主対角線の2つの要素の積が，もう一方の対角線（副対角線）の2つの要素の積と等しければ，さきほどのような矛盾する結果がかならず生じるのである。ところで今問題となっている2つの積の差は，行列の**行列式**と定義されるものである。要するに，行列 $\begin{bmatrix} a & b \\ c & d \end{bmatrix}$ の行列式は

$$ad-bc$$

という1つの数である。このように，つぎの一般的規則が成立する。それは，2×2の任意の行列はその行列式が0でないとき，またそのときにかぎり逆行列をもつ，という規則である。

## 2．2×2の一般的ケース

今とりあげられている一般的規則が，正しいものであることを示してみよう。そして，一般的なケースを考察し，2×2の行列の逆行列（もし存在するならばであるが）を書きだすための公式を提示してみよう。

**より一般的な考え方**　　これまでは，ある行列の逆行列を

$$\begin{bmatrix} e & f \\ g & h \end{bmatrix}$$

となっているものと想定し，各要素の値を導出してきた．さて今度は，もとの行列に数値を入れるのではなく，

$$\begin{bmatrix} a & b \\ c & d \end{bmatrix}$$

としよう．したがって問題は，

$$\begin{bmatrix} a & b \\ c & d \end{bmatrix} \begin{bmatrix} e & f \\ g & h \end{bmatrix} = \begin{bmatrix} 1 & 0 \\ 0 & 1 \end{bmatrix}$$

となるような $e, f, g, h$ を求めることである．さきほどと同じように考えて，

$$ae + bg = 1 \cdots (9)$$
$$af + bh = 0 \cdots (10)$$
$$ce + dg = 0 \cdots (11)$$
$$cf + dh = 1 \cdots (12)$$

とできる．上の方程式を $e, f, g, h$ に関して解けば，(11)式より

$$g = \frac{-ce}{d}$$

これを(9)式に代入すれば

$$ae - \frac{bce}{d} = 1$$

つまり，

$$e(ad - bc) = d$$

$$e = \frac{d}{ad-bc}$$

ところで

$$g = \frac{-ce}{d}$$

である。$e$ に $\frac{d}{ad-bc}$ を代入すれば

$$g = \frac{-c}{ad-bc}$$

となる。ここまでは(9)式と(11)式を使って，$e$ と $g$ を計算してきた。読者は，(10)式と(11)式を使って $f$ と $h$ が計算できることを確認してほしい。その結果は，

$$f = \frac{-b}{ad-bc}$$

$$h = \frac{a}{ad-bc}$$

となる。

以上のことは，

$$A = \begin{bmatrix} a & b \\ c & d \end{bmatrix}$$

の逆行列が，

$$\begin{bmatrix} e & f \\ g & h \end{bmatrix} = A^{-1} = \begin{bmatrix} a & b \\ c & d \end{bmatrix}^{-1} = \begin{bmatrix} \dfrac{d}{ad-bc} & \dfrac{-b}{ad-bc} \\ \dfrac{-c}{ad-bc} & \dfrac{a}{ad-bc} \end{bmatrix}$$

であることを意味している。

**共通の分母を外にだす** この結果は，あまりスッキリしていないように

みえるが，各要素は共通の分母をもっていることに気がつくであろう。ここで

$$k\begin{bmatrix} a & b \\ c & d \end{bmatrix}$$

と書くことと，

$$\begin{bmatrix} ka & kb \\ kc & kd \end{bmatrix}$$

と書くこととは，同じだとしよう。すると行列 $A$ の逆行列は

$$\begin{bmatrix} a & b \\ c & d \end{bmatrix}^{-1} = \begin{bmatrix} e & f \\ g & h \end{bmatrix} = \frac{1}{ad-bc}\begin{bmatrix} d & -b \\ -c & a \end{bmatrix}$$

となる。この方が，みやすいであろう。

**簡便な公式**　　上の結果をもとにすれば，きわめて簡単に 2×2 の行列の逆行列を書きだすことができる。つまり主対角線の要素を入れ替え，副対角線の要素には−1を掛けたうえでそのままの位置に置き，そしてすべての要素を $ad-bc$ で割るだけでよい。

一番最初の例では，

$$\begin{bmatrix} a & b \\ c & d \end{bmatrix} = \begin{bmatrix} 1 & 2 \\ -2 & -3 \end{bmatrix}$$

この場合は，$ad-bc=1$ だから，逆行列は

$$\begin{bmatrix} -3 & -2 \\ 2 & 1 \end{bmatrix}$$

となる。同様に，

$$\begin{bmatrix} a & b \\ c & d \end{bmatrix} = \begin{bmatrix} 6 & 8 \\ 2 & 3 \end{bmatrix}$$

の逆行列は，$ad-bc=2$ だから

$$\begin{bmatrix} a & b \\ c & d \end{bmatrix}^{-1} = \frac{1}{2}\begin{bmatrix} 3 & -8 \\ -2 & 6 \end{bmatrix} = \begin{bmatrix} \frac{3}{2} & -4 \\ -1 & 3 \end{bmatrix}$$

となる。

**逆行列が存在しない場合**　2×2の行列の**行列式**はすでに定義されており，主対角線の2つの要素の積と副対角線の2つの要素の積の差のことであった。

$$\begin{bmatrix} a & b \\ c & d \end{bmatrix}$$

の行列式は $ad-bc$ であることを考えれば，2×2の行列の行列式が0のとき，その逆行列が存在しない理由を理解することができる。逆行列を求めるための公式によれば，行列の各要素をその行列式の値で割らなければならないが，もしその値が0であれば，割り算は不可能である。このように逆行列をもたない行列は，**特異**であるとよばれる。

理解の度合いを確かめるために，つぎの行列の逆行列（もし存在するならば）を計算してみればよい。

$$\begin{bmatrix} 3 & -1 \\ 4 & 2 \end{bmatrix} \quad \begin{bmatrix} \frac{1}{2} & \frac{1}{2} \\ \frac{1}{4} & \frac{1}{2} \end{bmatrix} \quad \begin{bmatrix} 6 & 8 \\ -3 & -4 \end{bmatrix} \quad \begin{bmatrix} 1 & 1 \\ -1 & 1 \end{bmatrix}$$

ただし2×2より大きな行列については，その逆行列を計算するための簡便な公式はない。しかし違った観点から問題にとり組んでみれば，大きな行列の逆行列を計算する仕方の一端がわかるであろう。

## 3. 基本的行変形

**単位行列をつくるための変形**　逆行列の問題を，少し違った角度からながめてみよう。これまでは，$A$ のような行列を $I$ に変換する方法を探求してきた。

$$\begin{bmatrix} 1 & 2 \\ -2 & -3 \end{bmatrix} \xrightarrow{\text{いかにして？}} \begin{bmatrix} 1 & 0 \\ 0 & 1 \end{bmatrix}$$

ここで行列 $A$ に対し，つぎのような規則を何回でも適用することが認められているとしよう。

(i) $A$ の行を入れ替えることができる。

(ii) $A$ の任意の行の各要素にゼロでない数を掛けることができる。

(iii) $A$ の任意の行にゼロでない数を掛け，その計算結果をもう1つの行に加えることができる。

実際，規則(iii)を使ってつぎのようなやり方をすれば，$A$ から $I$ をえることは簡単である。

(a) 第1行に2を掛けて，それを第2行に加えると，

$$\begin{bmatrix} 1 & 2 \\ 0 & 1 \end{bmatrix}$$

となる。

(b) 新たな行列の第2行に $-2$ を掛けて，それを第1行に加えれば

$$\begin{bmatrix} 1 & 0 \\ 0 & 1 \end{bmatrix} = I$$

**逆行列を計算するための行変形**　このような変形には，どんな意味があるのだろうか。このことを理解するために，同じ規則を使って $I$ から $B = A^{-1}$ にさかのぼってみよう。

$$\begin{bmatrix} 1 & 0 \\ 0 & 1 \end{bmatrix} \xrightarrow{\text{いかにして?}} \begin{bmatrix} -3 & -2 \\ 2 & 1 \end{bmatrix}$$

しかし，どういう規則を適用すればよいのだろうか。そこでとりあえず，さきほど成功したのと同じ変形を適用してみよう。もしかして，うまくゆくかもしれない。

(a) $I$ の第1行に2を掛けて，それを第2行に加える。すると

$$\begin{bmatrix} 1 & 0 \\ 2 & 1 \end{bmatrix}$$

(b) この新しい行列の第2行に$-2$を掛けて，それを第1行に加えると

$$\begin{bmatrix} -3 & -2 \\ 2 & 1 \end{bmatrix} = B = A^{-1}$$

つまり $A$ を $I$ に変換するステップ(a)と(b)は，また $I$ を $A^{-1}$ に変換するのである。これは決して偶然ではない。というのは，**一連の行変形が $A$ を $I$ に変換するならば，同じ変形によって $I$ を $A^{-1}$ に変換することができる**，ということが証明可能だからである。

このように，行列 $A$ の逆行列を計算する別のやり方がある。それは，(i) $A$ を $I$ に変換する一連の行変形をみつける，(ii) 同じ変形をもちいて $I$ を $A^{-1}$ に変換する，といったものである。

こうしたやり方は，逆行列の計算をきわめて簡単なものにしてくれる。たとえば

$$A = \begin{bmatrix} 2 & 1 \\ 1 & 3 \end{bmatrix}$$

の逆行列をみつけたいとしよう。$I$ と $A$ に同じ変形を適用するのであるから，表1の中に両者を隣り合わせに書いておこう。

この特定の事例においては，計算の途中で，3つの型の基本的行変形がすべて使われている。$A$ に対する変形と同じ変形を $I$ に適用すれば，求める逆行

**表1**

| | $I$ | $A$ | | ステップ |
|---|---|---|---|---|
| 場面0 | $\begin{bmatrix} 1 & 0 \\ 0 & 1 \end{bmatrix}$ | $\begin{bmatrix} 2 & 1 \\ 1 & 3 \end{bmatrix}$ | (a) | 行を入れかえて，主対角線上を1にする。<br>⟶場面1 |
| 場面1 | $\begin{bmatrix} 0 & 1 \\ 1 & 0 \end{bmatrix}$ | $\begin{bmatrix} 1 & 3 \\ 2 & 1 \end{bmatrix}$ | (b) | 第2行第1列を0にするために，第1行に$-2$を掛け，それを第2行に加える。<br>⟶場面2 |
| 場面2 | $\begin{bmatrix} 0 & 1 \\ 1 & -2 \end{bmatrix}$ | $\begin{bmatrix} 1 & 3 \\ 0 & -5 \end{bmatrix}$ | (c) | 第1行第2列を0にするために，第2行に$\frac{3}{5}$を掛け，それを第1行に加える。<br>⟶場面3 |
| 場面3 | $\begin{bmatrix} \frac{3}{5} & -\frac{1}{5} \\ 1 & -2 \end{bmatrix}$ | $\begin{bmatrix} 1 & 0 \\ 0 & -5 \end{bmatrix}$ | (d) | $I$をえるために，第2行に$-\frac{1}{5}$を掛ける。<br>⟶場面4 |
| 場面4 | $\begin{bmatrix} \frac{3}{5} & -\frac{1}{5} \\ -\frac{1}{5} & \frac{2}{5} \end{bmatrix}$ | $\begin{bmatrix} 1 & 0 \\ 0 & 1 \end{bmatrix}$ | | $A$は**基本的行変形**によって$I$に変換された。 |

列がえられることをチェックしておこう。

場面4から，

$$A^{-1} = \begin{bmatrix} \frac{3}{5} & -\frac{1}{5} \\ -\frac{1}{5} & \frac{2}{5} \end{bmatrix}$$

実際

$$A^{-1}A = \begin{bmatrix} \frac{3}{5} & -\frac{1}{5} \\ -\frac{1}{5} & \frac{2}{5} \end{bmatrix} \begin{bmatrix} 2 & 1 \\ 1 & 3 \end{bmatrix}$$

$$= \begin{bmatrix} 1 & 0 \\ 0 & 1 \end{bmatrix} = I$$

となる。$A$ の逆行列を，本当に求めることができたのである。

## 4. もっと大きな行列の逆行列

**大きな行列の場合**　$2 \times 2$ の行列に対して適用したのとまったく同じ技法によって，もっと大きな行列の逆行列を求めることができる。

$$A = \begin{bmatrix} 1 & 2 & 3 \\ 0 & 1 & 4 \\ 0 & 0 & 2 \end{bmatrix}$$

**表 2**

|  | $I$ | $A$ |  | ステップ |
|---|---|---|---|---|
| 場面 0 | $\begin{bmatrix} 1 & 0 & 0 \\ 0 & 1 & 0 \\ 0 & 0 & 1 \end{bmatrix}$ | $\begin{bmatrix} 1 & 2 & 3 \\ 0 & 1 & 4 \\ 0 & 0 & 2 \end{bmatrix}$ | (a) | 第3行第3列を1にするために，第3行を2で割る。<br>$\longrightarrow$ 場面 1 |
| 場面 1 | $\begin{bmatrix} 1 & 0 & 0 \\ 0 & 1 & 0 \\ 0 & 0 & \frac{1}{2} \end{bmatrix}$ | $\begin{bmatrix} 1 & 2 & 3 \\ 0 & 1 & 4 \\ 0 & 0 & 1 \end{bmatrix}$ | (b) | 第2行第3列を0にするために，第3行に$-4$を掛け，それを第2列に加える。<br>$\longrightarrow$ 場面 2 |
| 場面 2 | $\begin{bmatrix} 1 & 0 & 0 \\ 0 & 1 & -2 \\ 0 & 0 & \frac{1}{2} \end{bmatrix}$ | $\begin{bmatrix} 1 & 2 & 3 \\ 0 & 1 & 0 \\ 0 & 0 & 1 \end{bmatrix}$ | (c) | 第1行第2列を0にするために，第2行に$-2$を掛け，それを第1行に加える。<br>$\longrightarrow$ 場面 3 |
| 場面 3 | $\begin{bmatrix} 1 & -2 & 4 \\ 0 & 1 & -2 \\ 0 & 0 & \frac{1}{2} \end{bmatrix}$ | $\begin{bmatrix} 1 & 0 & 3 \\ 0 & 1 & 0 \\ 0 & 0 & 1 \end{bmatrix}$ | (d) | 第1行第3列を0にするために，第3行に$-3$を掛け，それを第1行に加える。<br>$\longrightarrow$ 場面 4 |
| 場面 4 | $\begin{bmatrix} 1 & -2 & \frac{5}{2} \\ 0 & 1 & -2 \\ 0 & 0 & \frac{1}{2} \end{bmatrix}$ | $\begin{bmatrix} 1 & 0 & 0 \\ 0 & 1 & 0 \\ 0 & 0 & 1 \end{bmatrix}$ |  | チェックしよう。 |

としよう。逆行列を求めるためには，$A$ を $I$ に変換するような一連の行変形と同じ操作を $I$ に対して適用しなければならない。さきほどとは別の表が必要となる。

表2から，

$$A^{-1} = \begin{bmatrix} 1 & -2 & \frac{5}{2} \\ 0 & 1 & -2 \\ 0 & 0 & \frac{1}{2} \end{bmatrix}$$

となることがわかる。$A$ に $A^{-1}$ を掛けてみれば，逆行列の計算が正しいことを確認することができる。

**列変形** 他のやり方で行変形を実行することによっても，$A$ を $I$ に変換することができる。もちろんどんなやり方をしても，$A^{-1}$ は同一である。さらに行変形ではなく，**基本的列変形**を実行することもできる。この列変形は，行という単語を列という単語に置き換えるだけで，行変形と同じように定義することができる。辛抱強くやりさえすれば，一連の行ないし列変形によって，どんな正方行列の逆行列も（存在するならばだが）求めることができる。しかし，かなりの辛抱が必要となるかもしれない。行列が大きくなるにつれて，必要とされる基本変形も多くなる。また各行と列にはより多くの要素が含まれているので，変形をする際にはより多くの計算を実行しなければならない。

さらにこれまで検討してきたのは，小さな整数を要素とする行列だけであった。しかし現実のデータ行列は，99.37のような要素を含んでいたり，たとえ整数であってもきわめて大きな値の数を含んでいるかもしれない。これは計算を面倒にするだけでなく，いわゆる**丸めの誤差**を生じさせる。もし各変形が精密におこなわれず，たとえば小数点2桁で丸められるとすれば，このわずかな誤差は，その後の変形がすでに丸められた数字の下につぎつぎとおこなわれるうちに，何度も混ぜ合わされることになる。そのため，みつかった「逆行列」は真の「逆行列」からはほど遠いものとなっているかもしれな

い。暇をもてあましているのならともかく，手計算によって5×5以上の行列の逆行列をとろうとはしない方がよろしい。そのためには，コンピューターという便利な代物がある。数値解析によって，大きな行列の逆行列をとるための効率的なコンピューター・プログラムが工夫されている。コンピューターの代わりにあなた自身が計算したりする必要は，なにもないのである。

### 練習問題

**2-1.** 基本的行変形によって，つぎの行列の逆行列を計算せよ。

$$\begin{bmatrix} 3 & -1 \\ 4 & 2 \end{bmatrix}, \begin{bmatrix} \frac{1}{2} & \frac{1}{2} \\ \frac{1}{4} & \frac{1}{2} \end{bmatrix}, \begin{bmatrix} 6 & 8 \\ -3 & -4 \end{bmatrix}, \begin{bmatrix} 1 & 1 \\ -1 & 1 \end{bmatrix}$$

答えを，27頁の問題の答えと照らしあわせよ。

**2-2.** つぎの行列の逆行列をみつけよ。

$$\begin{bmatrix} 1 & 0 & 0 \\ 2 & 1 & 0 \\ 3 & 4 & 2 \end{bmatrix}, \begin{bmatrix} 1 & 2 & 3 \\ 0 & -1 & 2 \\ 0 & 1 & -1 \end{bmatrix}, \begin{bmatrix} 1 & 2 & 2 \\ 3 & 2 & 1 \\ 2 & 3 & 2 \end{bmatrix}$$

行列の掛け算によって，答えをチェックせよ。

# 3 簡単な投入—産出分析

## 1. 産業連関

**投入—産出連関**　社会科学における行列の用途について考えるにあたって，第1章で使った例を想起することから始めよう。読者は，以下のことを覚えていることだろう。第1章では，きわめて簡単な経済つまり3つの産業からなる経済を想定し，それら産業間の物的な**投入—産出**の連関が，つぎのような行列で表現されるものとした。

$$\begin{array}{c} \\ A \\ B \\ C \end{array} \begin{array}{cccc} A & B & C & 最終需要 \\ \left[\begin{array}{ccc|c} 50 & 100 & 50 & 100 \\ 25 & 70 & 5 & 50 \\ 30 & 10 & 60 & 80 \end{array}\right] \end{array}$$

ここで行は，各産業の産出物がどこに行くかを示している。たとえば産業Aによって毎年生産される300単位の全産出物のうち，50単位は自らの生産過程において投入物として使用される。これに対し100単位は産業Bに，50単位は産業Cにそれぞれ売却され，各々の生産過程において投入物として使用される。また残り100単位は，われわれのような（また政府や外国の消費者およびその他の）最終消費者に売却される。最初の3つの列は，各産業の物的な投入物がどこから来るのかを示している[1]。そして4番目の列は，われわれ（また他の最終消費者）が必要とするさまざまな物をどこから入手するのかを示している。

**計画当局の問題**　上の行列の行の要素を足し算してみると，つぎのこと

---

[1] **物的**な投入といういい方をしているのは，各産業はまた**労働**という投入をもつからである。労働については，本章の後半においてとりあげる。

図1

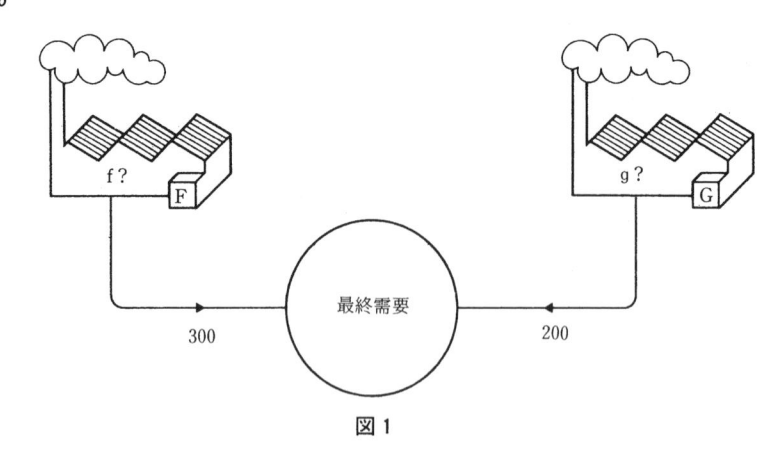

がわかる。つまりAの100単位分の最終需要，Bの50単位分の最終需要，Cの80単位分の最終需要を満たすためには，産業A，B，Cは結局のところそれぞれ300単位，150単位，180単位だけ生産しなければならないということである。それでは，ある産業の最終需要の水準が変化したとしたら，どうなるのであろうか。その変化に応じて，これら3つの産業はどのくらいの量を生産しなければならないのであろうか。これこそ，経済計画の当局が答えなければならない問題である。というのは，産業Aの生産過程において，自分自身の生産物だけでなく，産業BとCの生産物も使用されているからである。このため，BとCの最終需要を減らすことなく，Aの最終需要を増やしたいならば，3つの産業すべての産出を増やさなければならないのである。われわれの課題は，正確にどれくらいの量だけ産出を増やせばよいのかをみいだすことである。

そこでちょうど2つの産業（食料 [foods] と大砲 [guns] を表わすため，それぞれF，Gと表記する）があり，計画当局が最終需要をF 300単位，G 200単位だけほしがっていると想定しよう。最終需要のこの水準を満たすためには，FとGの全産出量fとgはどれだけの量でなければならないのであろうか。

**生産技術**　さてわれわれは，完全な計算をするための情報をまだ十分には入手していない。われわれは，生産技術についてもっと多くのことを知らなければならない。産業Fは1単位を生産するために，自分の生産物をどれ

3 簡単な投入―産出分析　37

**図 2**

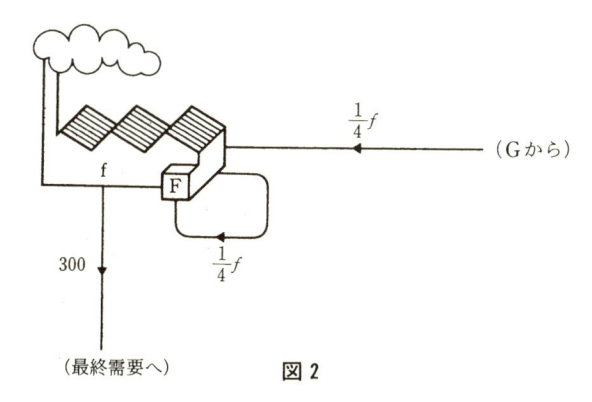

だけ必要とするのであろうか。また産業$F$は，産業$G$の生産物を，どれだけ必要としているのであろうか。この情報を入手したところ，つぎのようであったと想定しよう。$F$の産出がどのくらいの水準であろうとも，$F$1単位を生産するには，$F\frac{1}{4}$単位，$G\frac{1}{4}$単位がつねに必要である。このことは，$F$が$f$だけの全産出量を達成しているのであれば，$F$は生産過程において自分の生産物を$\frac{1}{4}f$, $G$の生産物を$\frac{1}{4}f$だけ使用しているに違いない，ということを意味している。

またつぎの情報を入手したとしよう。$G$の産出がどのくらいの水準であろうとも，$G$1単位を生産するには，$F\frac{1}{2}$単位，$G\frac{1}{3}$単位が必要である。し

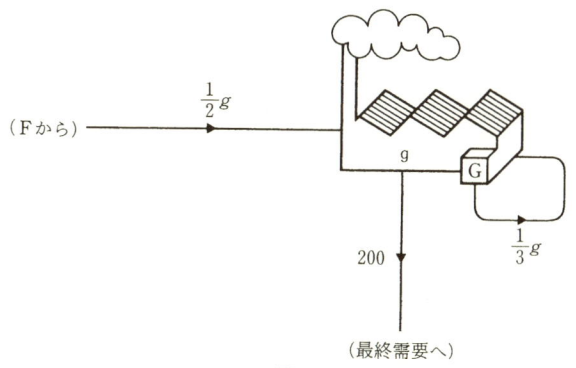

**図 3**

たがって $G$ を $g$ 単位生産するには，$F\,\dfrac{1}{2}g$ 単位，$G\,\dfrac{1}{3}g$ 単位だけ必要になってくる。

**経済の全体図**　　上の 3 つの図をつなぎ合わせれば，経済における投入と産出の全体図を描くことができる。

産業 $F$ の産出は，自分自身の生産，$G$ の生産，最終需要という 3 つの要請を満たすのに十分なものでなければならない。したがって産業 $F$ の産出が，ちょうどそれだけの量であるならば，

$$f = \frac{1}{4}f + \frac{1}{2}g + 300$$

となっていることがわかる。同様に $G$ の産出は，$F$ の生産，$G$ の生産，最終需要という 3 つの要請を満たさなければならないので，

$$g = \frac{1}{4}f + \frac{1}{3}g + 200$$

となる。

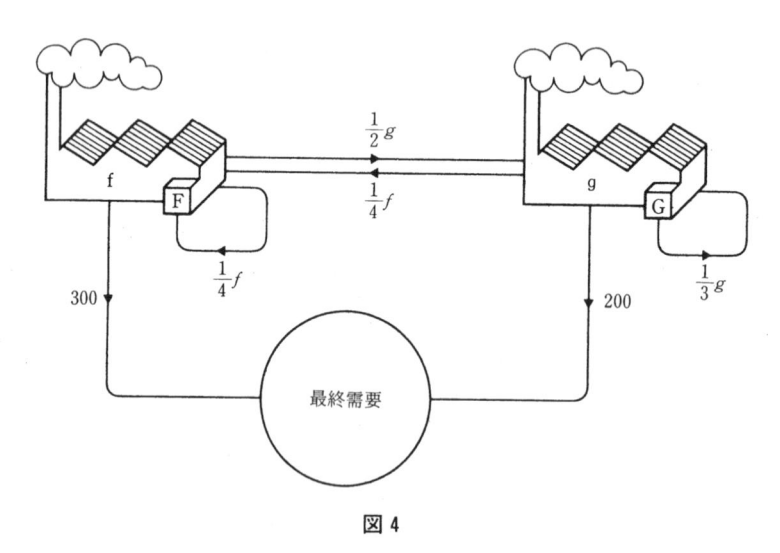

図 4

**行列による表現**　　行列の掛け算と足し算の定義にしたがえば，これら2つの関係は，行列を使って，

$$\begin{bmatrix} f \\ g \end{bmatrix} = \begin{bmatrix} \frac{1}{4} & \frac{1}{2} \\ \frac{1}{4} & \frac{1}{3} \end{bmatrix} \begin{bmatrix} f \\ g \end{bmatrix} + \begin{bmatrix} 300 \\ 200 \end{bmatrix}$$

と書くことができる。これは，まず総産出物を2×1の列ベクトル($x$とよぶ)で表わしている。つぎに投入に対する総需要を，投入に関する要請(産出1単位あたり)を表わす2×2の行列 ($A$とよぶ) と，さきほどのベクトル $x$ との積で表わしている。そして最終需要を，2×1の列ベクトル ($y$とよぶ) で表わしている。このように完全な行列の形で書いてもよいのだが，その代わりに3つの記号 $x$, $A$, $y$ を使って，

$$x = Ax + y$$

のように，簡潔に表現することもできる。したがってわれわれに課された問題は，つぎのように手短に述べることができる。$A$ と $y$ が与えられたとき，$x$ をみいだせ。

**逆行列を掛ける**　　さて $A$, $y$, $x$ が単一の数で，通常の代数が利用できるのであれば，この問題は簡単に解ける。つまり，つぎのような3つのステップに沿って計算すればよい。

　　　　　　　もし　　　　$x = Ax + y$　　　ならば
ステップ1：つぎに　　$x - Ax = y$
ステップ2：そこで　　$(1-A)x = y$
ステップ3：したがって　$x = \dfrac{y}{1-A}$

しかし $A$, $y$, $x$ は単一の数ではなく行列である。したがって，上のような手続きが通用するかどうかが問題である。

　ステップ1に，問題はない。また1のところを単位行列 $I$ とみなせば，ステップ2にも問題はない[2]。本当に問題があるのは，ステップ3である。とい

うのは，そこでは方程式の両辺を $1-A$ で割っているが，すでにみたように，行列代数においては割り算(のようなもの)の概念は存在しないからである[3]。しかし，このこともまたすでにみたように，逆行列を使って割り算と同種の計算をすることができるのである。今の場合もステップ2の後で，方程式の両辺の左側から$(I-A)^{-1}$，つまり行列 $I-A$ の逆行列を掛けてみたとしよう。
 すると

$$\text{ステップ3}：(I-A)^{-1}(I-A)x=(I-A)^{-1}y$$

となる。しかし，$(I-A)^{-1}(I+A)=I$ および $Ix=x$ なので，

$$\text{ステップ4}：x=(I-A)^{-1}y$$

と書くことができる。

**方程式の解** こうして，われわれの問題を代数的に解くことができた。後は，数字を記入するだけである。

$$A=\begin{bmatrix} \frac{1}{4} & \frac{1}{2} \\ \frac{1}{4} & \frac{1}{3} \end{bmatrix}$$

そこで

$$I-A=\begin{bmatrix} 1 & 0 \\ 0 & 1 \end{bmatrix} - \begin{bmatrix} \frac{1}{4} & \frac{1}{2} \\ \frac{1}{4} & \frac{1}{3} \end{bmatrix} = \begin{bmatrix} \frac{3}{4} & -\frac{1}{2} \\ -\frac{1}{4} & \frac{2}{3} \end{bmatrix}$$

前章の技法を使えば，逆行列を求めるのは簡単で

---

2) 通常の代数において通用するいわゆる分配法則は，行列代数においてもまた通用する。つまり，$A(B+C)=AB+AC$
3) 17頁をみよ。

$$(I-A)^{-1} = \frac{8}{3} \begin{bmatrix} \frac{2}{3} & \frac{1}{2} \\ \frac{1}{4} & \frac{3}{4} \end{bmatrix}$$

となる．したがって

$$総産出量 = \boldsymbol{x} = \begin{bmatrix} f \\ g \end{bmatrix} = \frac{8}{3} \begin{bmatrix} \frac{2}{3} & \frac{1}{2} \\ \frac{1}{4} & \frac{3}{4} \end{bmatrix} \begin{bmatrix} 300 \\ 200 \end{bmatrix}$$

$$\begin{bmatrix} f \\ g \end{bmatrix} = \frac{8}{3} \begin{bmatrix} 300 \\ 225 \end{bmatrix} = \begin{bmatrix} 800 \\ 600 \end{bmatrix}$$

と書くことができる．

つまり，$F$ が300単位，$G$ が200単位の最終需要を満たすためには，全部で $F$ を800単位，$G$ を600単位だけ生産しなければならないのである．

産業間の物的なフローと最終需要を表わす投入－産出表（産業連関表とよぶこともある）は，つぎのようになる．

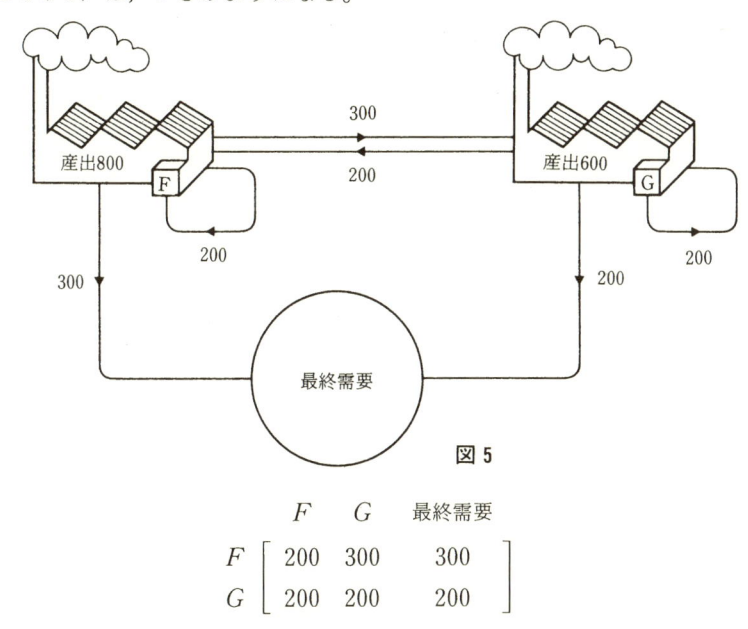

**図5**

$$\begin{array}{c} & F & G & 最終需要 \\ F & \begin{bmatrix} 200 & 300 & 300 \\ 200 & 200 & 200 \end{bmatrix} \\ G & \end{array}$$

3つ以上の産業を含む場合でも、問題の解き方は原理的には同じである。後でもう少し複雑な例を検討してみよう。しかしその前に、これまでの分析をふりかえっておこう。

## 2．投入係数

**基本的仮定**　ここまで、W.レオンチェフによって始められまた発展させられてきた**投入─産出分析**を実行してきた。この分野における研究によって、ノーベル賞を獲得したレオンチェフは、経済における産業（ないしはセクター）間の関連の重要性に気づき、きわめて多くの産業をもつ近代経済の分析につきまとう困難さを認識していた。かれは、つぎのような単純な仮定——すでにわれわれが採用した仮定であるが——をおくことにより、この困難さを打破しようとした。それはつまり、ある財を生産するのに必要な各投入の量は、その財の総産出量に**比例**する、という仮定である。いいかえれば、財の総産出量が2倍になれば、その財を生産するのに必要な各投入量も2倍になる、あるいは総産出量が3倍になればそれぞれの必要投入量も3倍になる、などと仮定するのである。たとえばベークド・ビーンズを10缶生産するには、1缶を生産するのに必要な豆とブリキの10倍が必要だ、というわけである。一例として4つの産業があり、各産業の状況はつぎの表のようになっていると想定しよう。

表1

| 財Ⅰの総産出量 | 必要投入量 ||||
|---|---|---|---|---|
| | 財1 | 財2 | 財3 | 財4 |
| 600 | 100 | 50 | 100 | 50 |
| 1200 | 200 | 100 | 200 | 100 |
| 1800 | 300 | 150 | 300 | 150 |

この表は、要するに、以下のような仮定にもとづいてつくられている。つまり財1を**1単位**生産するのに必要な各投入の量（**産出1単位あたりの投入**）は、その財の生産量にかかわらず一定だ、という仮定である。この場合は財1を1単位生産するのに、その総産出量がどれくらいであろうとも、投入物とし

てつねに財1を$\frac{1}{6}$単位,財2を$\frac{1}{12}$単位,財3を$\frac{1}{6}$単位,財4を$\frac{1}{12}$単位だけ必要としているのである[4]。

**行列$A$の意味** つぎにこの単純化のための仮定にもとづいて考えを進め,定数としてのいわゆる**投入係数**の完全なリストが入手できると想定しよう。たとえば専門の技術者によれば,財1を1単位生産するのに必要な財1の量は,あるきまった大きさであるとされよう。ここでの例では,それは$\frac{1}{6}$である。しかし問題を一般的に考察して行く関係上,それを$a_{11}$としよう。また必要な財2の量は,$a_{21}$である。以下同様な記号法によればよい。とにかく全部で,この種の投入係数が16個でてくるわけである。それらを行列($A$とよぼう)の形で表現するならば,

$$A = \begin{bmatrix} a_{11} & a_{12} & a_{13} & a_{14} \\ a_{21} & a_{22} & a_{23} & a_{24} \\ a_{31} & a_{32} & a_{33} & a_{34} \\ a_{41} & a_{42} & a_{43} & a_{44} \end{bmatrix}$$

となる。一般的にいって,$a_{jk}$は産業$k$の産出物1単位を生産するための投入として必要な産業$j$の産出量を指示している。

**問題の再定式化** ここで,われわれに与えられた問題を定式化しなおしてみよう。まず4つの生産物に対する最終需要($y_1, y_2, y_3, y_4$)が**与えられている**。つぎに,考察したばかりの投入係数の行列が**与えられている**。そして問題は,4つの産業の総産出量($x_1, x_2, x_3, x_4$)を明らかにすることである。この問題にとり組むためには,つぎのことを忘れてはならない。つまり任意の産業——たとえば産業1——の総産出量は,その生産物**投入として需要する総量**プラスその生産物に対する**最終需要の量**に等しい。$a_{jk}$の定義から,産業1の生産物に対する投入としての総需要量は,

---

4) ここでとり扱っている単位は,物的な単位であって,各財によって異なっていることを想起されたい。

$$a_{11}x_1 + a_{12}x_2 + a_{13}x_3 + a_{14}x_4$$

である。含まれている4つの項は，財1を $x_1$ 単位生産するのに必要な産業1の産出量，財2を $x_2$ 単位生産するのに必要な産業1の産出量，財3を $x_3$ 単位生産するのに必要な産業1の産出量，財4を $x_4$ 単位生産するのに必要な産業1の産出量を，それぞれ表わしている。4つの生産物に対する最終需要は $y_1$, $y_2$, $y_3$, $y_4$ であるので，つぎの表をつくることができる。

表2

| 総産出量 | | 投入としての総需要量 | | 最終需要 |
|---|---|---|---|---|
| $x_1$ | $=$ | $(a_{11}x_1 + a_{12}x_2 + a_{13}x_3 + a_{14}x_4)$ | $+$ | $y_1$ |
| $x_2$ | $=$ | $(a_{21}x_1 + a_{22}x_2 + a_{23}x_3 + a_{24}x_4)$ | $+$ | $y_2$ |
| $x_3$ | $=$ | $(a_{31}x_1 + a_{32}x_2 + a_{33}x_3 + a_{34}x_4)$ | $+$ | $y_3$ |
| $x_4$ | $=$ | $(a_{41}x_1 + a_{42}x_2 + a_{43}x_3 + a_{44}x_4)$ | $+$ | $y_4$ |

あるいは以上の連関を行列で表現すれば，2つの産業の場合に書いたのと同じように，

$$\begin{bmatrix} x_1 \\ x_2 \\ x_3 \\ x_4 \end{bmatrix} = \begin{bmatrix} a_{11} & a_{12} & a_{13} & a_{14} \\ a_{21} & a_{22} & a_{23} & a_{24} \\ a_{31} & a_{32} & a_{33} & a_{34} \\ a_{41} & a_{42} & a_{43} & a_{44} \end{bmatrix} \begin{bmatrix} x_1 \\ x_2 \\ x_3 \\ x_4 \end{bmatrix} + \begin{bmatrix} y_1 \\ y_2 \\ y_3 \\ y_4 \end{bmatrix}$$

と書ける。

さらにこの方程式を，

$$\boldsymbol{x} = A\boldsymbol{x} + \boldsymbol{y}$$

と書き，$\boldsymbol{x}$ について解けば

$$\boldsymbol{x} = (I - A)^{-1}\boldsymbol{y}$$

となる[5]。

---

5) 40頁をみよ。

この場合，行列 $A$ が**投入係数**行列である。第 $i$ 行 $j$ 列の要素は，産業 $j$ の産出物1単位を生産するための投入として必要な産業 $i$ の産出量である。もちろん $x$ についての解は，産業の数が2であろうが，あるいは20であろうが，はたまた200であろうが，同じ形をしている。

## 3. 1つの具体的な例

**4つの産業の例**　つぎのような投入係数を表わす行列 $A$ と，最終需要を表わす列ベクトル $y$ が与えられているとしよう。$A$ の各列の数字を理解するには，さきほどから述べているような投入—産出分析の基本的仮定（各産出物1単位を生産するのに必要な投入量は一定である）を想起してほしい。

$$A = \begin{bmatrix} \frac{1}{6} & \frac{1}{6} & \frac{1}{8} & \frac{1}{8} \\ \frac{1}{12} & \frac{1}{3} & \frac{1}{16} & \frac{1}{8} \\ \frac{1}{6} & \frac{1}{6} & \frac{1}{16} & \frac{1}{4} \\ \frac{1}{12} & \frac{1}{6} & \frac{1}{16} & \frac{1}{8} \end{bmatrix} ; \quad y = \begin{bmatrix} 300 \\ 50 \\ 500 \\ 200 \end{bmatrix}$$

**計算のステップ**　さて第1ステップは，$A$ から単位行列 $I$ を引き算することである。これはすでにみたように，簡単な計算である。

$$I - A = \begin{bmatrix} 1 & 0 & 0 & 0 \\ 0 & 1 & 0 & 0 \\ 0 & 0 & 1 & 0 \\ 0 & 0 & 0 & 1 \end{bmatrix} - \begin{bmatrix} \frac{1}{6} & \frac{1}{6} & \frac{1}{8} & \frac{1}{8} \\ \frac{1}{12} & \frac{1}{3} & \frac{1}{16} & \frac{1}{8} \\ \frac{1}{6} & \frac{1}{6} & \frac{1}{16} & \frac{1}{4} \\ \frac{1}{12} & \frac{1}{6} & \frac{1}{16} & \frac{1}{8} \end{bmatrix}$$

$$= \begin{bmatrix} \frac{5}{6} & -\frac{1}{6} & -\frac{1}{8} & -\frac{1}{8} \\ -\frac{1}{12} & \frac{2}{3} & -\frac{1}{16} & -\frac{1}{8} \\ -\frac{1}{6} & -\frac{1}{6} & \frac{15}{16} & -\frac{1}{4} \\ -\frac{1}{12} & -\frac{1}{6} & -\frac{1}{16} & \frac{7}{8} \end{bmatrix}$$

つぎのステップは, $I-A$ の逆行列を求めることである。これは,コンピューターを使って実行すればよい。その結果は,

$$(I-A)^{-1} = \begin{bmatrix} 1.3250 & 0.4690 & 0.2294 & 0.3218 \\ 0.2328 & 1.6793 & 0.1643 & 0.3201 \\ 0.3287 & 0.4884 & 1.1732 & 0.4519 \\ 0.1940 & 0.3994 & 0.1369 & 1.2668 \end{bmatrix}$$

となる。もし必要なら,コンピューターによる計算結果が正しいかどうか確認することもできる。それには,卓上型の計算機を使って $I-A$ にその逆行列を掛け,その積がほぼ単位行列になることを示してやればよい。しかしコンピューターの計算結果を信頼し,結末を急ぎたいのならば, $I-A$ の逆行列に列ベクトル $y$ を掛け,必要な総投入量を求めることもできる。

$$x = (I-A)^{-1} y$$

$$= \begin{bmatrix} 1.3250 & 0.4690 & 0.2294 & 0.3218 \\ 0.2328 & 1.6793 & 0.1643 & 0.3201 \\ 0.3287 & 0.4884 & 1.1732 & 0.4519 \\ 0.1940 & 0.3994 & 0.1369 & 1.2668 \end{bmatrix} \begin{bmatrix} 300 \\ 50 \\ 500 \\ 200 \end{bmatrix}$$

$$= \begin{bmatrix} 600 \\ 300 \\ 800 \\ 400 \end{bmatrix}$$

**計算結果の解釈**　こうして，産業1は600単位の生産物を，産業2は300単位の生産物を，産業3は800単位の生産物を，産業4は400単位の生産物を生産しなければならないことがわかる。また以上の総産出量が，設定された最終需要を満たすことはもちろん，種々の投入に対する需要を満たすことも明らかになる。このことを確認したければ，行列 $A$ を参照しながら，実際の投入（これは総産出量に対応しているのだが）に対する需要を，つぎの完全な投入―産出表として作成してみればよい。この表は，投入に対する需要と最終需要とを合計すれば，総産出量に合致することを示している。

|   | 1 | 2 | 3 | 4 | 最終需要 | 総産出量 |
|---|---|---|---|---|---|---|
| 1 | 100 | 50 | 100 | 50 | 300 | 600 |
| 2 | 50 | 100 | 50 | 50 | 50 | 300 |
| 3 | 100 | 50 | 50 | 100 | 500 | 800 |
| 4 | 50 | 50 | 50 | 50 | 200 | 400 |

すべてが順調にいったわけだが，つぎのことを急いで告白しておこう。端数のないきれいな数字が並んでいるが，これは偶然ではない。この例をつくるには，少し細工をしてある。つまり，まず結果を先に設定しておいて，そこから後向きに進んだのである。

## 4．無限の連鎖

**無限級数**　これまでみてきたように，問題の解法は要請される最終需要のベクトルの左から特定の行列，つまり

$$(I-A)^{-1}$$

を掛けることであった。ここで $A$ が単一の数字であって，行列ではないとしよう。したがって

$$(I-A)^{-1} = \frac{1}{1-A}$$

となる。さらにまた $A$ は1より小さな数だとしよう。等比数列の知識がある

人には，

$$\frac{1}{1-A} = 1 + A + A^2 + A^3 + A^4 + A^5 + \cdots$$

と書けることがすぐにわかるだろう。つまり，たとえば

$$2 = \frac{1}{1-\frac{1}{2}} = 1 + \frac{1}{2} + \frac{1}{4} + \frac{1}{8} + \frac{1}{16} + \cdots$$

$$4 = \frac{1}{1-\frac{3}{4}} = 1 + \frac{3}{4} + \frac{9}{16} + \frac{27}{64} + \frac{81}{256} + \cdots$$

となる。ここでなぜ，わざわざ無限級数の和をもちだす必要があるのだろうか。それは，無限級数の和の形で表現することによって，要請される総産出量を計算するための公式の意味が，よりよく理解できるからである。

行列 $A$ についても，やはり

$$(I-A)^{-1} = I + A + A^2 + A^3 + A^4 \cdots$$

と書けるとしよう。そうすると，経済計画のための公式は，

$$x = (I-A)^{-1}y = (I + A + A^2 + A^3 + A^4 + \cdots)y$$
$$= y + Ay + A^2y + A^3y + A^4y + \cdots$$

と書ける。

**数式の解釈**　このように，最終需要 $y$ を満たすために要請される各産業の総産出量を示すベクトル $x$ は，無限個の項すべての和であるとみることができる。このときそれらの項に対しては，明示的な解釈が可能である。数式の右側の項を，順番に検討しよう。最初の項（$y$）は，簡単に説明できる。総産出量は，少なくても満たされるべき最終需要と同じだけの量でなければならない。残りの項は，各産業の必要投入量を表わしているにちがいない。2番目の項を完全に，書きだしてみよう。

$$A\boldsymbol{y} = \begin{bmatrix} a_{11} & a_{12} & a_{13} & a_{14} \\ a_{21} & a_{22} & a_{23} & a_{24} \\ a_{31} & a_{32} & a_{33} & a_{34} \\ a_{41} & a_{42} & a_{43} & a_{44} \end{bmatrix} \begin{bmatrix} y_1 \\ y_2 \\ y_3 \\ y_4 \end{bmatrix}$$

$$= \begin{bmatrix} a_{11}y_1 + a_{12}y_2 + a_{13}y_3 + a_{14}y_4 \\ a_{21}y_1 + a_{22}y_2 + a_{23}y_3 + a_{24}y_4 \\ a_{31}y_1 + a_{32}y_2 + a_{33}y_3 + a_{34}y_4 \\ a_{41}y_1 + a_{42}y_2 + a_{43}y_3 + a_{44}y_4 \end{bmatrix}$$

$a$の定義より，この列ベクトルの最初の要素は，4つの産業がそれぞれの最終需要量を生産するための投入として，産業1に要請する生産物の合計である。したがってベクトル $A\boldsymbol{y}$ は，最終需要を満たすために，各産業が生産しなければならない投入を表わしていることになる。しかしそれらの投入は，さらにそれ自身を生産するための投入を必要とする。そこで，最終需要を満たすために直接に必要な投入を表わすベクトルを $\boldsymbol{d}(=A\boldsymbol{y})$ とすると，さきほどと同様の議論によって，$\boldsymbol{d}$ を生産するための投入を表わすベクトル $A\boldsymbol{d}$ を考えなければならない。

つまり

$$A\boldsymbol{d} = AA\boldsymbol{y} = A^2\boldsymbol{y}$$

これは，ベクトル $\boldsymbol{x}$ の3番目の項にほかならない。まったく同じように，4番目の項 $A^3\boldsymbol{y}$ は直接の投入を生産するための投入を生産するのに必要な投入を表わしている。これ以上の説明は，必要あるまい。問題は無限級数の和をとることであり，その答えはつぎの公式で表わされることがわかっている。

$$\boldsymbol{x} = (I - A)^{-1}\boldsymbol{y}$$

**経済学的な意味づけ** 行列としての乗数 $(I-A)^{-1}$ を無限級数で表現することによって，数式の背後にある経済のロジックを理解することができる。ある投入を生産するには，そのための投入が必要であり，この論理は無限に続く。あるシステムが，投入より多くの産出を生産しているという意味

で生産的であるならば，例の無限級数の項は右に行くにしたがって小さくなる。最終的な産出を生産するための投入は，その投入を生産するのに必要な投入よりも多いのであり，以下同じ関係が成立する。これは，つぎのようにもいえる。

$$n が \infty に近づけば，A^n は [0] に近づく。$$

ただし [0] は，すべての要素が 0 の行列である。$A$ が単一の数であり，1 よりも小さければ，

$$\frac{1}{1-A} = 1 + A + A^2 + A^3 + \cdots$$

と書くことができる。同様に，行列 $A$ がある種の条件を満たせば，

$$(I-A)^{-1} = I + A + A^2 + A^3 + \cdots$$

と書くことができる。しかし経済がさきほど述べたような意味で生産的であるならば，問題となる条件はつねに満たされているので，心配はいらない（練習問題 3-2 参照）。

## 5. 最後の問題

**計画の実行可能性**　経済計画の当局の関心が，提出された最終需要のリストに合致する，適切な投入物と産出物の計算にあるのは当然である。しかしそれだけでなく，当局はそのような計画の**実行可能性**を判定することにも関心があることだろう。人びとは経済計画の当局に，多くのことを要求しがちである。いろいろな理由から，与えられた最終需要の原案が含んでいるだけの量——財の組合せはともかく——を生産することが，経済にとって事実上不可能であるかもしれない。たとえば，いくつかの産業の産出（石炭など）には物理的な限界があるだろう。また経済が利用できる**労働**の量が，なんの修正もなしに計画を実行できるほどには十分でないかもしれない。

それでは課題を達成できるほどの労働があるかどうか，悩んでいる場合にはどうすればよいのであろうか。労働が不足しないかどうかチェックするに

は，どうしたらよいのであろうか。この問題をまず一般的に検討し，つぎに具体例をとりあげよう。

**物的**な投入を扱ったときと同じように，**労働**に関する必要投入量は生産すべき財の総産出量に**比例**する，と仮定しよう。また4つの財を，それぞれ1単位生産するのに必要とされる各労働の量（もちろん物的な投入と組み合わされての話だが）について詳細にわかっている，と仮定しよう。さらに，これらの**労働**の投入係数が，1×4の行ベクトルの形で与えられているとしよう。そのベクトルを，手短に $^tq$ となづけておく。したがってこのベクトル $^tq$ に，$x$（年間の総産出量を表わす4×1の列ベクトル）を掛けると，1×1の行列つまりこの産出計画を実行するのに必要とされる総労働量を意味する1つの数がえられる。しかし，各年ごとに利用できる労働の量は，ある水準――これを労働を表わすということで $w$ とする――に制限されているとしよう。このとき計画は，$^tqx$ が $w$ より少ないかあるいは等しい場合にのみ，つまり

$$^tqx \leq w$$

の場合のみ，実行可能なのである。あるいは $x$ について詳しいことがわかっておらず，最終需要のベクトル $y$ についてしか知らない場合には，上の式は

$$^tq(I-A)^{-1}y \leq w$$

と書きなおされる。というのは以前の分析から，$x=(I-A)^{-1}y$ であることがわかっているからである。

**具体例**　つぎに一般から特殊へと進み，各年ごとに利用できる総労働量（$w$）が10,000人・時間であり，労働の投入係数を表わすベクトル（$^tq$）が，以下のようだとしよう。

$$^tq = [4, \ 5, \ 10, \ 2]$$

つまり，財1を1単位生産するためには投入として4人・時間が必要である。また財2を1単位生産するためには，投入として5人・時間が必要であり，財3と4についても同様である。ここで以前に考察した最終需要の原案，つまり

$$y = \begin{bmatrix} 300 \\ 50 \\ 500 \\ 200 \end{bmatrix}$$

が与えられるならば，このような需要が含意する計画が実行可能かどうか，容易に判定することができる．そのためには，

$$^t q (I - A)^{-1} y$$

の値を計算しなければならないが，$x = (I - A)^{-1} y$ の値は計算済みである[6]．したがって

$$^t q (I - A)^{-1} y = {}^t q x = [4, \ 5, \ 10, \ 2] \begin{bmatrix} 600 \\ 300 \\ 800 \\ 400 \end{bmatrix}$$

$$= 12,700$$

となる．12,700は $w$ に対して仮定した値10,000よりもかなり大きいので，計画は実行可能ではなく，規模を縮小しなければならない．逆に $^t q (I - A)^{-1} y$ の値が $w$ よりも**小さければ**，また完全雇用が政府の推進する目的の1つであるならば，計画の規模は拡大されるべきである．これはもちろん，規模の拡大を阻害する他の物的な制約がないとしたらの話であるが．

**貨幣価値による財の計測**　　本章ではここまで，投入と産出を関心ある財の**物的な単位**の数——鉄鋼ならトン，石油ならガロン，布ならヤードなど——で計ってきた．しかしある種の目的にとっては，財をその**貨幣価値**で計ることも有用である．こうするともちろん，行を加算することだけでなく，列を加算することもできる．つぎの単純3産業からなる経済を例としてとろう．

---

6) 46頁をみよ．

|   | 1 | 2 | 3 | 最終需要 | 総産出量 |
|---|---|---|---|---|---|
| 1 | £50 | £100 | £100 | £200 | £450 |
| 2 | £75 | £25 | £50 | £300 | £450 |
| 3 | £30 | £20 | £50 | £400 | £500 |

さてこの行列から，つぎのことがわかる。産業1は£450相当の総産出を生産しているが，そのうち£50相当が自分自身の生産過程に投入されている。また£100相当が産業2の生産過程に，£100相当が産業3の生産過程に投入され，そして残り£200相当が最終需要を満たすのにむけられている。これに対し産業1は，その£450相当の産出を生産するために，自分自身の£50相当の産出を，また産業2の£75相当の産出を，さらに産業3の£30相当の産出を，物的な投入として使用している。こうして，つぎのことが明らかになる。£50＋£75＋£30＝£155相当の物的な投入の代価を支払ったあと，産業1の産出の価値として残されたものすべてが，生産過程になんらかの関与をしている労働者，資本家，地主に分配されるとする。その場合には，産業1において賃金，利潤，地代として支払われる総額は£450－£155＝£295となるにちがいない。同様に，産業2において賃金，利潤，地代として支払われる総額は£305であり，産業3では£300でなければならない。そこでさきほどの行列に，4番目の行を追加しよう。

|   | 1 | 2 | 3 | 最終需要 | 総産出量 |
|---|---|---|---|---|---|
| 1 | £ 50 | £100 | £100 | £200 | £450 |
| 2 | £ 75 | £ 25 | £ 50 | £300 | £450 |
| 3 | £ 30 | £ 20 | £ 50 | £400 | £500 |
| 賃金, 利潤, および地代 | £295 | £305 | £300 |  |  |

このような行列をつくれば，経済において支払われる賃金，利潤，地代の**合計**が，最終需要の**合計**に等しくなる（それぞれ£900）ことは，一目瞭然である。これは，つぎのことを意味している。つまり総投入量のベクトルと，投入係数の行列（今回は，両方とも**価値**のタームで述べられていなければならないが）さえ与えられれば，賃金，利潤および地代のベクトルは簡単に計算できるのである。

**アドバイス**　最後に，1つだけいっておきたいことがある。それは，現実の世界がこのように簡単なものであると決して勘違いしてはならない，ということである。たとえば，「投入の産出に対する比例的変化」という単純化のための仮定をおくことができなければ，投入係数の行列の要素はどうなるか，想像してみればよい。また処方された最終需要を満たす技術的方法の候補が複数あり，どれを使用すべきかを問題の一部として決定しなければならない，とも想像してみればよい。さらに，ここ2～3年の間に，それらの方法が変化するかもしれないとか，（たとえば）機械類や労働の相対**価格**が変化するかもしれないと，想像してみよう。このような場合には，どうすればよいのだろうか。こうした問題に答えるためには，これまでの単純な分析ではなく，もっと複雑な投入—産出分析をおこなわなければならないだろう[7]。

### 練習問題

**3-1.** 行列$A$がつぎのようであるとき，$(I-A)^{-1}$を計算せよ。

(i) $\quad A = \begin{bmatrix} \dfrac{1}{5} & \dfrac{1}{5} \\ \dfrac{1}{5} & \dfrac{1}{5} \end{bmatrix}$

(ii) $\quad A = \begin{bmatrix} \dfrac{1}{2} & \dfrac{2}{5} \\ \dfrac{1}{4} & \dfrac{1}{5} \end{bmatrix}$

---

7) このような話題に興味のある読者は，まず Chiou-shuang Yan, *Introduction to Input-Output Economics,* Holt, Rinehart and Winston, New York, 1969 か，あるいは Richard Stone, *Input-Output and National Accounts,* OEEC, Paris, 1961 にあたられたい。

(iii) $A = \begin{bmatrix} 0 & \frac{1}{2} \\ \frac{1}{2} & 0 \end{bmatrix}$

(iv) $A = \begin{bmatrix} \frac{1}{2} & 0 \\ 0 & \frac{1}{4} \end{bmatrix}$

**3-2.** 本章においては，つぎのような単純な2×2の事例をとりあげた。

$$A = \begin{bmatrix} \frac{1}{4} & \frac{1}{2} \\ \frac{1}{4} & \frac{1}{3} \end{bmatrix}$$

(i) $A^2, A^3$ と計算してゆき，$n$ が大きくなるにつれて $A^n \to 0$ となることを示せ。

つぎに

$$A = \begin{bmatrix} 2 & 1 \\ 1 & 3 \end{bmatrix}$$

を考える。(これはじつに非生産的な経済であり，財1を1単位つくるのに，財1を2単位必要とするのだ。)

(ii) $(I-A)^{-1}$ は，どうなるか。
(iii) $A^2, A^3$ とつづけて計算せよ。なにが起こるか。
(iv) $I + A + A^2 + \cdots = (I-A)^{-1}$ となるか。

**3-3.** ある経済が，つぎのような投入―産出表で表わされるとしよう。

|   | $F$ | $G$ | 最終需要 |
|---|---|---|---|
| $F$ | 300 | 120 | 80 |
| $G$ | 100 | 40 | 60 |

(i) 投入係数を表わす行列 $A$ は，どうなるか。
(ii) $(I-A)^{-1}$ は，どうなるか。
(iii) $F$ と $G$ を，それぞれ100単位最終需要にまわすのに十分なだけ生産したい，としよう。$F$ と $G$ の総産出量は，どうでなければならないか。
(iv) $F$ を1単位生産するのに労働10単位を使用し，また $G$ を1単位生産するのに労働20単位を使用する。このとき，$F$ も $G$ も100単位ずつ最終需要にまわすためには，どれくらいの労働が必要であろうか。
(v) 経済に，実際には1500単位の労働がある。そして $F$ と $G$ の最終需要の量を同じにしたいとしよう。このとき，労働をすべて使用するとすれば，$F$ と $G$ はそれぞれどれだけ最終需要にまわすことができるだろうか。また $F$ と $G$ の総産出量は，どうなるだろうか。

# 4 部族社会の親族構造

## 1. 親族システム

 本書の第1章では,すべての要素が1もしくは0であるような特別なタイプの行列がでてきた。思いだしていただきたいのだが,その行列の要素はなにかの量ではなく,ある特定の**性質**ないしは**関係**が存在する(=1)か,存在しない(=0)かを表わしていた。本章では,このような行列をどうしたらうまく活用できるのかを検討してみる。そのため,部族社会の**親族システム**,たとえばオーストラリア土着の部族にみられるような親族システムをとりあげてみよう。これは,多くの人類学者の研究の中心テーマでもある。なおここでの説明は,そのほとんどが,H.C.ホワイト[1]によって発展させられた親族構造の分析にもとづいている。
 まず「親族システム」という言葉の意味を,正確に理解しなければならない。親族システムとは,**社会的関係**と**生物学的**関係が融合した一種の社会構造である。つまり親族システムの特徴は,人びと相互の役割が,家系図に描かれているようないくつかの主要な親族関係(兄弟,姉妹,父母,息子と娘など)にもとづいて,決められていることである。たとえばある女性が,なんの偶然か,わたしの父方の大おばの娘にあたるとしよう。するとわたしと彼女の社会的な関係は,二人の間のそうした親族関係によって決定されてしまうのだ。

**生物学的関係と社会的関係** さて生物学的関係は,家系図をみればわか

---

1) Harrison C. White, *An Anatomy of Kinship*, Prentice-Hall, New Jersey, 1963. またわたしは多くの点で,R.K.リークとB.F.ミーカーによるホワイトの分析の適切な要約に助けられることが大きかった。Leik, R.K. and B.F. Meeker, *Mathematical Sociology*, Prentice-Hall, New Jersey, 1975, chapter 5.

るように，累積的に広がってゆく性質のものである。ここで，つぎの課題が与えられたとしよう。つまり1組の生物学的関係を，1組の社会的関係ないしは役割関係に対応させるにはどうしたらよいのか，という課題である。あなたは，1組の生物学的関係を，たとえばオーストラリア土着の部族にあてはまるような，十分に発達した1組の社会的関係（役割関係）に対応させることができるであろうか。この課題に取り組むとき，あなたはすぐに多くの非常に難しい問題に直面することだろう。たとえば，家系図は樹木の形をしているが，その樹木はたちまちのうちに繁殖し枝分かれしてしまうのだ。理想的な家系図を1つ作ってみよう。そして特定の個人（人類学者は**エゴ**と呼んでいる）から出発し，その樹木をかれの祖父母の方向にさかのぼってみよう。あるいは，かれの子どもの方向に下ってみよう。そうすると，人類学者が採用している記号（男は△，女は〇，結婚関係は＝，親子関係は縦の棒，兄弟・姉妹は横の棒）を使えば，つぎのような図をかくことができよう。

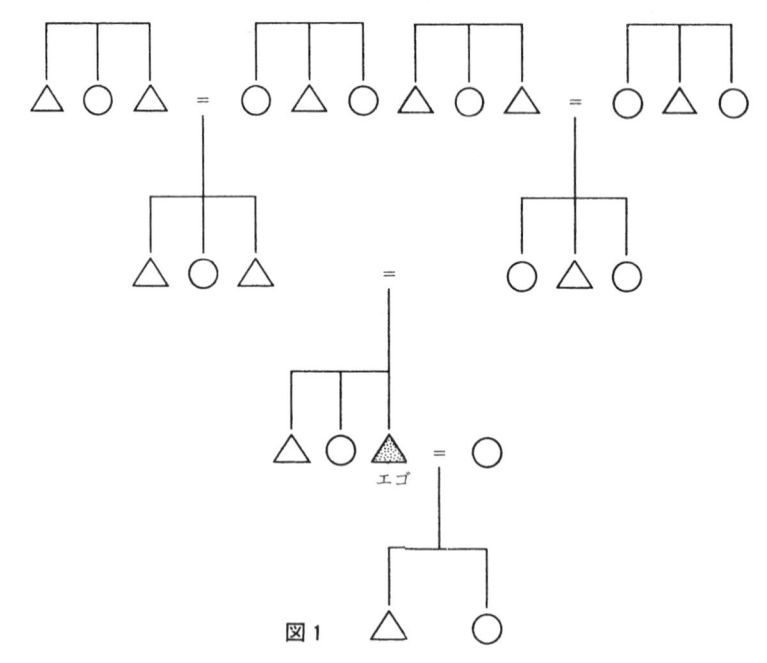

図1

ここでは問題の樹木を，上にも下にもそれほど遠くまでたどっているわけではない。しかしそれでも，数多くの生物学的関係を区別しなければならな

いのである。まずエゴには父親・母親がいるが，その2人にはそれぞれ兄弟・姉妹がいる（可能性がある）。これだけでも，全部で6種類の関係になる。またかれには，父方にも母方にも祖父・祖母がいる。その4人にはまたそれぞれ兄弟・姉妹がいる。これで，新たにもう12種類の関係が出てきた。しかし，さらにかれ自身にも兄弟・姉妹があり，妻があり，息子と娘がいるのだ。これだけではない。もしその樹木をもう1段さかのぼり，かれの曽祖父・曽祖母まで考慮に入れれば，どうであろうか。あるいはその樹木をもう1段下って，かれの孫まで考慮に入れればどうであろうか。さらにずっと多くの生物学的関係を区別しなければならないことは，明らかである。こうなると，それらのさまざまな生物学的関係を**それぞれ**独自の社会的関係に対応させることは不可能である。したがって，それらのさまざまな生物学的関係のうち少なくとも**いくつか**のものを合併して，1つの社会的関係に対応させることが必要となる。これによって，問題の親族システムを簡略化することができるのである。たとえば西洋の社会では，父親の兄弟，母親の兄弟，父親の姉妹の夫および母親の姉妹の夫は区別されない。つまり，かれらはすべて「おじ」として扱われるのである。

　さらにあなたは，家系図が枝分かれするにつれてもっとやっかいな事態がもちあがる可能性のあることを，すぐに理解するだろう。というのは，エゴは同じ1人の人に2つ（ないしはそれ以上）の違う仕方で，関係づけられるようになるかもしれないからである。たとえば普通は，エゴの母親の兄弟の娘は，エゴの父親の姉妹の娘とは違う人間である。しかし，そうとはいえない場合もある。エゴの母親の兄弟が，実際にエゴの父親の姉妹の夫である場合を考えてみればよい。このような場合に役割期待の葛藤を避けるためには，役割のカテゴリーは，きわめて注意深く設定されていなければならない。つまり，それぞれの関係が含む役割は，相互に両立するものでなければならないのである。

**婚姻規則と出自規則**　　現実に存在している親族システムは，そうした諸問題を，（リークとミーカーの書物からの引用だが）「婚姻関係と親子関係という2つの基本的な関係を制限することによって」[2]解決している。すべての親族システムでは，ある種のインセスト・タブーが働いており，男性はかれと同

じ集団ないしはクランに所属する女性とは決して結婚することはできない，と規定されているのが普通である。またほとんどの場合，男が結婚相手をみつけることのできるただ1つだけのクランを定めている規則がある。同じくほとんどの場合に，特定の種類の親戚と結婚することが優先され，奨励されている。たとえばパプア・ニューギニアのいくつかの社会においては，交差いとこ（cross-cousin）との結婚が優先され，奨励されている。さらにこのような**婚姻規則**だけでなく，大概の親族システムにおいては，ある男性の子どもが属するクラン（それはその男性が属しているクランと同じである場合もあれば，異なる場合もある）を定める**出自規則**（descent rule）も働いている。これが，ごく一般的なタイプの規定婚システム（prescribed marriage system）である。

そのような規定婚システムは，現実に存在する多くの親族システムに共通している。しかし現実の親族システムでは，この共通した枠組みの中に，それぞれ独自の親族構造が発達している。たとえば，結婚が許容される（あるいは奨励される）「いとこ」の種類が何であるかに応じて，独自の親族構造が見いだされるのである。ホワイトがいったように，独自の親族構造の「組合せ方はあまりにも数多いので，親族システムを日常的な言葉によって整理することは難しい。また，図によって整理することさえも困難であろう。」[3] したがってこのような親族システムを分析し，それぞれを区別するには，行列代数の力が必要であった。実際，数量的な研究に傾いた多くの人類学者は，規定婚システムに立脚した社会について，行列の形をした一種の一般的モデルないしは「理想的」モデルを構築し，論理的な含みを取りだそうとしてきたのである。そうした作業はゾクゾクするほど面白し，また大いに啓発されるものである。実際に作業してみた何人かの学者（ホワイト自身も含めて）によれば，問題となっているモデルは，オーストラリア土着の部族やパプア・ニューギニアの人びとのような「未開」社会に対してだけではなく，現代の西洋社会に対してもいかほどかは適用できる，と主張されているほどである。

**モデル構築の実際**　　規定婚システムの一般的なモデル，ないしはそのよ

---

2) Leik and Meeker, *op. cit.*, p. 77. *Cf.* White, *op. cit.*, pp. 15-6 and 28.
3) White, *op. cit.*, p. 2.

うなシステムの「類型論」を構築するためには，まず何をすべきであろうか。それは，すべての規定婚システムが必ずもっている1組の特徴を明示することである。ホワイト[4]はそのような特徴を，以下の8つの「公理」として描いている。

1. 社会の全構成員は，相互に排反的な（mutually exclusive）集団に分割される。そのような集団を，クランと呼ぶ。各人のクランへの所属は，生涯変わることはない。以下では，クランの数を$n$で表わす。
2. 規則により，あるクランに属する男はある定められた唯一のクランに属する女の中から妻を見いださなければならない。その規則は，生涯変更されることはない。
3. またその規則によれば，2つの異なったクランに属する男は，それぞれ異なったクランに属する女と結婚しなければならない。
4. ある夫婦の子どもは全員，1つの同じクランに帰属させられる。帰属させられるクランは，夫と妻のクランに応じて一義的に定められている。
5. 父親のクランが異なる子どもたちは，異なるクランに属する。
6. 男はかれと同じクランに属する女とは，決して結婚できない。
7. すべての人は，結婚と出自をとおして他のクランに親戚をもっている。つまり社会は，相互につながりのない集団に分裂してはいない。
8. 結婚と出自の絆によって結びつけられている2人が，同じクランに属するかどうかは，どのクランであっても，かれらの間の関係にのみ依存している。

しかし本当は，このつぎの問題がもっと重要なのである。それは，以上8つの属性ないしは公理をどのようにして数学の問題に翻訳すればよいか，という問題である。これについては，ホワイトのとった方法[5]がもっとも有効だと思われる。ところでかれのモデルは，2つのきわめて単純な正方行列を想定するところから始まる。その正方行列のうち1つは結婚に対する制約を，もう1つは親子関係に対する制約を表現している。またそれぞれの行列の行（列）の数 $n$ は，公理1で仮定されたクランの数に相当する。

---

4) *Op. cit.*, pp. 34-5.
5) しかしこれが唯一可能な方法ではない。White, *op. cit.*, pp. 31-2.

**行列 W について**　　結婚に対する制約を表現する行列（W としよう）の行は男のクランを，列は女のクランを表わしている。もし $i$ 行 $j$ 列の要素が 0 であれば，それはクラン $i$ の男はクラン $j$ の女とは結婚できないことを意味している。またもし $i$ 行 $j$ 列の要素が 1 であれば，それはクラン $i$ の男はクラン $j$ の女と結婚できることを意味している。たとえば 5 つのクランがあり，行列 W がつぎのようになっているとしよう。

$$\text{夫のクラン}\begin{array}{c}\\P\\Q\\R\\S\\T\end{array}\overset{\overset{\text{妻のクラン}}{\begin{array}{ccccc}P & Q & R & S & T\end{array}}}{\begin{bmatrix}0 & 1 & 0 & 0 & 0\\0 & 0 & 1 & 0 & 0\\1 & 0 & 0 & 0 & 0\\0 & 0 & 0 & 0 & 1\\0 & 0 & 0 & 1 & 0\end{bmatrix}}=W$$

この場合，クラン P の男は妻をクラン Q からもらうことができるが，他のクラン P，R，S，T からはもらうことはできない。

**行列 C について**　　親子関係に対する制約を表現する行列（C としよう）の行は父親のクランを，列は子どものクランを表わしている。もし $i$ 行 $j$ 列の要素が 0 であれば，それはクラン $i$ の父親の子どもはクラン $j$ に帰属させられないことを意味している。またもし $i$ 行 $j$ 列の要素が 1 であれば，それはクラン $i$ の父親の子どもがクラン $j$ に帰属させられることを意味している。5 つのクランがあるとき，行列 C がつぎのようになっているとしよう。

4 部族社会の親族構造 63

$$\begin{array}{c} \text{子どものクラン} \\ \begin{array}{cccccc} & P & Q & R & S & T \end{array} \\ \text{父親のクラン} \begin{array}{c} P \\ Q \\ R \\ S \\ T \end{array} \left[ \begin{array}{ccccc} 0 & 0 & 0 & 0 & 1 \\ 1 & 0 & 0 & 0 & 0 \\ 0 & 1 & 0 & 0 & 0 \\ 0 & 0 & 1 & 0 & 0 \\ 0 & 0 & 0 & 1 & 0 \end{array} \right] = C \end{array}$$

**行列 $W$ と $C$ に対する制約** 公理2と3によれば，行列 $W$ が含む1の数とその分布の仕方に対して制約条件が課されることになる。要約的にいえば，つぎのようになる。まず公理2によれば，行列 $W$ の各行は1を1個だけ含まなければならない。もちろん残りの要素はすべて0である。また公理3によれば，行列 $W$ の各列も1を1個だけ含まなければならない。同じく，残りの要素はすべて0である。つぎに公理4と5は，行列 $C$ が含むべき1の数とその分布に対して，まったく同一の制約を課すものである。先に示した行列 $W$ と $C$ の架空例をみれば，いま問題となっている制約条件がきちんと満たされていることが理解できるであろう。

ところで，「男はかれと同じクランに属する女とは決して結婚できない」とする公理6は，さらに別の制約条件を課すものである。つまりその公理によれば，行列 $W$ の主対角線上には1が登場してはならないことになる。しかしこの制約条件が，行列 $C$ にはあてはまらないことに注意しなければならない。というのは，子どもが父親と同じクランに属してもかまわないからである。それでは公理8は，どうであろうか。ある1つのクランに属する父親の子どもが，やはり父親と同じクランに属する場合について考えてみよう。そうするとこの場合には，他のクランに属する父親の子どももまた，父親と同じクランに属さなければならないことがわかるだろう。つまり公理8によれば，行列 $C$ の主対角線のどこかに1があれば，主対角線上の要素は**すべて**1でなければならないのである。この場合，行列 $C$ は単位行列(unit matrix, identity matrix)である。

## 2. 順列行列について

各行・各列にそれぞれ 1 を 1 個だけ含み，他の残りの要素がすべて 0 であるような行列を**順列行列**という。どうして，そのような名前がついているのであろうか。それには，適当な行ベクトルに順列行列を掛けてみればよい（もちろん，乗算可能だと仮定する）。するとその積は，やはり行ベクトルとなるが，そのベクトルは最初のベクトルの要素を並びかえたものになっていることがわかる。たとえば，つぎのとおりである。

$$[1,2,3,4,5]\begin{bmatrix} 0 & 1 & 0 & 0 & 0 \\ 0 & 0 & 1 & 0 & 0 \\ 1 & 0 & 0 & 0 & 0 \\ 0 & 0 & 0 & 0 & 1 \\ 0 & 0 & 0 & 1 & 0 \end{bmatrix} = [3,1,2,5,4]$$

これが順列行列という名前の由来である。ただしいうまでもなく，順列行列が単位行列の場合には，行ベクトルの要素の順番はもとのままに維持される。

表 1

| | $I$ | $W$ | ステップ |
|---|---|---|---|
| 場面 0 | $\begin{bmatrix} 1 & 0 & 0 & 0 & 0 \\ 0 & 1 & 0 & 0 & 0 \\ 0 & 0 & 1 & 0 & 0 \\ 0 & 0 & 0 & 1 & 0 \\ 0 & 0 & 0 & 0 & 1 \end{bmatrix}$ | $\begin{bmatrix} 0 & 1 & 0 & 0 & 0 \\ 0 & 0 & 1 & 0 & 0 \\ 1 & 0 & 0 & 0 & 0 \\ 0 & 0 & 0 & 0 & 1 \\ 0 & 0 & 0 & 1 & 0 \end{bmatrix}$ | $W$ を $I$ に変換するには，行を入れ替えさえすればよい。<br>行 1 → 行 2<br>行 2 → 行 3<br>行 3 → 行 1<br>行 4 → 行 5<br>行 5 → 行 4 |
| 場面 1 | $\begin{bmatrix} 0 & 0 & 1 & 0 & 0 \\ 1 & 0 & 0 & 0 & 0 \\ 0 & 1 & 0 & 0 & 0 \\ 0 & 0 & 0 & 0 & 1 \\ 0 & 0 & 0 & 1 & 0 \end{bmatrix}$ | $\begin{bmatrix} 1 & 0 & 0 & 0 & 0 \\ 0 & 1 & 0 & 0 & 0 \\ 0 & 0 & 1 & 0 & 0 \\ 0 & 0 & 0 & 1 & 0 \\ 0 & 0 & 0 & 0 & 1 \end{bmatrix}$ | |

こうした順列行列の特徴は，その逆行列を求めるのが簡単だということである。問題となっている行列 $W$ をみてみよう。第2章で展開した基本的行変形によって，行列 $W$ の逆行列を簡単に求めることができるだろう。

この表のように，順列行列の逆行列は1回の操作によって求めることができる。そこで，行の入れ替えについて一般的に考察してみよう。$W$ の第1行の1が第 $j$ 列にある場合，$I$ に変換するには第1行は $j$ 行目に移行しなければならない。したがって求めるべき逆行列の第1列は，かならず第 $j$ 行に1をもつことになる。これは，$W$ の逆行列の第1列が，$W$ それ自体の第1行と同じものであることを意味している。さらに，$W^{-1}$ の第2列は $W$ の第2行と同じだし，その他の行と列についても同様のことが指摘できる。

順列行列の逆行列を求めるのに必要なことは，その行と列を転置することだけである。つまり順列行列の逆行列は，その転置行列に等しいのである。任意の行列 $W$ の転置行列を $^tW$ と書くことにする。もし $W$ が順列行列であるならば，

$$^tW = W^{-1}$$

である。

## 3．再び親族システムについて

さて規定姻システムには，婚姻規則と出自規則がつきものであった。そこでもしその2つの規則を，順列行列 $W$ と $C$ によって表現することができるならば，複雑な親族関係も容易に解明することができるであろう。いわば順列行列は，親族システムを分析するための便利な道具なのである。とくに2つの順列行列を組み合わせて使うことにより，あるクランに属する男の親戚がいずれのクランに属するかを，特定化することができるだろう。

**第1ステップ**　62〜63頁で例示した順列行列 $W$ と $C$ をもちいて，任意のクラン（ここでは $Q$ としよう）に属する男をエゴとすれば，かれの母親の兄弟の娘がどのクランに属することになるのかを考えてみたい。3つのステップを踏んで，分析を進めよう。最初のステップは，エゴの父親が属するクラ

ンをみつけることである。そのためには,行列 $C$ を転置すればよい。というのは任意のクランに属する男の子どもが,どのクランに属するかを示す行列 $C$ を転置すれば,ある子どもの父親がどのクランに属するかを示す行列となるからである。

<br>

父親のクラン

|  |  | $P$ | $Q$ | $R$ | $S$ | $T$ |
|---|---|---|---|---|---|---|
| 子どものクラン | $P$ | 0 | 1 | 0 | 0 | 0 |
|  | $Q$ | 0 | 0 | 1 | 0 | 0 |
|  | $R$ | 0 | 0 | 0 | 1 | 0 |
|  | $S$ | 0 | 0 | 0 | 0 | 1 |
|  | $T$ | 1 | 0 | 0 | 0 | 0 |

このように行列 $C$ の転置行列をとることにより,もしある息子がクラン $Q$ に属しているのならば,かれの父親のクランは $R$ でなければならないことがわかる。

　同じことを違った仕方で書き表わすことができる。これは一見すると,不必要なほどややこしいようにみえるかもしれない。しかし後の分析を進めるためには,この書き表わし方の方が便利なのである。**要するに**上でおこなったのは,つぎのようなことであった。まず $1\times5$ の行ベクトル ($a$ とする) をおき,その **2 番目**の要素 (これがエゴのクラン $Q$ に該当する) を 1,残りを 0 とする。つぎのこのベクトルに行列 $C$ の転置行列 (=逆行列,つまり $C^{-1}$) を掛ける。いうまでもなくその積は,また $1\times5$ の行ベクトルとなるが,今度は **3 番目**の要素が 1 (これが父親のクラン $R$ に該当する),残りが 0 となっている。

$$aC^{-1} = [0, 1, 0, 0, 0] \begin{bmatrix} 0 & 1 & 0 & 0 & 0 \\ 0 & 0 & 1 & 0 & 0 \\ 0 & 0 & 0 & 1 & 0 \\ 0 & 0 & 0 & 0 & 1 \\ 1 & 0 & 0 & 0 & 0 \end{bmatrix}$$

$$= [0, 0, 1, 0, 0]$$

## 4 部族社会の親族構造    67

**第2ステップ**　つぎに第2ステップである。エゴの父親のクランが $R$ であることはすでにわかっているので、婚姻規則を表わす行列 $W$ をみれば、エゴの母親のクランを導きだすことは簡単である。つまり行列 $W$ は、

$$W = \begin{array}{c} \\ P \\ Q \\ R \\ S \\ T \end{array} \begin{array}{c} \begin{array}{ccccc} P & Q & R & S & T \end{array} \\ \left[ \begin{array}{ccccc} 0 & 1 & 0 & 0 & 0 \\ 0 & 0 & 1 & 0 & 0 \\ 1 & 0 & 0 & 0 & 0 \\ 0 & 0 & 0 & 0 & 1 \\ 0 & 0 & 0 & 1 & 0 \end{array} \right] \end{array}$$

であるので、母親のクランは $P$ でなければならない。ここでさきほどと同じく、つぎのように表現できる。**要するに今おこなったことは、$1 \times 5$ の行ベクトル $aC^{-1}$ に行列 $W$ を掛け、今度は1番目の要素だけが1となる別の $1 \times 5$ の行ベクトルを求めることであった。**

$$(aC^{-1})W = [\,0, 0, 1, 0, 0\,] \left[ \begin{array}{ccccc} 0 & 1 & 0 & 0 & 0 \\ 0 & 0 & 1 & 0 & 0 \\ 1 & 0 & 0 & 0 & 0 \\ 0 & 0 & 0 & 0 & 1 \\ 0 & 0 & 0 & 1 & 0 \end{array} \right]$$

$$= [\,1, 0, 0, 0, 0\,]$$

**第3ステップ**　ところで公理4から、エゴの母親の兄弟はエゴの母親と同じクラン——つまりクラン $P$——に属することがすでにわかっている。こうして第3の最後のステップとなるが、そのためには行列 $C$ をもう一度つかわなければならない。そこで行列 $C$ をみれば、クラン $P$ に属する男の子どもはクラン $T$ に属することがわかる。きちんと表現すれば、つぎのようになる。つまり $1 \times 5$ の行ベクトル $(aC^{-1})W$ に、行列 $C$ を掛ければ、今度は5番目の要素だけが1をとる $1 \times 5$ の行ベクトルとなる。

$$[(aC^{-1})W]C = [1,0,0,0,0] \begin{bmatrix} 0 & 0 & 0 & 0 & 1 \\ 1 & 0 & 0 & 0 & 0 \\ 0 & 1 & 0 & 0 & 0 \\ 0 & 0 & 1 & 0 & 0 \\ 0 & 0 & 0 & 1 & 0 \end{bmatrix}$$

$$= [0,0,0,0,1]$$

**行列 $C^{-1}WC$ について**　　ここで

$$[(aC^{-1})W]C = a(C^{-1}WC)$$

である[6]。したがって行列 $C^{-1}WC$ は，各クランに属する男に対し，かれの母親の兄弟の娘が属するクランを示すものと解釈できる．つまり

$$C^{-1}WC = \begin{matrix} C^{-1} \\ \begin{bmatrix} 0 & 1 & 0 & 0 & 0 \\ 0 & 0 & 1 & 0 & 0 \\ 0 & 0 & 0 & 1 & 0 \\ 0 & 0 & 0 & 0 & 1 \\ 1 & 0 & 0 & 0 & 0 \end{bmatrix} \end{matrix} \begin{matrix} W \\ \begin{bmatrix} 0 & 1 & 0 & 0 & 0 \\ 0 & 0 & 1 & 0 & 0 \\ 1 & 0 & 0 & 0 & 0 \\ 0 & 0 & 0 & 0 & 1 \\ 0 & 0 & 0 & 1 & 0 \end{bmatrix} \end{matrix} \begin{matrix} C \\ \begin{bmatrix} 0 & 0 & 0 & 0 & 1 \\ 1 & 0 & 0 & 0 & 0 \\ 0 & 1 & 0 & 0 & 0 \\ 0 & 0 & 1 & 0 & 0 \\ 0 & 0 & 0 & 1 & 0 \end{bmatrix} \end{matrix}$$

$$= \begin{matrix} C^{-1}W \\ \begin{bmatrix} 0 & 0 & 1 & 0 & 0 \\ 1 & 0 & 0 & 0 & 0 \\ 0 & 0 & 0 & 0 & 1 \\ 0 & 0 & 0 & 1 & 0 \\ 0 & 1 & 0 & 0 & 0 \end{bmatrix} \end{matrix} \begin{matrix} C \\ \begin{bmatrix} 0 & 0 & 0 & 0 & 1 \\ 1 & 0 & 0 & 0 & 0 \\ 0 & 1 & 0 & 0 & 0 \\ 0 & 0 & 1 & 0 & 0 \\ 0 & 0 & 0 & 1 & 0 \end{bmatrix} \end{matrix}$$

---

6) これは，行列が乗算に関するいわゆる**結合の法則**に従わなければならないことによる．つまり $A$, $B$, $C$ が3つの乗算可能な行列であれば，$ABC = A(BC) = (AB)C$ となる．

$$= \text{男のクラン} \begin{array}{c} \\ P \\ Q \\ R \\ S \\ T \end{array} \overset{\text{母親の兄弟の娘のクラン}}{\begin{array}{c} P \quad Q \quad R \quad S \quad T \end{array}} \left[ \begin{array}{ccccc} 0 & 1 & 0 & 0 & 0 \\ 0 & 0 & 0 & 0 & 1 \\ 0 & 0 & 0 & 1 & 0 \\ 0 & 0 & 1 & 0 & 0 \\ 1 & 0 & 0 & 0 & 0 \end{array} \right]$$

である。

そこで行列 $C^{-1}WC$ が計算できたならば，なにも $a$ をもちださなくてもよいことになる。$C^{-1}WC$ があれば，クラン $Q$ だけでなく，他のクランに属する男についても，かれの母親の兄弟の娘の所属するクランを簡単に読みとることができる。行列 $C^{-1}WC$ (「母親の兄弟の娘」の行列といってもよい) は，ある男が所属するクランを，かれの母親の兄弟の娘が所属するクランに変換する順列を定義するものなのである。

ある男の属するクランをかれの他の親戚が属するクランに変換するためには，$W$ や $W^{-1}$ また $C$ や $C^{-1}$ を適当な順序で掛け合わせて，似たような順列行列をつくってみればよい。すぐにわかるように，たとえば「妻の兄弟の子供」の行列は $WC$ である。これまでの例からも明らかなように，このモデルを使えば，ホワイトの 8 つの公理によって特徴づけられる社会のあらゆる親族関係を，実に簡単に記述することができるのである。これがモデルの効用の一端である。

### 練習問題

**4-1.** $WC$ と $C^2$ を計算せよ。

**4-2.** ある男がクラン $P$ に属しているとする。そのとき，かれの息子の娘はどのクランに属するか。またかれの妻の兄弟の娘は，どのクランに属するか。

**4-3.** ある女がクラン $Q$ に属するとする。そのとき，その女の兄弟の息子はどのクランに属するか。またその女の姉妹の娘はどのクランに属するか。

**4-4.** ある男の
 (i) 娘の子ども
 (ii) 妻の母親
が属するクランを指示する行列を求めよ。

**4-5.** ある女の
 (i) 娘の子ども
 (ii) 夫の母親
が属するクランを指示する行列を求めよ。

**4-6.** つぎの行列の積は，何を指示しているか。
 (i) $C^{-1}C^{-1}$
 (ii) $C^{-1}W$
 (iii) $W^{-1}C^{-1}$
 (iv) $W^{-1}CC$

## 4．いとこ婚

これまで説明してきたモデルを使えば，どの「いとこ」との結婚が許されるのかに応じて，さまざまな親族システムを分類することができる。それもホワイトがいうように[7]，「論理的にも，経験的にも適切に」分類することができるのである。まずは，例の8つの公理が適用される社会において，どのような条件が満たされればいとことの結婚が許されるのであろうか，という問題について考えてみよう。

**4つの型のいとこ関係**　いとこ関係には，次の図に表わしているような

---

7) *Op. cit.*, p. 39. この後の議論は，ホワイトの分析に忠実に従っている。

4 部族社会の親族構造 *71*

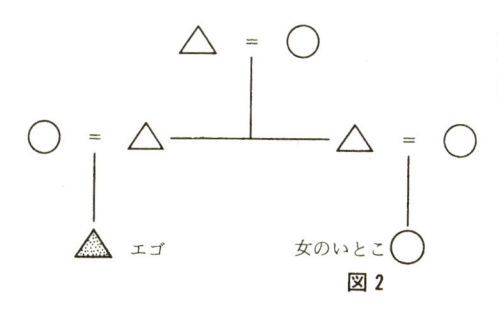

父方の平行いとこ——つまり女のいとこは、エゴの父親の兄弟の娘である。

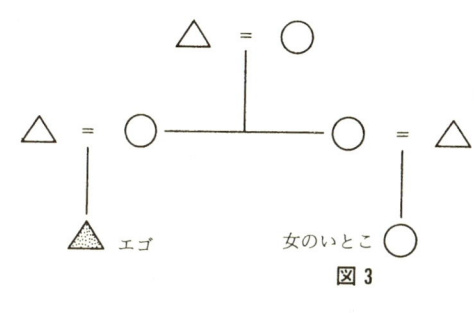

**図 2**

母方の平行いとこ——つまり女のいとこは、エゴの母親の姉妹の娘である。

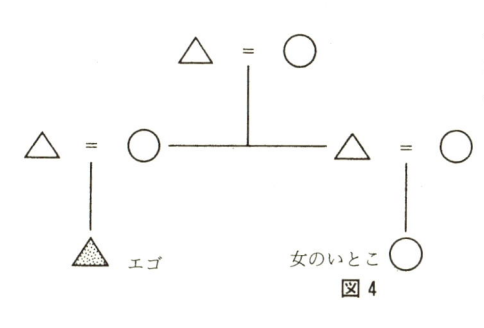

**図 3**

母方の交差いとこ——つまり女のいとこは、エゴの母親の兄弟の娘である。

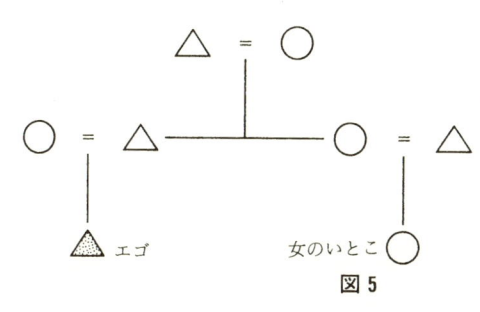

**図 4**

父方の交差いとこ——つまり女のいとこは、エゴの父親の姉妹の娘である。

**図 5**

4つの型を区別することができる。

さて特定のクランに属するエゴを想定し，かれには**ある**型の「いとこ」との結婚が許されているとしよう。もちろん，その「いとこ」は適正なクランに属していなければならない。ここで「適正な」クランとは，エゴと同じクランに属する男性が，その中から妻となる女性を選ぶことのできるクランのことである（そうしたクランは，行列 $W$ に規定されている）。それではどうすれば，これら4つの型の女性が「適正な」クランに属しているか否かを判定できるのであろうか。

**適正なクランの判定**　前の節での分析が，大きな助けとなる。これまで行列 $W$ と $C$ をいろいろと組み合わせることによって，ある男性のクランをかれの親戚のクランに変換する順列行列の働きをみてきた。そのときじつは，母方の交差いとこを例としていたのである。そして母方の交差いとこの場合，該当する順列行列は $C^{-1}WC$ であることがわかった。同じ作業を他の3つの型の「いとこ」についておこなえば，つぎのような順列行列の完全なリストを作成することができる。

　　　　　　　　いとこの型　　　　　　行列

1．父方の平行いとこ

　　「父親の兄弟の娘」の行列 $= C^{-1}C$

2．母方の平行いとこ

　　「母親の姉妹の娘」の行列 $= C^{-1}WW^{-1}C$

3．母方の交差いとこ

　　「母親の兄弟の娘」の行列 $= C^{-1}WC$

4．父方の交差いとこ

　　「父親の姉妹の娘」の行列 $= C^{-1}W^{-1}C$

このように，$n$ 個のクランのどれか1つに属するエゴ（男性）に対して，特定の型のいとこ（女性）がどのクランに属するかを知るには，該当する行列を計

算してみればよい。そこで，問題の女性が「適正な」クランに属しているための条件を，つぎのようにきわめて単純かつ印象的に述べることができる。それは，該当する行列が順列行列 $W$ と等しくなければならない，という条件である。

たとえばエゴの父方の平行いとこが正当な結婚相手である場合，満たさなければならない条件は，単に

$$C^{-1}C = W$$

である。このように定式化してみれば，その条件が8つの公理によって特徴づけられる社会においては，決して満たされえないことがすぐにわかる。というのは，$C^{-1}C$ が必ず $I$ と等しくなるのに対し，行列 $W$ が単位行列 $I$ に等しいことはありえないことが，公理6からすでにわかっているからである[8]。

同じように考えれば，この社会では母方の平行いとこ同士が決して結婚できないということを導きだせる。つまり，そのようないとこ同士が結婚できるための条件は，

$$C^{-1}WW^{-1}C = W$$

である。ここで $C^{-1}WW^{-1}C$ は，単位行列 $(=I)$ となる[9]。しかし $W \neq I$ なので，問題の条件は決して満たされえないのである。

他方，母方の交差いとこの場合には，そのような条件は

$$C^{-1}WC = W$$

であり，これが決して満たされないとはいいきれないのである。（これまでとりあげてきた特定の事例に関しては，$C^{-1}WC$ を実際に計算してみればわかるように，この条件は満たされえない。しかしこの条件を満たす行列 $W$ と $C$ がありうる

---

8) 63頁をみよ。そこでは，行列 $W$ の主対角線上に1があってはならないことが示されている。
9) この結果をえるためには，（68頁で出てきた）結合の法則を使えばよい。推論は，つぎのように進む。

$$C^{-1}WW^{-1}C = C^{-1}(WW^{-1})C = C^{-1}(IC) = C^{-1}C = I$$

ことはたしかである。）

ところで母方の交差いとこの場合の条件は，両辺に左から行列 $C$ を掛け，

$$(CC^{-1})WC = CW$$

とすれば，結局つぎのような簡単な形で表現できる。

$$WC = CW$$

同様に，父方の交差いとこの場合には，結婚できるための条件は

$$C^{-1}W^{-1}C = W$$

となるので，両辺に左から行列 $C$ を掛ければ

$$W^{-1}C = CW$$

となる。

**型Ⅰの社会**　これで，父方の交差いとこ同士の結婚が許されている社会（$WC=CW$）と，母方の交差いとこ同士の結婚が許されている社会（$W^{-1}C=CW$）とを区別することができた。つぎに，両方の結婚が**ともに**許される社会（ホワイトのいう型Ⅰの社会）について考えてみよう。そのような社会においては，もちろん，$WC=CW$ **かつ** $W^{-1}C=CW$ である。このことから，

$$WC = W^{-1}C$$

でなければならない。その両辺に右から $C^{-1}$ を掛ければ，

$$W = W^{-1}$$

となる。しかし

$$W^{-1} = {}^tW$$

であることがわかっている。したがって

$$W = {}^tW$$

となる。

このように，父方の交差いとこ同士の結婚も，母方の交差いとこ同士の結婚も，ともに許されている社会においては，行列 $W$ はその転置行列に等しくなければならない。つまり，$W$ の第1行は $W$ の第1列に等しく，第2行は第2列に等しく，以下同様になっていなければならない。このような行列のことを，**対称行列**という。$W$ が対称行列であるというこの条件は，ある2つのクランがペアとなって互いに妻を交換しあっていることを意味している。これは，きわめて単純な社会においてのみ満たされる条件であろう。たとえば

$$W = \begin{array}{c} \\ P \\ Q \\ R \\ S \end{array} \begin{array}{c} \begin{array}{cccc} P & Q & R & S \end{array} \\ \left[ \begin{array}{cccc} 0 & 1 & 0 & 0 \\ 1 & 0 & 0 & 0 \\ 0 & 0 & 0 & 1 \\ 0 & 0 & 1 & 0 \end{array} \right] \end{array}$$

であるとしよう。この行列は対称であるので，もしクラン $Q$ の男性がクラン $P$ から妻をもらえば，クラン $P$ の男性はクラン $Q$ から妻をもらうことになる。同様に，クラン $R$ の男性がクラン $S$ から妻をもらえば，クラン $S$ の男性はクラン $R$ から妻をもらうことになるのである。

しかし，ある社会において2つのクランがペアとなって妻を交換しあっている——その場合には $W = W^{-1}$ となっているのだが——ということは，父方の交差いとこ同士も母方の交差いとこ同士も，ともに結婚可能であるための**必要**条件にすぎない。この二重の結婚可能性に対する必要でかつ**十分**な条件としては，$W = W^{-1}$ だけでなく $WC = CW$（ないしは $W^{-1}C = CW$）をあげなければならない。これがホワイトのいう型Iの社会，つまり父方の交差いとこ同士も母方の交差いとこ同士も，ともに結婚可能であり，したがって2つのクランがペアとなって妻を交換しあっている社会である（記号でいえば，$W = W^{-1}$ かつ $WC = CW$）[10]。

**他の型の社会**　ホワイトのいう型II，型III，および型IVの社会は，これ

---

10) White, *op. cit*., p. 47.

までの分析から論理的に導出される。まず型IIの社会は，母方の交差いとこは結婚可能であるが，父方の交差いとこは結婚できないという社会である(記号でいえば，$WC=CW$ であるが $W \neq W^{-1}$，したがって $W^{-1}C \neq CW$)。つぎに型IIIの社会は，父方の交差いとこは結婚可能であるが，母方の交差いとこは結婚できないという社会である (記号でいえば，$W^{-1}C=CW$ であるが $W \neq W^{-1}$，したがって $WC \neq CW$)。最後に型IVの社会は，2つのクランがペアとなって妻を交換しあっているが，父方であれ母方であれ，どの「いとこ」同士も結婚できない社会である(記号でいえば，$W=W^{-1}$ であるが $WC \neq CW$ かつ $W^{-1}C \neq CW$)。

**残された問題** 以上ホワイトの論述をフォローして，かれの方法に対する初歩的な紹介をおこなってきた。これ以上の紹介は，事態を相当複雑にしてしまう恐れがある。実際，「いとこ」関係に対するここまでの分析でさえも，かなり難しいと感じる人がいるだろう。しかしほんの少し先に進んでみよう。ホワイトがさらに指摘しているように，「公理の1から8を満たすありふれた社会でも，いかなる『いとこ』間の結婚も許さないかわりに，『**またいとこ**』間の結婚について規定しているところがある[11]。」「またいとこ」には16個の区別すべきタイプがある(「いとこ」の場合は，4個であった)。したがってエゴのクランをかれの「またいとこ」のクランに変換する順列行列は，きわめてややこしくなる。たとえばエゴの「またいとこ」が，かれの母親のそのまた母親の兄弟の息子の娘であれば，該当する行列は $C^{-1}WC^{-1}WCC$ となる。

ところでこの種のモデルは，どうやったら**検証**できるのであろうか。これはかなり厄介な問題である。ホワイトは，つぎのような仕方を示唆している。つまり，さまざまな親戚に対して使われている親族用語(kinship terms)を調べる，というやり方である。たとえば，ある人がかれの母親の兄弟の娘と，かれの母親の母親の兄弟の息子の娘とを，同じ親族用語で呼んでいるとしよう。この場合には，当の二人の女性は同一のクランに所属していると，考えてもおかしくない。これは，

---

[11] *Op. cit.*, pp. 42-3. (太字は，本著者による。)

$$C^{-1}WC = C^{-1}WC^{-1}WCC$$

を意味している。このように,同じ呼び名の親戚を数多く集めることがもしできるならば,該当する行列 $W$ と $C$ を導出することも可能である。そして,その2つの行列 $W$ と $C$ が8つの公理に従っているかどうか,吟味してみればよい。ホワイトは,かれがこのような仕方で導出した行列が,実際に8つの公理に従っていると主張している。もしそうであれば,このことはモデルの(一定の意味での)「妥当性」を検証するものと受けとることができる。また別の可能な検証の仕方を考えることもできる。それは,親族用語から導出した行列 $W$ を調べ,問題となっている社会において結婚が実際にこの行列のパターンに従っているかどうかをみてみる,という仕方である[12]。

モデルの検証に関する問題については,これ以上触れない。またわたしは人類学者ではないので,ホワイトが実際にモデルを適用したフィールドについても,またモデルが適用可能であると示唆されているフィールドについても,そのモデルが実際に役に立つのかあるいは役に立つ可能性はあるのか,ということについて意見を述べることはできない。しかしわたしは,ある聡明な研究者が知的関心をかきたてる諸問題をとり扱うために,行列による方法をどのように採用すればよいのかについては,十分に説明してきた。そのことを通じて,行列代数の驚くべき多面的な威力を例証することができたものと思っている。

### 練習問題

つぎの社会について,それがホワイトのいう型Ⅰ,型Ⅱ,型Ⅲ,および型Ⅳのいずれの社会に該当するか考えてみよ。

---

12) Leik and Meeker, *op. cit*., pp. 84-5 をみよ。

4-7.

$$W = \begin{array}{c} \\ P \\ Q \\ R \\ S \end{array} \begin{array}{c} P \quad Q \quad R \quad S \\ \left[ \begin{array}{cccc} 0 & 1 & 0 & 0 \\ 1 & 0 & 0 & 0 \\ 0 & 0 & 0 & 1 \\ 0 & 0 & 1 & 0 \end{array} \right] \end{array} \quad C = \begin{array}{c} \\ P \\ Q \\ R \\ S \end{array} \begin{array}{c} P \quad Q \quad R \quad S \\ \left[ \begin{array}{cccc} 0 & 0 & 1 & 0 \\ 0 & 0 & 0 & 1 \\ 0 & 1 & 0 & 0 \\ 1 & 0 & 0 & 0 \end{array} \right] \end{array}$$

4-8.

$$W = \begin{array}{c} \\ P \\ Q \\ R \\ S \end{array} \begin{array}{c} P \quad Q \quad R \quad S \\ \left[ \begin{array}{cccc} 0 & 1 & 0 & 0 \\ 1 & 0 & 0 & 0 \\ 0 & 0 & 0 & 1 \\ 0 & 0 & 1 & 0 \end{array} \right] \end{array} \quad C = \begin{array}{c} \\ P \\ Q \\ R \\ S \end{array} \begin{array}{c} P \quad Q \quad R \quad S \\ \left[ \begin{array}{cccc} 0 & 0 & 0 & 1 \\ 1 & 0 & 0 & 0 \\ 0 & 1 & 0 & 0 \\ 0 & 0 & 1 & 0 \end{array} \right] \end{array}$$

4-9.

$$W = \begin{array}{c} \\ P \\ Q \\ R \\ S \end{array} \begin{array}{c} P \quad Q \quad R \quad S \\ \left[ \begin{array}{cccc} 0 & 0 & 1 & 0 \\ 0 & 0 & 0 & 1 \\ 0 & 1 & 0 & 0 \\ 1 & 0 & 0 & 0 \end{array} \right] \end{array} \quad C = \begin{array}{c} \\ P \\ Q \\ R \\ S \end{array} \begin{array}{c} P \quad Q \quad R \quad S \\ \left[ \begin{array}{cccc} 0 & 1 & 0 & 0 \\ 1 & 0 & 0 & 0 \\ 0 & 0 & 0 & 1 \\ 0 & 0 & 1 & 0 \end{array} \right] \end{array}$$

4-10.

$$W = \begin{array}{c} \\ P \\ Q \\ R \\ S \end{array} \begin{array}{c} P \quad Q \quad R \quad S \\ \left[ \begin{array}{cccc} 0 & 0 & 1 & 0 \\ 0 & 0 & 0 & 1 \\ 0 & 1 & 0 & 0 \\ 1 & 0 & 0 & 0 \end{array} \right] \end{array} \quad C = \begin{array}{c} \\ P \\ Q \\ R \\ S \end{array} \begin{array}{c} P \quad Q \quad R \quad S \\ \left[ \begin{array}{cccc} 0 & 0 & 1 & 0 \\ 1 & 0 & 0 & 0 \\ 0 & 0 & 0 & 1 \\ 0 & 1 & 0 & 0 \end{array} \right] \end{array}$$

# 5 集団内の勢力関係をさぐる
―― 優越行列とその応用 ――

## 1．めんどりのつつき順位

**ダイグラフと優越行列**　農場経営者のブラウン氏が5羽のめんどりを飼っているとしよう。ブラウン氏はそれぞれのめんどりに名前をつけて呼んでいるが、われわれは簡単にそれらをA，B，C，D，Eと呼ぶことにする。かれはめんどう見のいい農夫とみえて、5羽の間に厳格なつつき順位（pecking order）があることに気づいている。めんどり同士の可能なペアは10通りあり（AB, AC, AD, AE, BC, BD, BE, CD, CE, DE），それぞれのペアにおいて一方がつつく方、他方がつつかれる方になっているわけである。ブラウン氏はまた、そのつつき関係が必ずしも**推移的**(transitive)ではないことに気づいている。それは、たとえばめんどりAがBをつつき、BはCをつつくという関係があるとしても、そのことからAがCをつつくという関係が必ずしも導かれない、という意味である。反対に、めんどりCがAをつついてもかまわない。われわれが扱おうとしている架空のケースでは、実際にそのような関係が想定される。

　ブラウン氏は、なんらかの理由でこのことに興味をもち、5羽のめんどりの間に観察された特異なつつき関係を図に描いた。かれは、自分が書いているものが**有向グラフ**（directed graph：短く**ダイグラフ**[digraph]ともいう）である、ということは露も知らない。けれどもかれはまさしく有向グラフを描いたのである。図1がそれである。

　図の矢はそれぞれ「つつく」方向を表わしている。これらの矢の方向から、めんどり同士の可能な10通りのペア各々におけるつつき順位を知ることができる。すなわち、つつく方に下線を引いて表わせば、

　　　　AB, AC, AD, AE, BC, BD, BE, CD, CE, DE

ということがわかる。

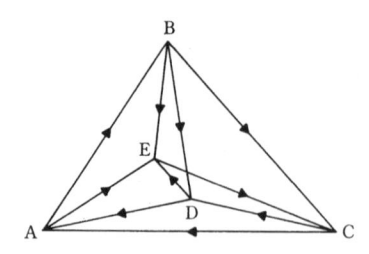

**図1** つつき関係を表わす有向グラフ

このダイグラフは少し煩雑である。そこでブラウン氏はめんどりの間に観察されたつつき関係を，もっと簡単な形式で表わすことに決め，以下のような5×5行列の形にした。

つつかれる側

$$\text{つつく側}\begin{array}{c} \\ A \\ B \\ C \\ D \\ E \end{array} \begin{array}{c} A \quad B \quad C \quad D \quad E \\ \left[\begin{array}{ccccc} 0 & 1 & 0 & 0 & 1 \\ 0 & 0 & 1 & 1 & 1 \\ 1 & 0 & 0 & 1 & 0 \\ 1 & 0 & 0 & 0 & 1 \\ 0 & 0 & 1 & 0 & 0 \end{array}\right] \end{array}$$

ここでもブラウン氏は自分がやっていることの意味を知らない。けれどもかれは知らないうちに，**優越行列**(dominance matrix)を描いていたのである。優越行列においては，その要素1はある個体（ここではめんどり）の別の個体に対する優越関係があることを表わし，0はそうした関係がないことを表わす。たとえばブラウン氏の行列の第1行からは，めんどりAはBとEに優越している（BとEをつつく）が，CとDには優越しない（CとDにつつかれる）ことがわかる。めんどりAがCとDにつつかれるという事実は，より直接的には行列の第1列の所定の位置にある，2個の1に示されている。読者はさきを読み続ける前に，この優越行列に表わされている諸関係が，さきほどのダイグラフのものと同じであることを確かめてほしい。

**優越行列の性質と勢力ベクトル**　優越行列の主対角線の各要素は，すべて0であることに注意しよう。このことはいうまでもなく，めんどりが自分自身には優越しない（自分自身をつつかない）ことを反映している。行列の要素が**補完的**(complementary)であることにも注意しよう。補完的というのは，もし第$i$行第$j$列の要素が1ならば，そのときには第$i$列第$j$行の要素は0であり，逆もまた成り立つ，ということを意味している。これは，めんどり同士のどのペア内部でみても，双方が同時に相手に優越することが排除されている，という事実を反映している。つまりわれわれの仮定では，それぞれのペア内部で1羽だけが，他方に優越することができる。

さらにつぎのことにも注意しよう。もしつつき順位が**推移的**であったなら（つまりAがBを優越し，かつBがCを優越することから，AがCを優越するということが含意される，といった関係が成立しているなら），めんどりを適当な順序に並びかえて，主対角線の右側のすべての要素が1であるような優越行列を作れるはずである。この最後の点は少しわかりにくいので，例をあげて説明しよう。

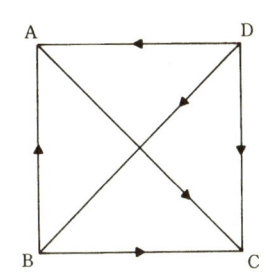

**図2**　推移的なつつき関係の例

たとえばいま4羽のめんどりがいて，図2のようなダイグラフがえられたとする。調べればわかるように，このケースではつつき関係は推移的である。これを優越行列の形にすると，

つつかれる側

$$\begin{array}{c} \\ \text{つつく側} \end{array} \begin{array}{c} \\ A \\ B \\ C \\ D \end{array} \begin{array}{c} A \quad B \quad C \quad D \\ \left[ \begin{array}{cccc} 0 & 0 & 1 & 0 \\ 1 & 0 & 1 & 0 \\ 0 & 0 & 0 & 0 \\ 1 & 1 & 1 & 0 \end{array} \right] \end{array}$$

となる。明らかに、もっとも力が強いめんどりがDで、逆にもっとも弱いめんどりがCである。CのみをつつくAが、2番目に弱いめんどりである。ここで行列の中でめんどりの順序を並びかえ、もっとも強いめんどりが一番上に、もっとも弱いめんどりが一番下にくるようにしてみよう。そうすると優越行列は、

つつかれる側

$$\begin{array}{c} \\ \text{つつく側} \end{array} \begin{array}{c} \\ D \\ B \\ A \\ C \end{array} \begin{array}{c} D \quad B \quad A \quad C \\ \left[ \begin{array}{cccc} 0 & 1 & 1 & 1 \\ 0 & 0 & 1 & 1 \\ 0 & 0 & 0 & 1 \\ 0 & 0 & 0 & 0 \end{array} \right] \end{array}$$

となり、主対角線の上側がすべて1で他の要素がすべて0の行列がえられる。

　つつき関係がこのように推移的であるならば、めんどりの間の勢力順位を決めるのは容易である。しかしつつき関係が推移的でないときには、事態はもっとやっかいである。そこでもう一度、非推移的な関係をもつブラウン氏の鶏小屋に戻り、改めて問おう。「どうすればつつき順位を確定できるか」と。1つの可能な、そして単純な方法は、優越行列の各行ごとに数値を合計することである。そうすると以下の勢力ベクトルがえられる。

$$\begin{array}{c} A \\ B \\ C \\ D \\ E \end{array} \begin{bmatrix} 2 \\ 3 \\ 2 \\ 2 \\ 1 \end{bmatrix}$$

明らかにこのベクトルによれば，自分を除く4羽のうち3羽をつついているめんどりBが，最高位に位置づけられる。そのつぎには，それぞれ2羽をつついているA，C，Dが同位に位置づけられる。そして最下位には，5羽のなかでもっともつつかれている，哀れなめんどりEが位置づけられる。

**間接的な影響力の測定**　この勢力の測定法は，めんどりに対してはそれでよいかもしれない。しかし，A～Eが**人間**の集団であり，それぞれの成員のペアにおいて一方がなんらかの意味で他方を優越しているか，あるいは他方に影響を与えている，と想定した場合はどうであろうか。そのような人間集団において各成員の勢力を測るためには，他者に対する**直接的**な影響力のみを測定するのでは不十分であろう。もしもAがBに直接的な影響力をもち，かつBがCに直接的な影響力をもっているとするならば，AはBを通してCに**間接的**な影響力をもっている，と考えるのが理にかなっている。Aの勢力の程度を測定するときには，このようなCに対するAの間接的な「2次の」影響力も，なんとかして考慮に入れられなければならない。

それでは，集団の中の別々の個人によって保有されている勢力の相対的な程度を計算するときに，かれらが行使しうる2次（あるいは3次，4次，さらには$n$次）の影響力を考慮するには，どうしたらよいのであろうか。その答えは簡単である。もとの優越行列を$n$乗した行列から，$n$次の影響力の数をすべて読み取ることができるのである。これからその説明をおこなうが，答えの簡単さほどに実際の計算が簡単なわけではない。

ブラウン氏のめんどりについてのもとの行列を，以下にもう一度掲載し，それを$D$と呼ぶことにする。

$$
D = \begin{array}{c} \\ A \\ B \\ C \\ D \\ E \end{array} \begin{array}{c} \begin{array}{ccccc} A & B & C & D & E \end{array} \\ \left[ \begin{array}{ccccc} 0 & 1 & 0 & 0 & 1 \\ 0 & 0 & 1 & 1 & 1 \\ 1 & 0 & 0 & 1 & 0 \\ 1 & 0 & 0 & 0 & 1 \\ 0 & 0 & 1 & 0 & 0 \end{array} \right] \end{array}
$$

そして，この行列を2乗することを考える。すなわち，

$$
D^2 = \left[ \begin{array}{ccccc} 0 & 1 & 0 & 0 & 1 \\ 0 & 0 & 1 & 1 & 1 \\ 1 & 0 & 0 & 1 & 0 \\ 1 & 0 & 0 & 0 & 1 \\ 0 & 0 & 1 & 0 & 0 \end{array} \right] \left[ \begin{array}{ccccc} 0 & 1 & 0 & 0 & 1 \\ 0 & 0 & 1 & 1 & 1 \\ 1 & 0 & 0 & 1 & 0 \\ 1 & 0 & 0 & 0 & 1 \\ 0 & 0 & 1 & 0 & 0 \end{array} \right]
$$

$$
= \begin{array}{c} \\ A \\ B \\ C \\ D \\ E \end{array} \begin{array}{c} \begin{array}{ccccc} A & B & C & D & E \end{array} \\ \left[ \begin{array}{ccccc} 0 & 0 & 2 & 1 & 1 \\ 2 & 0 & 1 & 1 & 1 \\ 1 & 1 & 0 & 0 & 2 \\ 0 & 1 & 1 & 0 & 1 \\ 1 & 0 & 0 & 1 & 0 \end{array} \right] \end{array}
$$

読者は$D^2$の特定行および特定列の要素，たとえば第C行第B列の要素に，着目してほしい。われわれはこの要素（=1）にたどり着くために，行列$D$の第C行の各要素と同じく第B列の対応する各要素を各々掛け合わせ，そうやってできる5個の積を足し合わせた。つまり以下の演算，

$$(1 \times 1) + (0 \times 0) + (0 \times 0) + (1 \times 0) + (0 \times 0) = 1$$

をおこなったわけである。さて，カッコ内の積が1になるのは両要素が1に等しいときのみである。上の演算では最初の積がそれに該当する。この最初の積の最初の1はCがAを優越することを表わし，2番目の1はAがBを優越することを表わしている。したがって，この特定の積がゼロでないという

事実から，CはBに対してAを通した間接的な2次の影響力をもっている，ということが推論できる．もちろん，このことはダイグラフからもいえることであり，1本の線がCからAに向かい，さらに他の線がAからBに向かって昇っていることが確認できる．

　この点をより明確にするために，他の例をとりあげてみよう．今度は$D^2$の第B行第A列にある2という要素に着目する．われわれはこの要素にたどり着くために，行列$D$の第B行の各要素と同じく第A列の対応する各要素を各々掛け合わせ，そうやってできる5個の積を足し合わせた．つまり以下の演算，

$$(0\times 0)+(0\times 0)+(1\times 1)+(1\times 1)+(1\times 0)=2$$

をおこなった．これらのうち3番目の積がゼロでないということが意味するのは，BはCを優越しかつCはAを優越するということ，すなわちBはAに対してCを通した間接的な2次の影響力をもっている，ということである．また4番目の積がゼロでないということは，BはDを優越しかつDはAを優越するということ，すなわちBはAに対して，CのみならずDを通した間接的な2次の影響力をもっていることを意味している．このように$D^2$の第B行第A列の2という数値は，BがAに対して**2つの**間接的な2次の影響力をもっていることを指示しているのである．さきほどと同じように，このことはダイグラフにおいてもきわめて明快に見てとれる．

**望ましい勢力の測度**　　同様の議論をおこなえば，集団の各成員によって行使される3次の間接的な影響力の数を求めるためには，$D^3$を計算すればよい，ということを容易に示せる．実際に計算してみると，

$$D^3=(D^2)D=\begin{bmatrix}0&0&2&1&1\\2&0&1&1&1\\1&1&0&0&2\\0&1&1&0&1\\1&0&0&1&0\end{bmatrix}\begin{bmatrix}0&1&0&0&1\\0&0&1&1&1\\1&0&0&1&0\\1&0&0&0&1\\0&0&1&0&0\end{bmatrix}$$

$$
\quad = \begin{array}{c} \\ A \\ B \\ C \\ D \\ E \end{array} \begin{array}{c} A \quad B \quad C \quad D \quad E \\ \begin{bmatrix} 3 & 0 & 1 & 2 & 1 \\ 2 & 2 & 1 & 1 & 3 \\ 0 & 1 & 3 & 1 & 2 \\ 1 & 0 & 2 & 2 & 1 \\ 1 & 1 & 0 & 0 & 2 \end{bmatrix} \end{array}
$$

一例として，この行列 $D^3$ の第 B 行第 E 列の要素 3 に着目してみよう。この 3 という数値は，B が E に対して行使する間接的な 3 次の影響力の総数を示している。もちろんダイグラフにおいて，これら 3 つの間接的なルートを見つけ出すこともできる。BCDE，BCAE，そして BDAE の 3 つである。他の要素も同様に解釈できるが，主対角線上の要素はその限りではない。たとえば B から B に戻る 3 次のルートが 2 本あるといったところで，集団成員（めんどり）は自分自身を優越する（つつく）ことはないと仮定しているので，それが意味をなさないことは明らかである。

さてここで，これまでにえられた $D$, $D^2$, $D^3$ という 3 つの行列を足し合わせることを考えよう。そうするとその行列は，集団の各成員によって行使される直接的な 1 次の影響力の数と，間接的な 2 次および 3 次の影響力の数の，総計を要素とした行列になる。すなわち，

$$
D + D^2 + D^3 = \begin{bmatrix} 0 & 1 & 0 & 0 & 1 \\ 0 & 0 & 1 & 1 & 1 \\ 1 & 0 & 0 & 1 & 0 \\ 1 & 0 & 0 & 0 & 1 \\ 0 & 0 & 1 & 0 & 0 \end{bmatrix} + \begin{bmatrix} 0 & 0 & 2 & 1 & 1 \\ 2 & 0 & 1 & 1 & 1 \\ 1 & 1 & 0 & 0 & 2 \\ 0 & 1 & 1 & 0 & 1 \\ 1 & 0 & 0 & 1 & 0 \end{bmatrix} + \begin{bmatrix} 3 & 0 & 1 & 2 & 1 \\ 2 & 2 & 1 & 1 & 3 \\ 0 & 1 & 3 & 1 & 2 \\ 1 & 0 & 2 & 2 & 1 \\ 1 & 1 & 0 & 0 & 2 \end{bmatrix}
$$

$$
= \begin{bmatrix} 3 & 1 & 3 & 3 & 3 \\ 4 & 2 & 3 & 3 & 5 \\ 2 & 2 & 3 & 2 & 4 \\ 2 & 1 & 3 & 2 & 3 \\ 2 & 1 & 1 & 1 & 2 \end{bmatrix}
$$

この行列から，われわれは新たな勢力ベクトルをえることができる。すなわ

ちこの行列 $D+D^2+D^3$ の要素を，各行ごとに合計してやればよい。ただし $D^3$ の主対角線の要素は無視しなければならない。実際に計算すると，

$$\begin{array}{c} A \\ B \\ C \\ D \\ E \end{array} \left[ \begin{array}{c} 10 \\ 15 \\ 10 \\ 9 \\ 5 \end{array} \right]$$

5人の成員の間の相対的な勢力の指標としてみた場合，この勢力ベクトルは，行列 $D$ のみから導出された以前のそれに比べれば，ずっと信頼性のあるものになっているといえるだろう。少なくとも，3つあった同順位が2つに減るという，望まれる結果がえられているのは確かである。

しかしながら，ただちに2つの疑問が生じる。第一に，優越行列を2乗，3乗，……，$n$ 乗したものを次々に足し合わせればよいとはいっても，$n$ をどこまでとればよいのか，という疑問が生じる。それに対しては，$n$ をどこまでとるかは多かれ少なかれ研究者の任意の判断に任せられる，と答えるしかない。たとえばさきほどの分析で $D^3$ までしか考慮しなかったのは，われわれの任意の判断である。これは解決しようとしている問題の性質に依存することであり，その問題の解決にとって十分だと考えられるところに，$n$ を設定すればよい。

第二に，勢力ベクトルを計算するときに，より直接的な影響力ほど重みを大きくし，より間接的な影響力ほど重みを小さくすべきではないのか，という疑問が生じる。おおざっぱにいえば，そうすべきである。たとえば行列を足し合わせるときに，$D^2$ の各要素は2で割り，$D^3$ の各要素は3で割り，$D^4$ の各要素は4で割る（$n=4$ まで考慮すればの話だが），といったやり方がありうる。しかしそうしたやり方においても，より間接的な影響力ほど重みづけを小さくするという約束さえ守られていれば，除数の決め方自体はまったくのところ任意である。

## 練習問題

**5-1.**

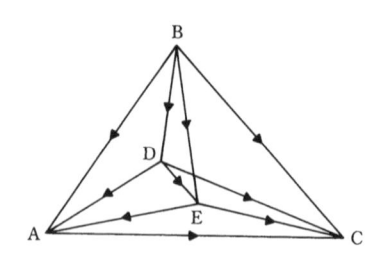

上図のダイグラフに対応する優越行列を作れ。その優越行列においてA，B，C，D，Eの順序を並びかえ，主対角線の上側の要素がすべて1になるような行列に書き直してみよ。

**5-2.**

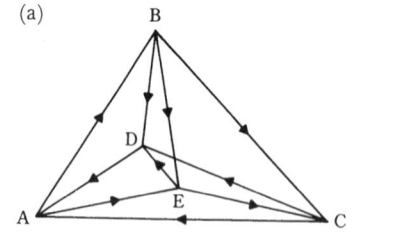

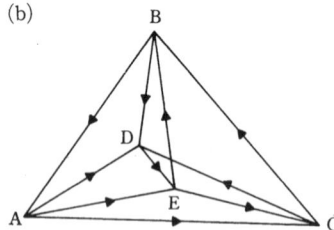

(a)　　　　　　　　(b)

上の2つのダイグラフそれぞれについて，優越行列$D$，および$D^2$，$D^3$を計算せよ。2次および3次の影響力まで考慮した場合，それぞれのケースのつつき順位はどうなっていると判断できるか。

## 2．力のある裁判官をみつける

**裁判官集団における優劣関係**　　農場経営者や鳥類学者ならともかく，多くの読者はめんどりのつつき順位にはそれほど強い関心をもたれないだろう。そこで読者の関心を呼び起こすべく人間集団のつつき順位に目を向け，その

具体例として裁判官集団をとりあげてみたい。もちろん裁判官は口をとがらせて互いに議論することはあっても、文字どおりつついたり、つつかれたりするわけではない。しかし影響力の強い裁判官、つまりその意味で優越している裁判官は確かにいる。かれらの優越の程度を測定し、比較することができれば、それは有益なことである。実際にこのような研究に熱心に取り組んだ研究者の一人に、ミシガン州立大学のウルマー教授がいる。かれが対象にしたのは、1950年代の終わり頃にミシガン最高裁判所で裁判官を勤めていた、8人の裁判官の集団である。われわれが以下でおこなう分析は、そのかなりの部分を、この主題についての同教授の興味深い論文に負っている[1]。

ウルマー教授によれば、ミシガン最高裁判所では「各々の裁判官に番号がふられており、個々の訴訟はローテーション形式でその番号にしたがって各裁判官に割り当てられる[2]」。法廷で弁護士による議論が終わると、まず裁判官8人の間で予備的な討議がなされる。そのあとの手続きは以下のとおりである。

「担当の裁判官がその訴訟に対する自分の所見を書き、遅くとも判決の10日前までに、それをすべての裁判官が輪読する。必要と判断されたときには担当外の裁判官も、同じように自分の所見を提出する。各裁判官は提出されたすべての所見を個々に吟味しておくのだが、判決の当日に全員で再度それらを吟味する。所見にくい違いがあった場合、もしそれがうまく調整できれば、かれらは満場一致の所見をもって法廷に臨むことになる。もし調整がうまくいかないときは、すべての所見書を順に回し、同意できるものだけに各々がサインしていく。厳密な投票形式はとらない。それぞれの所見書は、それを書いた人からスタートして、番号順に裁判官が座っているテーブルを一回りする。その結果もっとも多くのサインを獲得した所見が、その訴訟に対する最大多数の所見ということになる。最大多数の所見を書いた人が誰であるかは、判決に先行する提議と妥協のプロセスがすべて完了するまで伏せておかれる。法廷の裁判官はどの所見に対しても自由に賛成または反対できるし、実際にしばしばそうする。ただし、その所見が最終的に却下されるのか、競合する中の1つの所見となるのか、あるいは法廷全体の所見になるのかはわかっていない。」

---

1) S.Sidney Ulmer, 'Leadership in the Michigan Supreme Court', in Glendon Schubert (ed.), *Judicial Decision-making*, Free Press of Glencoe, New York, 1963, pp. 13-28.
2) *Op.cit.*, pp. 16-7.

**同調関係指数**　ウルマー教授は，1958年から1960年の間に審議された500ケースの訴訟について，かれらによって以上のようなやり方で提出されたすべての所見を，綿密に調べた。そしてそれをもとにして，8人の裁判官がその期間にどの程度互いの所見を支持し合ったか，を表わす指数を算出した。ウルマー教授はそれを「同調関係指数」(inter-individual solidarity index：以下，ISIと略記する）と呼んでいる。表1にそれらを一覧しよう。

表1　同調関係指数：ISI一覧表（ミシガン最高裁判所：1958-1960）

| 標的 | | 発信者 | | | | | | | |
|---|---|---|---|---|---|---|---|---|---|
| | | $Ka$ | $Vo$ | $De$ | $Sm$ | $Ca$ | $Ed$ | $Bl$ | $Ke$ |
| カバナー | ($Ka$) |  | 76 | 80 | 85 | 81 | 88 | 83 | 77 |
| ボルカー | ($Vo$) | 81 |  | 60 | 90 | 59 | 86 | 99 | 63 |
| デソマーズ | ($De$) | 66 | 65 |  | 75 | 99 | 77 | 72 | 95 |
| スミス | ($Sm$) | 78 | 79 | 63 |  | 57 | 81 | 84 | 64 |
| カール | ($Ca$) | 63 | 58 | 100 | 66 |  | 70 | 61 | 100 |
| エドワーズ | ($Ed$) | 61 | 68 | 66 | 76 | 65 |  | 70 | 65 |
| ブラック | ($Bl$) | 75 | 84 | 48 | 77 | 44 | 68 |  | 55 |
| ケリー | ($Ke$) | 60 | 53 | 86 | 63 | 91 | 61 | 62 |  |

表内の数値は，各々の裁判官（「発信者」）による支持が，自分以外の裁判官（「標的」）にそれぞれどの程度向けられているか，を示している。たとえばデソマーズ裁判官は，ボルカー裁判官が書いた所見（それらが最大多数の所見か，競合した所見の1つか，最終的に却下された所見かに関わりなく）のうち，72個に賛成し，48個に賛成しなかったとしよう。この場合ISIは，

$$\text{ISI} = \frac{72}{72+48} \times 100 = 60 \text{パーセント}$$

という値になる。表1のデソマーズの列とボルカーの行が交差するところの60という数値は，このような計算式にもとづいている[3]。同様に，ケリーの列とカバナーの行が交差するところの77という数値は，ケリーがカバナーの所見の77パーセントに賛同し，残り23パーセントに賛同しなかったことを示す。興味深いことに，裁判官同士の各々のペアでみた場合，かれらは互いに**等し**

---

3）72と48という数値は，ISI＝60がどういう計算にもとづいてえられたかを示すための，まったくの架空の数値である。

い支持率を与え合っているわけではない。カバナーの列とケリーの行が交差するところに着目してみると，カバナーはケリーの所見の60パーセントにしか賛同していないことがわかる。ケリーがカバナーの所見の77パーセントを支持しているのに比べれば，これはどうみても低い値である。

このようにISIは，裁判官同士の関係について興味深い情報を与えてくれるのだが，ウルマー教授はさらにそこから，法廷における「影響構造」を描き出そうとした。表1の各列の数値の並びは，一種の等級づけとしてみることもできる。等級づけするのはそれぞれ各列の頭に名前がでている裁判官（「発信者」）であり，等級づけられるのはそれぞれ自分を除く7人の同僚たち（「標的」）である。もちろんISIの値が大きい「標的」ほど，等級は高くなる。こうして各列の要素を「等級順位」に書き換えていくと（等級がもっとも高い人＝1，つぎに高い人＝2，……といった具合いに），ISI等級の一覧表がえられる。表2がそれである。

**表2** ISI等級の一覧表（ミシガン最高裁判所：1958-1960）

| 標的 | 発信者 | | | | | | | 行和 | 平均等級 |
|---|---|---|---|---|---|---|---|---|---|
| | Ka | Vo | De | Sm | Ca | Ed | Bl | Ke | | |
| Ka |   | 3 | 3 | 2 | 3 | 1 | 3 | 1 | 18 | 1 |
| Vo | 1 |   | 6 | 1 | 5 | 2 | 1 | 6 | 22 | 2 |
| De | 4 | 5 |   | 5 | 1 | 4 | 4 | 2 | 25 | 3.5 |
| Sm | 2 | 2 | 5 |   | 6 | 3 | 2 | 5 | 25 | 3.5 |
| Ca | 5 | 6 | 1 | 6 |   | 5 | 7 | 1 | 31 | 5.5 |
| Ed | 6 | 4 | 4 | 4 | 4 |   | 5 | 4 | 31 | 5.5 |
| Bl | 3 | 1 | 7 | 3 | 7 | 6 |   | 7 | 34 | 7 |
| Ke | 7 | 7 | 2 | 7 | 2 | 7 | 6 |   | 38 | 8 |

表2の右端の2列には，各行の合計値と，それらを1位から8位までに等級づけした結果が記載されている。この最後の列をみると，もっとも多く支持を受けているのはカバナーで，逆にもっとも少ないのがケリーであることがわかる。残りの裁判官たちは，その間に一定の間隔をおいて序列化されている。個別の等級でみても，カバナーにはどの裁判官からもきわめて高い等級が与えられているが，ケリーには非常に低い等級しか与えられていない。例外はデソマーズとカールで，この2人はケリーに高い等級を与えている。このことはケリーとデソマーズ，それにカールの3人が共和党員である（他の

5人は民主党員)ことと，無関係ではないだろう．

**優越行列を求める**　これらの序列関係は，いうまでもなく裁判官同士の1次の関係に限ってみたものである．しかしながらウルマー教授も指摘するように(そしてブラウン氏のめんどりの研究ですでに学んだように)，影響力は直接的だけでなく，間接的にも行使される．ISI の一覧表(表1)から，たとえばカバナーはカールに対してかなりの直接的ないし1次の影響力を行使していることがみてとれる．その理由としては，カールはカバナーの所見の81パーセントを支持しているのに対して，カバナーはカールの所見の63パーセントしか支持していない，という事実をあげることができる．ところが同様の理由で，カールはブラックに対してかなりの直接的影響力を行使している．それゆえカバナーは，カールに対する直接的影響力を媒介として，ブラックに対しても間接的な2次の影響力を行使していることになる．こうした2次(そしてまた3次，4次，……)の影響力を考慮に入れるには，どうすればよいだろうか．

われわれはその答えをすでにもっている．すなわち，ISI 一覧表(表1)の情報をもちいて適切な**優越行列**を導きだせれば，あとはその行列を2乗，3乗，……することによって間接的影響力を考慮できるのである．適切な優越行列を導く1つの可能な方法は，すでにこれまでの議論の中に示唆されている．すなわちカールのカバナーの所見に対する支持が，その逆方向の支持よりも多ければ，カバナーはカールを優越すると考えればよい．このとき優越行列においては，カバナーの行とカールの列が交差するところに1を書き，カールの行とカバナーの列が交差するところに0を書く．同様にブラックのカールに対する支持がその逆よりも多ければ，カールはブラックを優越すると考え，カールの行とブラックの列の交差点に1を，ブラックの行とカールの列の交差点に0を，それぞれ書く．こうした手続きをすべてのペアについておこなってできる行列が，表3である(これを行列 $D$ と呼ぶ)．

**表3　優越行列 $D$：1次の関係**

|    | Vo | Ka | De | Ca | Sm | Ed | Ke | Bl | 行和 | 平均等級 |
|----|----|----|----|----|----|----|----|----|------|----------|
| Vo | 0  | 1  | 0  | 1  | 1  | 1  | 1  | 1  | 6    | 1.5      |
| Ka | 0  | 0  | 1  | 1  | 1  | 1  | 1  | 1  | 6    | 1.5      |
| De | 1  | 0  | 0  | 0  | 1  | 1  | 1  | 1  | 5    | 3.5      |
| Ca | 0  | 0  | 1  | 0  | 1  | 1  | 1  | 1  | 5    | 3.5      |
| Sm | 0  | 0  | 0  | 0  | 0  | 1  | 1  | 1  | 3    | 5        |
| Ed | 0  | 0  | 0  | 0  | 0  | 0  | 1  | 1  | 2    | 6        |
| Ke | 0  | 0  | 0  | 0  | 0  | 0  | 0  | 1  | 1    | 7        |
| Bl | 0  | 0  | 0  | 0  | 0  | 0  | 0  | 0  | 0    | 8        |

　この行列 $D$ の要素を各行ごとに合計し，表2のときと同じようにそれらの合計値に等級を与えてみよう[4]。そうすると，表2とはやや違った結果が表われる（右端の列をみよ）。カバナーは相変わらず最高位を占めてはいるが，もはやそれは単独ではなく，ボルカーと同数1位である。またケリーも，最下位のポジションをブラックに譲っている。

**高次の関係を考慮した優劣関係**　つぎにやるべきことは，この表に2次や3次，あるいはもっと高次の関係を取り込むことであり，そのためにまず $D^2$，$D^3$，……を計算し，さらにそれらの行列を足し合わせることにする。ただしここでもめんどうなことに，めんどりの研究の終わりのところで指摘した2つの問題が頭をもたげる。2乗，3乗，……$n$乗した行列に各々どういった重みづけを与えればよいのか，という問題が1つ。そしてもう1つは，$n$乗をどこまでとるかという問題である。これらの問題に対してウルマー教授は，かれが「加重要約行列」（weighted summary matrix）と呼ぶ行列演算で答える。その行列を $S$ と表記すると，演算法は以下のとおりである。

$$S = D + \frac{D^2}{2} + \frac{D^3}{3} + \frac{D^4}{4} + \frac{D^5}{5} + \frac{D^6}{6}$$

　ここでもちいられた重みづけの与え方 $\left(\frac{1}{2}, \cdots\cdots, \frac{1}{6}\right)$ は任意的であり，ウ

---

4）ISI表の場合は合計値がもっとも小さい者が最高等級に位置づけられたが，優越行列の場合は合計値がもっとも大きい者が最高等級に位置づけられる。

ルマー教授も特別の根拠は示していない。しかし $n$ 乗をとって加算していくときになぜ $n=6$ で止めたかについては，ウルマー教授は2つの説得力のある根拠を主張している。すなわち，これらの行列の総和からえられる等級順位でみたとき，(a) $n=6$ のときに同順位が生じないこと，(b) さらに $n$ を大きくしても $n=9$ までは $n=6$ のときと順位が変わらないこと，の2点である。この加重要約行列をもちいると，表4の行列 $S$ が導かれる。

**表4** 加重要約行列 $S$ （行列 $D \sim D^6$ を使用した場合）

|    | Vo   | Ka   | De   | Ca   | Sm   | Ed   | Ke    | Bl    | 行和  | 平均等級 |
|----|------|------|------|------|------|------|-------|-------|-------|---------|
| Vo | 0    | 1.91 | 2.46 | 2.65 | 6.16 | 9.11 | 17.96 | 23.16 | 63.41 | 1 |
| Ka | 1.56 | 0    | 2.40 | 2.38 | 4.21 | 8.15 | 13.48 | 20.88 | 53.06 | 2 |
| De | 1.50 | 1.35 | 0    | 1.76 | 4.54 | 6.31 | 10.89 | 19.15 | 45.50 | 3 |
| Ca | 1.06 | 1.03 | 1.50 | 0    | 3.59 | 5.32 | 8.60  | 13.48 | 34.58 | 4 |
| Sm | 0    | 0    | 0    | 0    | 0    | 1    | 1.50  | 2.33  | 4.83  | 5 |
| Ed | 0    | 0    | 0    | 0    | 0    | 0    | 1     | 1.5   | 2.5   | 6 |
| Ke | 0    | 0    | 0    | 0    | 0    | 0    | 0     | 1     | 1     | 7 |
| Bl | 0    | 0    | 0    | 0    | 0    | 0    | 0     | 0     | 0     | 8 |

前と同様に，この行列 $S$ の各行を合計してそれらを等級づけてみると（右端の列をみよ），初めてボルカーが単独で最高位に躍りでる。また行列 $D$ における等級（表3の右端列）と比べてみると，同位のケースが除かれていることがわかる。しかしながら行列 $D$ との比較でむしろ明らかになるのは，影響度の等級を問題にする限り，2次以上の影響力を考慮しても全体の順位に大きな変化は生じない，ということである。もちろん，ここでの例がたまたまそうであっただけで，いつもこのような結果に落ち着くわけではない。

さて最後に，すでに読者の中に芽生えているであろう1つの疑問に，言及しておこう。これまで見てきたように，優越行列は有用な特性を備えている。ただしそれを活用するためには，各々の成員ペアのどちらか一方に対して，他方に対する完全な優越が前提にされる必要がある。裁判官の例でいえば，各ペアにおける2人の相互の支持率に大きな差があれば問題はない。しかし中にはその差が非常に小さいために，一方の他方に対する完全な優越といった仮定を置くことが難しいケースもありうる。表1に戻って実際にそのケースを探すと，デソマーズとカールのペアを指摘できる。デソマーズはカール

の所見を100パーセント支持しているのだが,カールもまたデソマーズの所見の99パーセントを支持しているのである。わずか1パーセントの差では,カールはデソマーズを「優越する」と仮定する（実際に行列Dではそう仮定した）ための根拠としては,あまりに不十分といわざるをえない。

　賢明にもウルマー教授は,こうした支持率の差分が「有意」でない（かれが正当なやり方で定義した固有の意味で）ケースを除外したときの結果も,示してくれている。幸いなことに,そうした手続きを踏んでみても裁判官の等級順位はほとんど同じままである。ただし,ここではたまたまそうなったから良かったが,そのような結果が一般的に保証されているわけではない。1つの限界として十分に留意しておく必要がある。いずれにしても,行列をもちいる分析法によって,その限界を明瞭に提示しながら,裁判官の小集団における勢力と影響力のパターンの**ある一面**を明らかにできることは,理解いただけたであろう。もちろんこの手法は,裁判官集団に限らず他のさまざまな小集団に対しても,その有効性を発揮するはずである。

# 6　マルコフ連鎖の基本的な数学

## 1．名物教授の試験問題を予想する

**確率的な予測の問題**　某大学にひとりの名物教授がいる。かれにはお気に入りの3つの試験問題——われわれはそれらをA，B，Cと呼ぶことにしよう——があって，定期試験では必ずそのうちのどれか1つがだされるのである。学生たちもそのことはよく知っているのだが，かれは決して同じ問題を二度続けてはださない。問題をどう変えるかは，以下のようなコイン投げのルールに委ねられる。もし前回の問題がAならば，今回の問題を決めるためにかれは1枚のコインを投げ，表がでたら問題Bを，裏がでたら問題Cを使う。もし前回の問題がBならば，かれはコインを**2枚**投げ，2枚のうち1枚でも表がでれば問題Cを使い，1枚も表がでなければ問題Aを使う。また前回に問題Cをだしたときは，**3枚**のコインが投げられる。そして1枚でも表がでれば今回の問題はAと決定され，そうでないときにはBと決定される[1]。

さて，以上のルールおよび前回に使われた問題がわかっているとして，かれが今回使う問題を言い当てることができるだろうか。もちろんコインには細工がされていないものとする。答えはこうである。かれがどの問題を使うかを**確実に**言い当てることはできないが，その**確率**を計算することは容易にできる。すなわち前回に問題Aがでていたら，明らかに，かれが今回問題B

---

[1] この愉快な教授は，残念ながら架空の人物である。もともとはケメニーらの著名な著書のよく練られた練習問題の1つに登場していたものを，ここに引用した。Kemeny, J.G., J.L.Snell and G.L.Thompson, 1957, *Introduction to Finite Mathematics*, third edition, Prentice-Hall, New Jersey, p.213（矢野健太郎訳，『新しい数学——その方法と応用』，共立出版，1959，219頁）をみよ。

をだす可能性は50パーセントで，問題Cをだす可能性も50パーセントである。したがって今回はBがだされる確率が $\frac{1}{2}$ で，Cがだされる確率が $\frac{1}{2}$ ということになる。もし前回の問題がBならば，Aがだされる確率が $\frac{1}{4}$，Cがだされる確率が $\frac{3}{4}$ である。最後に，前回が問題Cならば，今回はAである確率が $\frac{7}{8}$，Bである確率が $\frac{1}{8}$ である[2]。

以上のように，条件別に各々の問題が採用される確率が違ってくる様は，図1のような図に表わすと理解しやすい。

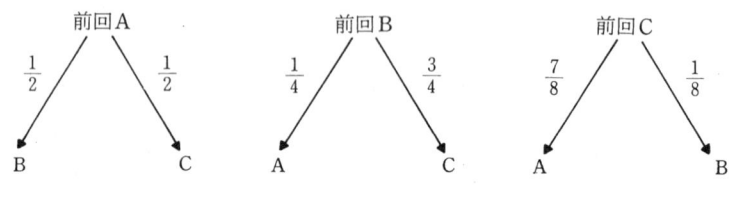

**図1** 名物教授の試験問題のだし方

あるいはまた以下のような行列 $P$ の形で表わすこともできる。

$$\text{前回の問題} \begin{array}{c} \\ A \\ B \\ C \end{array} \begin{bmatrix} 0 & \frac{1}{2} & \frac{1}{2} \\ \frac{1}{4} & 0 & \frac{3}{4} \\ \frac{7}{8} & \frac{1}{8} & 0 \end{bmatrix} = P$$

（今回の問題 A B C）

たとえば行列 $P$ のA行の各要素は，前回の問題がAであるときに，教授が今回問題A，B，Cを使用する各々の確率を示している。他の2つの行も同様

---

2) 3枚のコインが一緒に投げられたとすると，生起しうる表裏の組合せは8通りあり（表表表，表表裏，表裏表，表裏裏，裏表表，裏表裏，裏裏表，裏裏裏），いずれの生起確率も同じである。したがって平均すれば，8回投げれば7回は少なくとも1つのコインが表に出る計算になる。

**マルコフ連鎖**　たった今われわれが作成した正方行列は，**推移確率行列**といわれるものである。推移確率行列とは，すべての要素が非負であり，かつ，各行の要素の和が1であるような行列をいう。この種の行列は，社会科学において（そしてまた自然科学においても）幅広い適用力をもつといわれているある特殊な過程，すなわち**マルコフ連鎖**において，きわめて重要な役割を果たす。その意味を説明するために，もう少し名物教授の例につきあっていただくことにする。

　くだんの教授はさきほど述べたコイン投げの手続きを，きわめて忠実に実行するものとしよう。このとき，かれが**前回**に使用した問題さえわかれば——専門的にいえば過程が前回にどの**状態**(state)にあったかさえわかれば，そしてまた推移確率行列さえ知っていれば，確率的にではあるが，**今回**はどの問題がでそうかを容易に推測できる。いい換えれば，過程が状態A，状態B，状態Cのそれぞれにいる確率を計算できる。同じようにして，もし教授が**今回**実際に使う問題がわかれば，やはり確率的にではあるが，**次回**にどの問題がでそうかを推測できる。そのつぎ，そしてまたそのつぎも同様である。

　ここでわれわれは，2つの重要な仮定を置いていることに留意しよう。その第一は，過程がある段階からつぎの段階に移っても，推移確率行列は変わらない，ということ。そして第二の仮定は，ある所与の段階において過程がどの状態にあるかは，この不変の推移確率の集合とともに，**直前の段階において過程がどの状態にあったかにのみ依存して決まる**，ということである。いい換えれば，所与の段階においてどの状態に過程があるかを決めるにあたって，直前の段階よりも前の段階において過程がどの状態にあったかという情報は，不必要とされているわけである。これら2つの仮定のうえに立って，時間とともに進行する過程こそが，マルコフ連鎖と呼ばれるものに他ならない。

　現実世界のマルコフ連鎖の研究においては，つぎのような問題にもっとも関心が集められる。すなわち，過程がある特定の状態$i$から**出発**したとき，所与のいくつかの段階を経た後に，特定の状態$j$に見いだされる確率はいくらか，という問題である。たとえば数人の学生が，例の名物教授の今年（これ

を第0年次とする)の試験問題用紙を首尾よく入手したとする。かれらはその問題をもとに，さっそく，かれらがその試験を受けることになる2年後(第2年次)の問題の予想を始めた。もとより確実な予測はできないが，かれらのためにも，どうやればもっとも正確な確率的予測が可能になるかをみてみたい。

**樹木図による確率計算**　まずいわゆる**樹木図** (tree diagram) の助けを借りて，第0年次から第1年次，そして第2年次へと向かう過程の，可能な状態の展開を描いてみる（図2をみよ）。ある状態から他の状態へ向かう各々のパス（道）には，そのパスがとられる確率が併記してある[3]。この樹木図は，過程が第0年次に状態Aから出発した場合のものである。読者は試みに，過程が状態Bないし状態Cから出発したときの樹木図を描いてみるとよい。

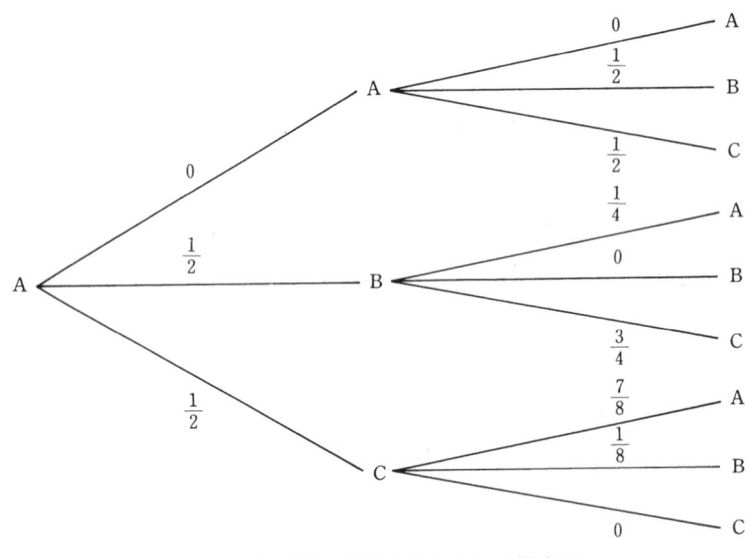

図2　各問題の出題確率を表わす樹木図

---

3) 図2の樹木図には，確率値が0の1ステップのパスが4つ含まれている（A－A, B－B, C－C）。過程がこれらのパスを通ることはできないから，これらは省略しても同じことである。それをあえて記載したのは，樹木図の一般的な適用可能性を示したいという意図からであり，ここの例とは違って同一状態にとどまることができるケースを表記する場合のことを考慮してのことである。

さて第0年次の問題はAだったとして，第2年次にも同じく問題Aがだされる確率はいかほどであろうか。図2において，その可能性を表わすルートはA－A－A，A－B－A，A－C－Aの3通りであり，その他には存在しない。したがって第2年次に過程が状態Aにいる確率は，以下の計算で求められる。

$$(0 \times 0) + \left(\frac{1}{2} \times \frac{1}{4}\right) + \left(\frac{1}{2} \times \frac{7}{8}\right) = \frac{9}{16}$$

これをベクトル表記するならば，

$$\left[0, \ \frac{1}{2}, \ \frac{1}{2}\right] \begin{bmatrix} 0 \\ \dfrac{1}{4} \\ \dfrac{7}{8} \end{bmatrix} = \frac{9}{16}$$

と書ける。

同様に状態Aを出発した過程が，第2年次に状態Bにいる確率は，

$$\left(0 \times \frac{1}{2}\right) + \left(\frac{1}{2} \times 0\right) + \left(\frac{1}{2} \times \frac{1}{8}\right) = \frac{1}{16}$$

すなわち，ベクトル表記すれば，

$$\left[0, \ \frac{1}{2}, \ \frac{1}{2}\right] \begin{bmatrix} \dfrac{1}{2} \\ 0 \\ \dfrac{1}{8} \end{bmatrix} = \frac{1}{16}$$

となる。最後に，第2年次に問題Cがだされる確率は，

$$\left(0 \times \frac{1}{2}\right) + \left(\frac{1}{2} \times \frac{3}{4}\right) + \left(\frac{1}{2} \times 0\right) = \frac{3}{8}$$

であり，同じく，

$$\left[ 0, \ \frac{1}{2}, \ \frac{1}{2} \right] \begin{bmatrix} \frac{1}{2} \\ \frac{3}{4} \\ 0 \end{bmatrix} = \frac{3}{8}$$

とベクトル表記できる。以上より，学生たちが試験勉強にとり組むうえでの指針がえられた。すなわち，かれらが問題Bを解かされる可能性はわずかしかなく $\left(\text{確率}\frac{1}{16}\right)$，問題A $\left(\frac{9}{16}\right)$ か問題C $\left(\frac{3}{8}\right)$ を解かされる可能性が高い，というものである。

**行列演算を利用する** 過程がBないしCから出発した場合についても，同じように適切な樹木図を描くことによって，過程が第2年次において諸々の状態にいる確率を計算できる。しかしながら一般に状態の数が多かったり，何年もさきの過程の行方を分析しようとするときには，樹木図は膨大なものになって描くのが大変である。行列代数を知っていれば，こうした労力を大幅に節約できる。

ここで本章の始めに登場した推移確率行列$P$に戻り，それをこれまでにわれわれがおこなった計算の行列表記と見比べていただきたい。そうすると，状態Aから出発して2年後に状態A，B，Cに各々たどり着く確率の計算は，行列$P$のAの行の行ベクトルに，A，B，Cそれぞれの列の列ベクトルを掛け合わせる形になっていることがわかる。過程がBないしCから出発したときについても，今度は行列$P$のBないしCの行の行ベクトルに各々の列ベクトルを掛けてやれば，同じように2年後にそれぞれA，B，Cにたどり着く確率を計算できる。これらの計算は，行列$P$に$P$自身を掛け合わせるときの計算とまったく同じである。すなわち，

$$PP = P^2 = \begin{bmatrix} 0 & \frac{1}{2} & \frac{1}{2} \\ \frac{1}{4} & 0 & \frac{3}{4} \\ \frac{7}{8} & \frac{1}{8} & 0 \end{bmatrix} \begin{bmatrix} 0 & \frac{1}{2} & \frac{1}{2} \\ \frac{1}{4} & 0 & \frac{3}{4} \\ \frac{7}{8} & \frac{1}{8} & 0 \end{bmatrix} = \begin{matrix} & \text{A} & \text{B} & \text{C} \\ \text{A} \\ \text{B} \\ \text{C} \end{matrix} \begin{bmatrix} \frac{9}{16} & \frac{1}{16} & \frac{3}{8} \\ \frac{21}{32} & \frac{7}{32} & \frac{1}{8} \\ \frac{1}{32} & \frac{7}{16} & \frac{17}{32} \end{bmatrix}$$

この行列 $P^2$ の第 $i$ 行第 $j$ 列の要素は，第 0 年次に状態 $i$ から出発した過程が，第 2 年次に状態 $j$ にいる確率を与えている。

機敏な読者は，$P^3$, $P^4$, ……の要素がなにを与えることになるか，すでに薄々気づいておられると思う。そうである。それらは，所与の初期状態のもとで過程が第 2 年次，第 3 年次，……に，諸々の状態にいる確率を与えてくれる。より一般的にいえば，$P^n$ は第 $n$ 年次における一連の確率を与えるのである。なぜそういえるのかをみるために，以下に代数的な展開を追ってみよう。

**$P^n$からなにがわかるか**　第 0 年次に状態Aから出発した過程が，第 2 年次に諸々の状態にいる確率をベクトルとして与えると，

$$\begin{matrix} \text{A} & \text{B} & \text{C} \\ \left[\frac{9}{16}, \right. & \frac{1}{16}, & \left.\frac{3}{8}\right] \end{matrix}$$

となる。これは $P^2$ の最初の行に相当する。いうまでもなく，第 0 年次に状態Bにいた過程を問題にするのであれば，$P^2$ の 2 行めの行ベクトルをみなければならない。このようなベクトルは**確率ベクトル** (probability vector) と呼ばれる（厳密に定義するならば，すべての要素が非負で，かつ要素の総和が 1 になるようなベクトルである）。われわれは行列 $P$ からすべての状態間の 1 ステップの推移確率を知っているので，第 3 年次に諸々の状態にたどり着く確率を計算できる。たとえばAからAに行く確率は 0，BからAに行く確率は $\frac{1}{4}$,

CからAに行く確率は $\frac{7}{8}$ であるから，第0年次に状態Aにいて第3年次にも状態Aにいる確率は，

$$\left(\frac{9}{16}\times 0\right)+\left(\frac{1}{16}\times\frac{1}{4}\right)+\left(\frac{3}{8}\times\frac{7}{8}\right)=\frac{22}{64}$$

として求められる．同じように第3年次に状態Bにいる確率は，ベクトル表記で計算すると，

$$\left[\frac{9}{16},\ \frac{1}{16},\ \frac{3}{8}\right]\begin{bmatrix}\frac{1}{2}\\ 0\\ \frac{1}{8}\end{bmatrix}=\frac{21}{64}$$

となり，同じく状態Cにいる確率は，

$$\left[\frac{9}{16},\ \frac{1}{16},\ \frac{3}{8}\right]\begin{bmatrix}\frac{1}{2}\\ \frac{3}{4}\\ 0\end{bmatrix}=\frac{21}{64}$$

となる．これらから，状態Aから出発したときの第3年次に対応する確率ベクトル（これを $v_3$ と表記する）として，

$$v_3=\left[\frac{22}{64},\ \frac{21}{64},\ \frac{21}{64}\right]$$

がえられる．

以上の計算過程を行列演算で考えるならば，それは第2年次に対応する確率ベクトル（$v_2$）を，行列 $P$ に左から掛けることに等しい．すなわち，

$$v_3=v_2 P$$

これを一般的に拡張するならば，任意の第 $n$ 年次に対応する確率ベクトルを

計算するためには，

$$v_n = v_{n-1} P \cdots\cdots\cdots\cdots (1)$$

を考えればよいことになる．(1)式で，両辺の年次を1つずつずらせば，

$$v_{n-1} = v_{n-2} P$$

であることは明らかである．よってこれを(1)式の右辺に代入すると，

$$v_n = v_{n-2} P^2$$

をえる．さらに第0年次までさかのぼって年次をずらしていけば，最終的に，

$$v_n = v_0 P^n$$

がえられる．ここで $v_0$ は第0年次における確率ベクトルを表わす．もし過程が状態Aから出発すると仮定するならば，$v_0$ は第0年次において状態Aにいる確率が1であるようなベクトル，すなわち [1，0，0] によって与えられる．

そのとき上式は，

$$v_n = v_0 P^n = [1, 0, 0] P^n$$

と書き直せるが，実際に $P^n$ を求めて掛け算してみるまでもなく，$v_n$ が $P^n$ の第1行に等しくなることは明白である．状態Bから出発したと仮定したときには，$v_0 = [0, 1, 0]$ であるから，$v_n$ は $P^n$ の第2行に等しくなる．$P^n$ の要素が，所与の初期状態のもとで過程が第 $n$ 年次に諸々の状態にいる確率を与える，といった理由がこれで理解いただけたと思う．$P^n$ の第 $i$ 行第 $j$ 列の要素は，それだけで過程が状態 $i$ を出発して $n$ ステップ後に状態 $j$ に到達する確率を教えてくれる．この事実によって，過程がどの状態から出発したかさえわかれば，それが $n$ 年後にどの状態にどれくらいの確率でたどり着くかを予測することが可能になるのである．

## 2．1つの重要な定理

**確率過程の均衡**　推移確率行列 $P$ の $n$ 乗は，さらに重要な含意をもっている。いま，$n$ を十分に大きくとったとしてみよう。じつはそのとき過程が諸々の状態にいる確率は，それがどこから出発したかという初期状態から**独立**してくるのである。これは直感に訴えるものがある。さきほどの例では，各々の問題が出される相対的な頻度を決めるのは，教授が問題を選ぶその方法であった。この例でいうと，出発年次から過程が年数を追っていくにつれて，確率ベクトルは次第にこの選択方法の性質を反映するようになり，一方で出発年次にどの問題だったかということが影響しなくなってくるのである。$P^n$ の行ベクトルは出発年次の状態に対応した確率ベクトルを与えるのだから，このことは，$n$ が大きくなるにつれて $P^n$ の各行は次第に相互に似通ってくるだろう，という予想を生む。

これは実際にマルコフ連鎖における重要な数学的定理として知られていることなのである。その定理によれば，推移確率行列 $P$ の $n$ 乗において $n$ を大きくし続けていくならば，$P^n$ の各行は次第に相互に似通ってきて，ついにはまったく同じ行をもつ特定の行列 $W$ に収束していく[4]。

実際にわれわれの例でそのことを見るために，単純に $P$ 同士を何度か掛け合わせれば，たとえば，

$$P^8 = \begin{bmatrix} .3805 & .2471 & .3723 \\ .3740 & .2428 & .3832 \\ .4011 & .2309 & .3680 \end{bmatrix}$$

をえる。さらにこの行列同士を掛け合わせれば，

---

4）この定理が適用できるのは，推移行列が「正則」（regular）な場合のみである。推移行列が「正則」であるためには，その行列の何乗かをとった場合に，それが正の要素のみを含んでいなければならない。われわれが例としてもちいた推移行列 $P$ は，すでに掲載した $P^2$ の計算結果から「正則」であることがわかる。

$$P^{16} = \begin{bmatrix} .3865 & .2400 & .3734 \\ .3868 & .2398 & .3733 \\ .3866 & .2401 & .3732 \end{bmatrix}$$

がえられる。このように,すでに$P^8$でも各行は相互にかなり似通っているが,さらに$P^{16}$では各列のほとんどの数値が小数点3けたまで同じであることがわかる。

こうして過程はある種の均衡に到達し,それ以降は,どの確率ももはや変わることはない。しかもこの均衡時の確率は,過程の初期状態からは独立しているのである。上の例では,これら均衡時の確率はすぐに推定できるだろう。すでに$P^{16}$の各行は相互にほとんど同じ値であり,極限の均衡までもう少しのところまできていることは明らかだからである。しかしながら,どう考えても同じ行列同士をひたすら掛け合わせていく作業は退屈である。そこでより手早い計算方法を紹介しよう。

(1)式のところでみたように,第$n$年次に対する確率ベクトルを$\boldsymbol{v}_n$とすれば,第$n+1$年次に対する確率ベクトルは,以下のように表わせる。

$$\boldsymbol{v}_{n+1} = \boldsymbol{v}_n P$$

いま均衡に到達しているとするならば,上の定理から,初期状態に関係なく確率ベクトルは不変であり,さらに年次を増やしても同じはずである。したがって,この均衡確率ベクトルを$\boldsymbol{w}$と呼び,

$$\boldsymbol{w} = [w_1, w_2, w_3]$$

とすれば,

$$\boldsymbol{w} = \boldsymbol{w} P$$

となるはずである。ここの例では,

$$[w_1, w_2, w_3] = [w_1, w_2, w_3] \begin{bmatrix} 0 & \frac{1}{2} & \frac{1}{2} \\ \frac{1}{4} & 0 & \frac{3}{4} \\ \frac{7}{8} & \frac{1}{8} & 0 \end{bmatrix}$$

であり，実際に掛け算を実行してみるとつぎの連立方程式がえられる。

$$w_1 = \frac{1}{4} w_2 + \frac{7}{8} w_3$$

$$w_2 = \frac{1}{2} w_1 + \frac{1}{8} w_3$$

$$w_3 = \frac{1}{2} w_1 + \frac{3}{4} w_2$$

さらに確率ベクトルの性質から，つぎの方程式がこれに加わることを忘れてはならない。

$$w_1 + w_2 + w_3 = 1$$

これらの連立方程式を解けば，

$$\boldsymbol{w} = [w_1, w_2, w_3] = \left[ \frac{58}{150}, \frac{36}{150}, \frac{56}{150} \right]$$

$$= [.3867, .2400, .3733]$$

という結果になる。$n$をどんどん大きくしていけば，$P^n$のすべての行ベクトルはこのベクトルに収束していくのである。

**均衡の現実的な含意**　　この興味深い結果をどのように**解釈**すればよいのだろうか。このことを，例の名物教授が着任してから20年後か30年後の学生の立場から，考えてみよう。もちろん教授はいまも同じ方法で問題をだしており，学生の方も相変わらず出題の予想に懸命である。教授が酒の席でうっかり口を滑らせたか，あるいは学生にマルコフ連鎖の数学を学んでほしいと

いう配慮から故意に教えたのか，理由はともかくその学生は推移確率行列 $P$ を知っているものと仮定しよう。ただし学生が知っているのはそれだけである。かれは教授が着任1年めにだした問題はもちろん，その後の年次にだされたどの問題も知らない。このような状況下でその学生がなしうる最良のことは，過程はすでに均衡に到達しつつあり，したがって確率ベクトルは $[.3867, .2400, .3733]$ に違いない，と決め込むことである。

　この場合この均衡確率ベクトルは，教授が問題A，B，Cをそれぞれ使用した**年次の割合**として，単純に解釈できる。つまり各年をいちいち調べてみると，その39パーセントに問題Aが出題され，24パーセントに問題Bが，また37パーセントに問題Cが主題されていることを，表わしている。最初に仮定したように過程はすでに20年か30年を経ているのだから，これらの割合は，教授が着任してからの数年間における割合からはもはや独立しているだろう。

　以上の解釈とはやや違った，むしろより役立つかもしれない別の解釈もありうる。例としては極端だが，この国の教授は揃いも揃って甲乙つけがたい名物教授であるとしよう。かれらは**全員**A，B，Cという3つのお気に入りの問題を共通にもっているだけでなく，各年次にどの問題をだすかを決めるために，**全員**があのやや馬鹿げたコイン投げの方法を採用している。このときわれわれはかなりの確信をもって，任意の年次のすべての試験問題のうち39パーセントに問題Aが，24パーセントに問題Bが，そして37パーセントに問題Cがそれぞれ使われているはずだ，と解釈できる。いい換えれば，過程があと何年かさらに進めば，それぞれの問題が使われる相対頻度（国全体でみたときの）は，均衡確率ベクトルに示される割合にきわめて近くなっているはずであり，しかもそれは過程の出発時点での相対頻度には依存しなくなっているだろう。

## 3．うわさと真実

**うわさの伝播過程**　　この定理は重要なので，さらに別の一例によってその使い方を示しておくことにする。社会科学者の間では，ゴシップや流言，ニュース等の人から人への伝播過程の研究が盛んにおこなわれてきている。ここではそうした研究の中から，うわさをまき散らした後の結果についての

著名でなおかつ単純なモデルを例にとってみる。いま，総理大臣が腹心の友に，数カ月以内に総選挙を要請すべきかどうか迷っている旨を打ち明けた，としよう。その友人は別のある人にそのメッセージを伝え，そこからさらに別の人へと，次々にそのメッセージは広まった。よくあることだが，情報が人から人へと伝えられる間に，さまざまな要因によってその内容は歪められてしまう。ここでもその例にもれず，うわさが広まっていく過程で「総選挙になりそうだ」と伝え聞いた人は，確率 $p_1$ で「総選挙はなさそうだ」と逆の内容を別の人に伝え，「総選挙はなさそうだ」と伝え聞いた人は確率 $p_2$ でその逆の内容を伝える，ということが生じたとする。

さて，伝達されるメッセージを「選挙あり」と「選挙なし」という2つの状態として考えれば，われわれは以上の過程を単純マルコフ連鎖モデルで表現することができる。(図3をみよ。状態は2つしかないから，「選挙あり」から「選挙なし」にいく確率が $p_1$ なら，「選挙あり」から「選挙あり」にいく確率は $1-p_1$ である。同様に「選挙なし」から「選挙なし」にいく確率は $1-p_2$ である。)

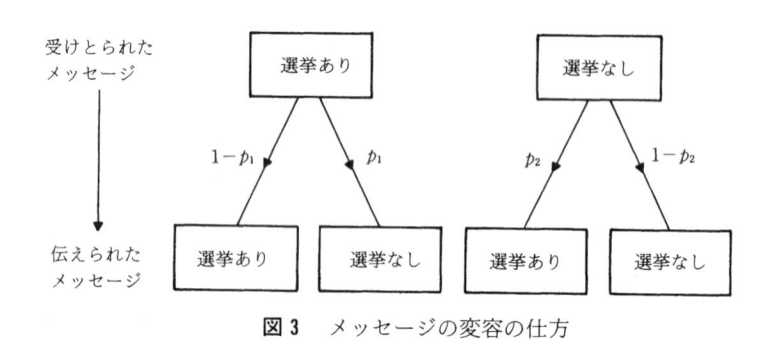

図3　メッセージの変容の仕方

図3の2つの図を，図4のように1つに合体させれば，メッセージがぐるぐると状態を変えていく様を表わすことができる。

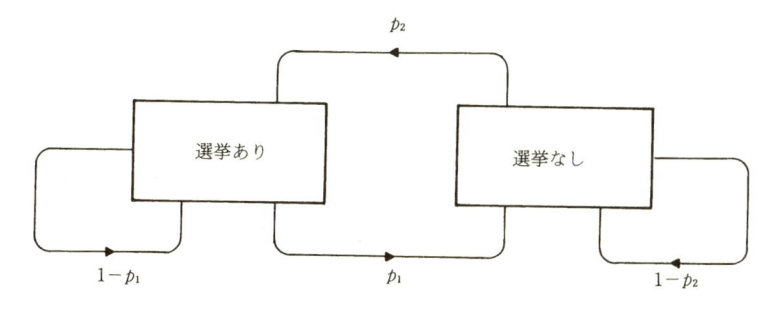

**図4　メッセージ変容のプロセス**

これを推移行列の形に要約すれば，以下のように書ける。

$$P = \begin{array}{c} \\ \text{受け取られた情報} \end{array} \begin{array}{c} \text{伝えられた情報} \\ \begin{array}{cc} \text{選挙あり} & \text{選挙なし} \end{array} \\ \begin{array}{c} \text{選挙あり} \\ \text{選挙なし} \end{array} \left[ \begin{array}{cc} 1-p_1 & p_1 \\ p_2 & 1-p_2 \end{array} \right] \end{array}$$

**均衡確率ベクトルを求める**　ここで前節で吟味した数学を思いだしてもらいたい。行列 $P^n$ の第1行は，総理大臣が総選挙をするつもりだと言った（かれの友人がそう聞いた）ときに，$n$ 番めの人がどちらで伝え聞くかの各々の確率を与えている。また $P^n$ の第2行は，総理大臣が総選挙をするつもりはないと言った（かれの友人がそう聞いた）ときの，同じ確率を与えている。$n$ がどんどん大きくなり，なんらかの形で人びとの間にうわさが広まっていくと，これら2つの行は互いに同じになって値が変化しなくなる。そしてそのとき，メッセージがどちらの状態にあるかということに，総理大臣が最初にどう言ったかは関係しない。

さて $n$ が十分に大きくなると，$P^n$ は以下の行列に収束するものとしよう。

$$W = \left[ \begin{array}{cc} w_1 & 1-w_1 \\ w_1 & 1-w_1 \end{array} \right]$$

そうすると過程がこの段階に到達したときには，過程がそれぞれの状態にいる確率は，均衡確率ベクトル，

$$\boldsymbol{w}=[w_1, 1-w_1]$$

によって与えられる。これは過程の初期状態に依存しない。$P^n$ がもはや変化しない以上，この段階からさらに進んでも確率ベクトルは変わらないから，

$$\boldsymbol{w}=\boldsymbol{w}P$$

である。これは，

$$[w_1, 1-w_1]=[w_1, 1-w_1]\begin{bmatrix} 1-p_1 & p_1 \\ p_2 & 1-p_2 \end{bmatrix}$$

と書いても同じことである。実際に行列の掛け算を実行してやると，

$$w_1(1-p_1)+(1-w_1)p_2=w_1$$

となり，この式を $w_1$ について解けば，

$$w_1=\frac{p_2}{p_1+p_2}$$

をえる。こうして，

$$[w_1, 1-w_1]=\left[\frac{p_2}{p_1+p_2}, \frac{p_1}{p_1+p_2}\right]$$

という均衡確率ベクトルの一般解を導くことができる。

**いくつかの数値例** 過程がある段階進んだときこの解ベクトルは，総選挙のある無しに関して，それぞれの内容でメッセージを伝え聞いた人の相対的な割合を与えることになる。いくつかの特殊な数値例をみれば，そのあたりの事情はよりわかりやすいものになるだろう。まず $p_1=p_2$ のケース，すなわちメッセージが逆の内容で伝えられる確率が，どちらの状態についても同一であるような特殊ケースを考えてみたい。これは，$\boldsymbol{w}=\left[\frac{1}{2}, \frac{1}{2}\right]$ と仮定することに他ならない。この場合長期的にみれば，最初に総理大臣が友人にどうささやいたかにかかわらず，人びとの半分は総選挙になると伝え聞き，半

分は総選挙はないと伝え聞くことになる。この結果は $p_1$ と $p_2$ が等しいという事実のみから導かれるのであって，それらの値 $\left(\frac{1}{2}\right)$ に依存しているわけではない。メッセージが逆に伝えられる確率は，同じ大きさでありさえすれば，$\frac{1}{2}$ より大きくても小さくても結果は同じである。

もう1つの数値例として，$p_2$ が $p_1$ の2倍であるような特殊ケースを考えてみよう。すなわち，「選挙なし」というメッセージの方が「選挙あり」というメッセージよりも，逆の内容で伝えられる可能性がずっと高いようなケースである。この場合解ベクトルは，

$$w = \left[ \frac{p_2}{p_1+p_2}, \frac{p_1}{p_1+p_2} \right] = \left[ \frac{2}{3}, \frac{1}{3} \right]$$

となる。この結果からわれわれは，総理大臣の最初のささやきに関係なく，人びとの3分の2は「選挙あり」と伝え聞く，と予測できる。

このモデルは，うわさなんてどうせそんなものだというわれわれの皮肉な直感に，よく訴えかける。それがゆえに有名になったのかもしれない。それはともかく，ここではこのモデルから，マルコフ連鎖の長期的な結果は推移行列の要素の値によってのみ決まり，過程の初期状態には依存しない，ということを再度確認しておきたい。最後に教訓を1つ。もしあなたがなにかうわさを広めようと考えているなら，それが真実かどうかを気にする必要はない。しかし誰かに話す前に，そもそもそうすべきかどうか，まず推移行列をいろいろと予想してから決めなさい。

### 練習問題

**6-1.** ある地方の天候の話である。その地方では，雨が降った日の翌日に雨が降る確率は $\frac{1}{2}$ であり，雨が降らなかった日の翌日に雨が降る確率は $\frac{1}{3}$ である。状態として「雨」と「晴」の2つをもちい，ある日から翌日にかけて天候が変わる過程を表わす，推移確率行列を作れ。

1月1日は雨天であったとする。このとき(i) 1月3日，(ii) 1月5日，(iii)

1月9日のそれぞれに雨が降る確率を計算せよ。

1年間の平均でみた場合，この地方で雨の日は何日あるか。

**6-2.** 外国為替市場を研究したあなたは，英貨ポンドの米貨ドルに対する動きに関して，以下のことを発見した。

ポンドがドルに対して上昇したならば，その翌日に，再びポンドが上昇する確率は $\frac{1}{4}$ で，同じ値で動かない確率は $\frac{3}{4}$ である。ポンドがドルに対して動かなかった日の翌日には，ポンドは確率 $\frac{1}{3}$ で上昇し，確率 $\frac{2}{3}$ で下落する。ポンドがドルに対して下落したならば，その翌日にポンドが同じ値にとどまる確率は $\frac{1}{2}$ であり，下落する確率も $\frac{1}{2}$ である。

この過程を表わす推移確率行列を作れ。

ある日ポンドが下落したとする。その2日後にポンドが上昇する確率はいくらか。3日後ではどうか。ある長期間をとって平均してみると，ポンドが上昇しているのは期間の16パーセントであり，下落しているのは48パーセントであることを示せ。

# 7　移動のマルコフ連鎖モデル

## 1．いくつかの簡単な移動過程

**地域移動のマルコフ連鎖**　前章でもちいた例はいささか現実離れしたものばかりであったが，案外そうした例から現実について学べることは多いものである。読者も実際にいろいろな知的刺激を受けられたことと思う。しかしながらこのあたりで偏屈教授の試験問題の予測は終わりにし，かわって今度は，ある一国の人口が都市と農村にどう分割されるか，という課題にとりくんでみたい。

いま1人の研究者が，ある特定の期間(たとえば1年間)に都市居住者が農村に移動する確率と，農村居住者が都市に移動する確率を計算し，それらをもとに推移確率行列を作ったとする。このような行列を作るには，実際に年間どれだけの人口が都市から農村に移動し，逆に農村から都市に移動したかを，過去5～6年にわたって調べあげればよい（もちろんそれらのデータが揃っていればの話だが）。その研究者が調べたデータからは，平均すると，農村人口の

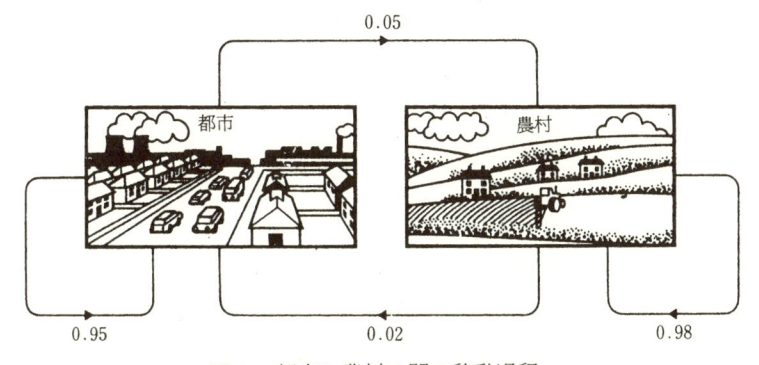

図1　都市と農村の間の移動過程

約2パーセントが毎年都市に移動し，都市人口の約5パーセントが毎年農村に移動することがわかった。この移住の過程は，図1のように図示できる。

あるいは簡単な推移確率行列に表わせば，

$$
\begin{array}{c}
\text{転出先} \\
\text{都市　農村} \\
\text{前居住地}\begin{array}{c}\text{都市}\\\text{農村}\end{array}\left[\begin{array}{cc}.95 & .05 \\ .02 & .98\end{array}\right]
\end{array}
$$

と書ける。現時点（初期状態）では，全人口の40パーセントが農村部に居住し，60パーセントが都市部に居住していると仮定しよう。またこの国の全人口は，年月が経っても一定のままであると仮定する。そうするとわれわれは，1年後，2年後，さらに$n$年後の，都市と農村の相対的な人口比率を予測できるマルコフ連鎖モデルを，構築することができる。実際に1年後の相対人口を予測してみると，

$$
[.60, .40]\left[\begin{array}{cc}.95 & .05 \\ .02 & .98\end{array}\right] \overset{\text{都市　農村}}{=} [.578, .422]
$$

となり，2年後では，

$$
[.60, .40]\left[\begin{array}{cc}.95 & .05 \\ .02 & .98\end{array}\right]\left[\begin{array}{cc}.95 & .05 \\ .02 & .98\end{array}\right] \overset{\text{都市　農村}}{=} [.558, .442]
$$

となる。さらに$n$年後（$n\to\infty$）の相対人口は，

$$
[.60, .40]\left[\begin{array}{cc}.95 & .05 \\ .02 & .98\end{array}\right]^n
$$

によって与えられる。$n$が十分に大きくなると，これは以下の行列に収束していく。

$$[.60,\ .40]\begin{bmatrix}.286 & .714 \\ .286 & .714\end{bmatrix}$$

実際に計算すれば,これは,

$$[.286,\ .714]$$

に等しい。

　すなわち,われわれのモデルからいえることはつぎのとおりである。長期間の後には都市と農村の間の人口分布は均衡に達し[1],そのとき人口の約29パーセントは都市に,約71パーセントは農村に居住している。そしてこれは,都市と農村の初期の人口比率からはまったく独立した結果である。

　**世代間職業移動のマルコフ連鎖**　さてここで,より現実に近い別の一例をとりあげてみたい。社会科学では,父親の職業階層が息子の職業階層に影響するその程度の問題が,よく興味の対象になる。この問題を解明するために,しばしばマルコフ連鎖が適用されてきた。すなわち,息子が父親の職業階層から別の職業階層に移動する確率を与える推移確率行列を作り,それをもとにマルコフ連鎖モデルを構築して,職業構造の将来的変化を予測するわけである。

　以下に示す推移確率行列は,グラースとホールが1949年にイギリスで実施した社会調査の結果から,ケメニーとスネルが作成したものである[2]。

$$\begin{array}{c} \text{息子の階級} \\ \begin{array}{cc} & \begin{array}{ccc} \text{上流} & \text{中産} & \text{下層} \end{array} \\ \text{父親の階級}\ \begin{array}{c}\text{上流}\\\text{中産}\\\text{下層}\end{array} & \begin{bmatrix} .448 & .484 & .068 \\ .054 & .699 & .247 \\ .011 & .503 & .486 \end{bmatrix} \end{array} \end{array}$$

---

1) 「均衡」に達するということは,人口の動きがなくなることではない。そうではなく,都市から農村に移動する人口の割合(.286×.05=.014)が,農村から都市へ移動する人口の割合(.714×.02=.014)と,ちょうど等しくなっている状態を意味する。
2) J.G.Kemeny and J.L.Snell, *Finite Markov Chains*, Van Nostrand, Princeton, New Jersey, 1962, p.191.

この行列（$P$）の第1行の各数値は，父親が上流階級の職業をもっている息子のうち，44.8パーセントが上流階級の職業に，48.4パーセントが中産階級の職業に，そして6.8パーセントが下層階級の職業に，それぞれ流れ込むことを示している。同じく第2行の各数値は，父親が中産階級の職業をもっている息子のうち，5.4パーセントが上流階級の職業に，69.9パーセントが中産階級の職業に，そして24.7パーセントが下層階級の職業に，それぞれ流れ込むことを示している。第3行も同様である。想定されている時間間隔は，いうまでもなく1世代である。

この行列にもとづいてマルコフ連鎖モデルを構築するには，すでになじみ深くなった2つの仮定が必要である。まず第一に，過程が段階を追って進行しても推移行列は不変であるということ，そして第二に，所与の段階において過程がどの状態にいるかは，この不変の推移確率とともにその直前の段階における状態にのみ依存する，という仮定である。さらにこのケースにおいては，世代間での各職業階級の人口分布の変化は，推移行列によって予想される移動にのみ起因する，という仮定を付加しておく必要がある。つまり，ある職業階級の父親は他の階級に比べてたくさんの子どもをもつ，といった可能性はここでは考えない。

**分析の目的**　ケメニーとスネルが指摘するように，われわれがこうした状況をマルコフ連鎖モデルで定式化しようとする目的には，2つがある。第一の目的は，**個々の家族**が将来どういう職業系列をたどっていくか（それぞれの家族に息子は常に1人と仮定したときに），ということである。たとえばある家族の元祖が，上流階級の職業から出発したとしよう。したがって初期の確率ベクトルは［1, 0, 0］である。この家族が，2世代後に上流，中産，下層それぞれの階級にいる確率は，以下のようにして計算できる。

$$f^{(2)} = f^{(0)}P^2$$

$$= [1,\ 0,\ 0]\begin{bmatrix} .448 & .484 & .068 \\ .054 & .699 & .247 \\ .011 & .503 & .486 \end{bmatrix}^2$$

$$= [1, 0, 0] \begin{bmatrix} .228 & .589 & .183 \\ .065 & .639 & .296 \\ .038 & .601 & .361 \end{bmatrix}$$

$$= [.228, .589, .183]$$

このように,上流階級にルーツをもつ家族が2世代後に下層階級にいる可能性はあまりない。しかし中産階級に移動する可能性は,上流階級にとどまり続ける可能性の2倍以上あることがわかる。

さてわれわれの第二の目的は,いく世代か後に,**総人口**がそれぞれの職業階層にどのように割り振られているかを予測することである。たとえばいま過程の出発時点において,総人口の10パーセントが上流階級に,40パーセントが中産階級に,また50パーセントが下層階級にいると仮定しよう。3世代後に,この過程がそれぞれの職業階級で発見される相対的な比率は,以下の計算からえられる。

$$[.1, .4, .5] \begin{bmatrix} .448 & .484 & .068 \\ .054 & .699 & .247 \\ .011 & .503 & .486 \end{bmatrix}^3$$

$$= [.1, .4, .5] \begin{bmatrix} .136 & .614 & .250 \\ .067 & .627 & .306 \\ .053 & .620 & .327 \end{bmatrix}$$

$$= [.067, .622, .311]$$

この種のマルコフ連鎖は最終的にはある均衡状態に向かっていくことを,われわれはすでに学んだ。さきの計算で明らかなように,もとの推移確率行列を3乗しただけで,すでに各行は互いにきわめて似通ってきている。さらに4乗,5乗,……と計算していけば,あるいは前章で紹介した連立方程式にもちこむ方法を使えば,均衡において確率ベクトルが以下に収束していくことを示すのは容易である。

$$[.067, .624, .309]$$

生まれくる我が子孫のためにという観点からすれば,このベクトルはわれ

われが現在かれらに残しうる最善の情報を与えている,といえるだろう。なぜならそれは,遠い未来の**ど の**個人の職業についても予測を可能とするし,しかもわれわれ先祖の現職業には依存しない予測ができるのであるから。総人口の観点から見れば,このベクトルは,過程が均衡に達したときに各職業階級の構成比率がどうなっているかを教えてくれる。そしてこれらの比率は,過程が出発したときの構成比率とはまったく独立しているだろう[3]。

## 2. 産業間移動のマルコフ・モデル

**官庁統計でみる産業間移動**　世代間の移動のような確率の問題に確率論的なモデルを適用する試みは,多岐にわたって数多くなされてきた。しかしそれらから明白な結論を引き出すことには,いつも困難がともなう。データ測定と結果の解釈の問題が,しばしば非常にやっかいなのである。この節で扱う分析例は,それに比べるとずっと問題は少なく,しかもたいへん興味深いものである。すなわちここでは,マルコフ連鎖モデルを,ある産業部門と別の産業部門の間の労働者の移動の問題に適用することを考えてみたい。世代**間**移動ではなく世代**内**移動の分析,といってもよいであろう。

この著名なモデルは,アメリカの労働者の産業間移動の分析のために,I.ブルーメン,M.コーガン,P.J.マッカーシィの3人(以下まとめて,BKMと略記する)によって開発されたものである[4]。BKMのモデルは,1947年から1949年までの各年を4期に分けて収集された,官庁統計にもとづいている。その統計の直接のデータ源は,職業安定所が1937年以来把握してきた,全米労働者の1パーセント標本の職業情報である。

官庁統計では非常に細かい産業分類が適用されている。そこでBKMはこれらをより大きなカテゴリーに再分類し,最終的にAからKまで(Iは飛ば

---

3) われわれが分析している過程がすでに長期間たった後のものであるとすれば,現時点でそれは均衡の近くにいるはずである。1949年のデータで各職業階層の実際の構成比率(これがケメニーらの推移確率行列のもとになっている)をみてみると,[.076, .634, .290]であり,ここでの均衡確率ベクトル[.067, .624, .309]にかなり近いことがわかる。

4) I.Blumen, M.Kogan and P.J.McCarthy, *The Industrial Mobility of Labour as a Probability Process*, Cornell University, Ithaca, New York, 1955.

す）の10個の「産業コード群」にまとめた。そしてこれに1つの特殊なコード（U）を付け加え，産業システムの外側にいることを表わしている（たとえば職業安定所が把握していない職業に入ってくるケースや，退職や死亡によって産業システムから離脱するケースがこれに該当する）。こうして11の可能な「状態」が設定される。3年の間に年4回のペースで巡ってくる計12時点のそれぞれにおいて，個人は理論的にはそれらの状態のどこにいてもよい。12時点の各々において標本に選ばれた個人がどの状態を占めているかについては，官庁統計が完全な情報を与えてくれる。

つぎになすべきことは，推移確率行列を準備することである。一般的にいえば，それは第$n$時点において状態$i$にいた労働者が，第$n+1$時点において状態$j$に移動する確率を与えるだろう。使用されている時間間隔は四半期（つまり3ヵ月）であるが，実際の推移確率は，3年の間にすべての連続した四半期のペアの間で生じた状態間の変化を，平均した形で計算されている。これだけではわかりにくいので，簡略化した形で具体的にその手順を示しておく。

**推移確率の決め方**　いま，われわれが問題にしているのは3つの産業（A，B，C）のみであり，4つの連続した四半期についてデータが揃っているものとする。さて第1四半期には，産業Aに100人の労働者がいた。第2四半期になると，そのうち50人は産業Aにとどまったが，25人は産業Bに移動し，他の25人は産業Cに移動した。他の産業からの転入もあり，第2四半期における産業Aの労働者は110人になった。第3四半期には，それらのうち60人が産業Aにとどまり，30人が産業Bに，20人が産業Cに移動した。かくして第3四半期の産業Aは105人になった。そのうち，第4四半期に産業Aにとどまったのは50人で，25人が産業Bに，30人が産業Cにそれぞれ移動した。

このような想定のもとで，1四半期後に状態Aから状態Bに移動する労働者の平均**比率**を求めるならば，

$$\frac{25+30+25}{100+110+105} = .254$$

となる。同じように考えれば，状態Cに移動する労働者の平均比率は，

$$\frac{25+20+30}{100+110+105} = .238$$

であり,また状態Aにとどまる平均比率は,

$$\frac{50+60+50}{100+110+105} = .508$$

で与えられる。これらによって,すべての連続した四半期間の観察結果の合計にもとづいた推移確率行列の,第1行が埋められる。すなわち,

$$\begin{array}{c} & A & B & C \\ A & \left[\begin{array}{ccc} .508 & .254 & .238 \\ & & \\ & & \end{array}\right] \\ B \\ C \end{array}$$

という具合である。残りの二つの空白行についても,同様に考えればよい。

BKMは以上のような方法で,年齢と性別によって分割された労働者グループのそれぞれに対して,別個に推移確率行列を計算した。ここではそれらの行列の中から1つだけ,すなわち20～24歳の男性に対して計算された推移行列のみを,掲載しておこう。表1がそれである。改めて指摘するまでもないが,表1のすべての要素は0と1の間の値を示しており,各行の合計は

**表1** 20～24歳の男性に対する1四半期の推移行列
(すべての連続した四半期間の観察結果の合計にもとづく)

| 出身産業コード | 到達産業コード |||||||||| |
|---|---|---|---|---|---|---|---|---|---|---|
| | A | B | C | D | E | F | G | H | J | K | U |
| A | .407 | .035 | .081 | .012 | .046 | .023 | .081 | .000 | .035 | .000 | .279 |
| B | .001 | .727 | .021 | .009 | .022 | .012 | .036 | .004 | .011 | .002 | .155 |
| C | .001 | .016 | .761 | .008 | .022 | .009 | .038 | .003 | .010 | .002 | .129 |
| D | .000 | .014 | .019 | .815 | .021 | .011 | .027 | .003 | .011 | .001 | .077 |
| E | .000 | .016 | .015 | .010 | .827 | .011 | .032 | .002 | .008 | .002 | .078 |
| F | .001 | .021 | .012 | .008 | .018 | .777 | .030 | .004 | .011 | .002 | .116 |
| G | .001 | .020 | .020 | .008 | .019 | .012 | .788 | .004 | .016 | .002 | .112 |
| H | .000 | .019 | .016 | .006 | .015 | .012 | .048 | .787 | .015 | .003 | .079 |
| J | .001 | .024 | .018 | .007 | .023 | .012 | .054 | .005 | .704 | .002 | .151 |
| K | .000 | .052 | .052 | .022 | .073 | .009 | .082 | .017 | .030 | .468 | .197 |
| U | .002 | .039 | .037 | .012 | .033 | .017 | .065 | .006 | .028 | .002 | .760 |

(出典:I.Blumen, M.Kogan and P.J.McCarthy, *op. cit.*, p.59)

ちょうど1か，少なくとも1にきわめて近い誤差範囲の値になっている。

**モデルの予測**　この推移確率行列（これを$P$と呼ぼう）さえ得られれば，これをもとにマルコフ連鎖モデルを構築するのは簡単である。必要なのは，すでに何度か登場した2つの基本的なマルコフ性の仮定と，問題にしている特定コード群の労働者がもともと11の状態にどのように分布していたか，を指示する出発時点の行ベクトル$f^{(0)}$である。あとは任意の時点$t$における確率ベクトルが，

$$f^{(t)} = f^{(0)} P^t$$

によって与えられることを，われわれはすでに知っている。

たとえば，われわれは20〜24歳の男性労働者が現時点で11の状態にどのように分布しているか，というその比率（$f^{(0)}$）を知っているとしよう。そして2年後，すなわち8四半期を経た後に，それらの比率がどのように変わっているか（$f^{(8)}$）に関心があるとしよう。このとき，もし一般的な産業間移動の過程が現実にマルコフ過程として進行するならば，いい換えればマルコフ性の仮定が現実に適合するならば，われわれは安心して以下の式を使うことができる。

$$f^{(8)} = f^{(0)} P^8$$

もちろん行列$P^8$は，任意の労働者が8四半期の間に，ある状態から別の状態へそれぞれどの程度の確率で移動するかを指示している。そしてこの行列に，現時点の労働者の状態分布を表わす行ベクトルを左から掛けてやれば，その積としてえられる行ベクトルは，そこから8四半期を経た後のありうべき分業形態を表わすことになる。

**マルコフ性の現実的妥当性**　問題はマルコフ性の仮定が**そもそも**現実に適合するか，ということである。われわれは利用できるデータの範囲内で，これをテストする方法を考案しなければならない。1つの方法としてつぎのやり方が考えられる。まず，ある特定の四半期の分布を初期状態（$f^{(0)}$）とみなす。そのうえで，上式から（マルコフ性の仮定が適合したという仮定のもとで）

8四半期後に期待しうる分布を計算し，それを**現実の**8四半期後の分布と比較するのである。

あるいはまた，つぎのような方法も考えられる。初期状態に関係なく，$P^8$を計算すれば，任意の労働者が8四半期の間に，ある状態から別の状態へそれぞれどの程度の確率で移動するかがわかる（マルコフ性の仮定が適合したという仮定のもとで）。そこである特定の8四半期（あるいはその平均）をとり，その間に労働者がどのように状態間を移動したかを表わす現実に観察された行列を作ってみる。そしてそのふたつの推移行列を比較するのである。

BKMはこの後者の方法を採用した。かれらは実際に20〜24歳の男性と40

**表2** 8四半期の推移行列についての理論値と観察値の比較（20〜24歳の男性）

| 出身産業コード | | A | B | C | D | E | F | G | H | J | K | U | 観察数 |
|---|---|---|---|---|---|---|---|---|---|---|---|---|---|
| A | Exp. | .002 | .086 | .105 | .042 | .116 | .053 | .181 | .016 | .058 | .004 | .337 | |
|   | Obs. | .000 | .062 | .062 | .000 | .125 | .156 | .312 | .000 | .000 | .000 | .281 | (32) |
| B | Exp. | .002 | .144 | .087 | .040 | .104 | .050 | .163 | .018 | .052 | .004 | .336 | |
|   | Obs. | .003 | .449 | .039 | .020 | .048 | .035 | .079 | .014 | .023 | .006 | .284 | (1,448) |
| C | Exp. | .002 | .077 | .176 | .039 | .103 | .046 | .163 | .016 | .050 | .004 | .324 | |
|   | Obs. | .002 | .037 | .461 | .023 | .046 | .021 | .101 | .007 | .022 | .002 | .278 | (2,017) |
| D | Exp. | .001 | .070 | .080 | .218 | .099 | .046 | .141 | .015 | .047 | .003 | .279 | |
|   | Obs. | .000 | .064 | .044 | .459 | .083 | .024 | .091 | .011 | .030 | .002 | .192 | (1,081) |
| E | Exp. | .001 | .072 | .075 | .040 | .276 | .046 | .147 | .013 | .044 | .004 | .279 | |
|   | Obs. | .002 | .045 | .042 | .034 | .489 | .031 | .094 | .010 | .023 | .002 | .227 | (2,777) |
| F | Exp. | .002 | .081 | .076 | .038 | .097 | .166 | .152 | .017 | .050 | .004 | .316 | |
|   | Obs. | .003 | .056 | .033 | .022 | .054 | .440 | .090 | .020 | .026 | .010 | .245 | (1,016) |
| G | Exp. | .002 | .080 | .084 | .039 | .098 | .049 | .261 | .017 | .053 | .004 | .314 | |
|   | Obs. | .002 | .047 | .051 | .025 | .046 | .038 | .491 | .020 | .044 | .002 | .235 | (3,259) |
| H | Exp. | .001 | .077 | .077 | .035 | .090 | .048 | .170 | .158 | .052 | .004 | .287 | |
|   | Obs. | .000 | .044 | .007 | .015 | .026 | .085 | .096 | .439 | .074 | .000 | .214 | (271) |
| J | Exp. | .002 | .084 | .085 | .038 | .105 | .049 | .178 | .018 | .105 | .004 | .333 | |
|   | Obs. | .002 | .061 | .033 | .018 | .054 | .035 | .145 | .019 | .339 | .000 | .294 | (1,083) |
| K | Exp. | .002 | .089 | .096 | .047 | .130 | .048 | .179 | .023 | .056 | .006 | .325 | |
|   | Obs. | .000 | .113 | .097 | .032 | .121 | .048 | .137 | .032 | .024 | .048 | .347 | (124) |
| U | Exp. | .002 | .090 | .095 | .042 | .112 | .052 | .179 | .019 | .058 | .004 | .346 | |
|   | Obs. | .001 | .069 | .068 | .035 | .077 | .040 | .153 | .018 | .055 | .004 | .482 | (7,820) |

（出典：I.Blumen, M.Kogan and P.J.McCarthy, *op.cit.*, p.61）

〜44歳の男性に対して，8四半期に対応する理論的な推移行列と，観察された推移行列とを計算している（おまけに4四半期に対応するものも提示している）。表2に示すのは，20〜24歳の男性に対する8四半期の推移行列であり，比較しやすいように理論値と観察値を上下に並べてみた（Exp. が理論値を，Obs. が観察値を表わす）。

まず始めに，この合併された推移行列の主対角線に着目して，理論値と観察値を比較してみよう。例としてＥＥのところを見てみると，期待値は.276であるのに対して，観察値は.489である。もしマルコフ性の仮定が妥当しているとするならば，われわれはある四半期に状態Ｅにいた労働者のうち27.6パーセントが，8四半期後にも状態Ｅにとどまっている，と予測することになる。ところが現実には，それよりもずっと多い48.9パーセントが，8四半期後にも状態Ｅにとどまっているのである。これはかなり重大な過小推定である，といわざるをえない。そしてこの種の過小推定は，主対角線上のどこをとっても，同様に指摘できる[5]。またその裏返しにすぎないが，もとの状態とは異なる諸々の状態に移動する期待確率（すなわち主対角線以外の各要素における期待値）は，だいたいにおいて観察値よりも大きな値を示すことが見てとれる。

その一方でＢＫＭが指摘するように，「各々のコード群は，移動の『受け入れ枠』としては，観察値か期待値かにかかわりなく，だいたい似たような割合でどこからも労働者を受け入れているようにみえる」（I.Blumen, M.Kogan and P.J.McCarthy, *op. cit.*, p.63）。しかしそれは，きわめておおまかな一致でしかない。

**より適合的な別なテスト結果**　こうなると状況は，マルコフ性の仮定の現実的妥当性を主張する論客にとって，どうも不利である。ただしこの問題に対する別のアプローチが，かれらにもう少し明るい展望を開いてくれる。

産業間の移動は1947〜49年の間にのみ生じたわけではない。そのずっと前から進行し続けている過程である。したがってもしもその過程が本当にマルコフ連鎖にしたがっているならば，1947〜49年の間にそれは「均衡」（前章で

---

5）例外はＡＡのところであるが，観察数が32と非常に少ないので，それほど重要な例外とはならない。

もちいた意味での)に到達する,と仮定しても問題はなかろう。均衡状態においては,$P^n$($n$は十分に大きいものとする)の各行は相互に等しくなり,そのどれもが究極の産業構造を表わす不変の確率ベクトルを与えることになる。仮に $P^n$ ($n \to \infty$) を計算したとき,その結果えられる共通の行ベクトルが,現時点の労働者の現実分布と対応したとしよう。もしそうなれば,産業間移動の過程にマルコフ連鎖モデルはまったく適用できない,という結論づけを再吟味するのに十分な根拠がえられることになる。

BKMは実際にこのことを吟味した。ただしその際,計算の簡略化の理由もあっていくつかのコード群が再合併されており,もとの11×11の推移確率行列は5×5に縮減されている。20〜24歳の男性に対するその縮減された推移行列は,以下のとおりである。

$$P = \begin{array}{c} \\ (C,D,E) \\ (G) \\ (F,H) \\ (A,B,J,K) \\ (U) \end{array} \begin{array}{c} (C,D,E) \quad (G) \quad (F,H) \quad (A,B,J,K) \quad (U) \\ \left[\begin{array}{ccccc} .832 & .033 & .013 & .028 & .095 \\ .046 & .788 & .016 & .038 & .112 \\ .038 & .034 & .785 & .036 & .107 \\ .054 & .045 & .017 & .728 & .156 \\ .082 & .065 & .023 & .071 & .759 \end{array}\right] \end{array}$$

(出典:I.Blumen, M.Kogan and P.J.McCarthy, *op. cit.*, p.64)

これから $P^n$ ($n \to \infty$) の共通の行ベクトルを計算すると,

$$\begin{array}{ccccc} (C,D,E) & (G) & (F,H) & (A,B,J,K) & (U) \\ [\quad .27, & .18, & .08, & .15, & .32\ ] \end{array}$$

である。一方,現実に20〜24歳の男性労働者がこれら5つの産業グループにどのように分布しているかを,1947〜49年の平均パーセントでみてみると,

$$\begin{array}{ccccc} (C,D,E) & (G) & (F,H) & (A,B,J,K) & (U) \\ [\quad 28.2, & 17.0, & 6.8, & 13.7, & 34.3\ ] \end{array}$$

となる。この2つの行ベクトルは驚くほど──腰を抜かすほどではないにしても──よく似ている。この結果をもとに,BKMが「観察された産業移動に

は『規則的な』なにものかが生まれつつある」と主張したのも十分うなずける。

## 3. 移動者と停留者

**対角線問題の克服**　「規則的な」なにものかが生まれつつあるかもしれないとしても、単純なマルコフ連鎖モデルではそれを十分に説明できないことは、以前のテストの結果から明白である。残念ながらそのモデルに頼る限り、長期でみたときに労働者が同じ産業にとどまるその程度が、一貫してひどく過小推定されてしまう。つまり $P^4$ や $P^8$ の主対角線上の各要素の期待値は小さすぎ、その他の各要素の期待値は大きすぎる、という結果にたどり着かざるをえない。

　BKMは非常に巧妙なやり方で、この難点を克服しようとした。それは、2つの異なる労働者のタイプ——停留者と移動者の存在を想定することによって、マルコフ型モデルの改良をはかる、というやり方である。停留者はかれらの出身産業から決して動かない人びとであり、移動者は動く(必ずしも動かなくてよい)人びとである。移動者がどのように動くかは、通常のマルコフ性の仮定を満たしながら、かれら移動者のみに適用される推移確率行列($M$)にしたがう。

　いま各々の産業において、労働者がどのような割合で移動者と停留者に分割されるかが、わかっているとしよう。それらを表わすために $S$ という行列を考え、その主対角線上に停留者の比率を記し、他の要素にすべて0を記す(したがって推移行列では**ない**)。たとえばいま、3産業のみの単純化された例を考え、

$$S = \begin{bmatrix} \frac{1}{4} & 0 & 0 \\ 0 & \frac{1}{2} & 0 \\ 0 & 0 & \frac{1}{3} \end{bmatrix}$$

であることがわかっているとする。このとき各産業における**移動者**の比率は、行列 $I-S$ によって与えられる。すなわちこの例では、

$$I-S=\begin{bmatrix} 1 & 0 & 0 \\ 0 & 1 & 0 \\ 0 & 0 & 1 \end{bmatrix} - \begin{bmatrix} \frac{1}{4} & 0 & 0 \\ 0 & \frac{1}{2} & 0 \\ 0 & 0 & \frac{1}{3} \end{bmatrix} = \begin{bmatrix} \frac{3}{4} & 0 & 0 \\ 0 & \frac{1}{2} & 0 \\ 0 & 0 & \frac{2}{3} \end{bmatrix}$$

である。

さらにわれわれは，移動者のみに適用される推移確率行列 $M$ を知っているものとしよう。そうすると労働者全体（移動者と停留者の合計）に対する推移確率行列 $P$ を，以下の計算で求めることができる。

$$P = S + (I-S)M$$

たとえば3産業の例で，

$$M = \begin{bmatrix} .90 & .05 & .05 \\ .10 & .80 & .10 \\ .20 & .20 & .60 \end{bmatrix}$$

であるとする。そうすると全労働者に対する推移確率行列は，以下のように計算できる。

$$\begin{aligned} P &= S + (I-S)M \\ &= \begin{bmatrix} .25 & 0 & 0 \\ 0 & .50 & 0 \\ 0 & 0 & .33 \end{bmatrix} + \begin{bmatrix} .75 & 0 & 0 \\ 0 & .50 & 0 \\ 0 & 0 & .67 \end{bmatrix} \begin{bmatrix} .90 & .05 & .05 \\ .10 & .80 & .10 \\ .20 & .20 & .60 \end{bmatrix} \\ &= \begin{bmatrix} .25 & 0 & 0 \\ 0 & .50 & 0 \\ 0 & 0 & .33 \end{bmatrix} + \begin{bmatrix} .675 & .0375 & .0375 \\ .05 & .40 & .05 \\ .133 & .133 & .40 \end{bmatrix} \\ &= \begin{bmatrix} .925 & .0375 & .0375 \\ .05 & .90 & .05 \\ .133 & .133 & .73 \end{bmatrix} \end{aligned}$$

**推移確率の含意と特徴**　この行列の意味を解きほぐすために，$P$ の第1行の最初の要素を例にとってみる。この要素は，産業Aを出発した任意の労

働者が1ステップ後にもAにいる確率が，.925であることを示している。そしてこの値は，つぎの2つの確率値の**合計**になっていることを，上の演算は表わしている。すなわちその1つは，任意の労働者が停留者である確率(.25：当然そのとき，かれがAにとどまる確率は1である)であり，いまひとつは，その労働者が移動者である確率(.75)と，移動者であるにもかかわらずかれがAにとどまる確率(.90)との積である。つまり，問題の確率値をえるための演算だけを抜きだして示せば，

$$(.25)1+(.75)(.90)=.925$$

という形になっているわけである。

　念のために $P$ の第2行の3番目の要素についても，同じように解説しておく。この要素は，産業Bを出発した任意の労働者が1ステップ後にCにいる確率が，.05であることを示している。この値は，つぎの2つの確率値の**合計**になっている。すなわちその1つは，任意の労働者が停留者である確率(.50)と，そのときにかれがCに移動する確率(0)の積であり，いま1つは，その労働者が移動者である確率(.50)と，そのときにかれがCに移動する確率(.10)との積である。つまり，

$$(.50)0+(.50)(.10)=.05$$

という演算によって，問題の確率値がえられることになる。他の要素についても同様に考えればよい。

　この行列 $P$ には，新たに重要な特徴が加わっている。これまでのように長期間後の比較をしようとするときに，われわれが2乗，3乗，……していかなければならないのは，**行列 $P$** ではなく，**行列 $M$** なのである。これは移動の起こり方だけが行列 $M$ に支配される——つまり移動者だけが移動する，ということの反映である。したがって2期間の間の産業間の移動確率を与える，全労働者に対する推移確率行列は，

$$P^{(2)}=S+(I-S)M^2$$

として考えなければならない。これまでの例で実際に計算すると，

$$P^{(2)} = \begin{bmatrix} .25 & 0 & 0 \\ 0 & .50 & 0 \\ 0 & 0 & .33 \end{bmatrix} + \begin{bmatrix} .75 & 0 & 0 \\ 0 & .50 & 0 \\ 0 & 0 & .67 \end{bmatrix} \begin{bmatrix} .90 & .05 & .05 \\ .10 & .80 & .10 \\ .20 & .20 & .60 \end{bmatrix}^2$$

$$= \begin{bmatrix} .25 & 0 & 0 \\ 0 & .50 & 0 \\ 0 & 0 & .33 \end{bmatrix} + \begin{bmatrix} .75 & 0 & 0 \\ 0 & .50 & 0 \\ 0 & 0 & .67 \end{bmatrix} \begin{bmatrix} .825 & .095 & .080 \\ .190 & .665 & .145 \\ .320 & .290 & .390 \end{bmatrix}$$

$$= \begin{bmatrix} .869 & .071 & .060 \\ .095 & .832 & .073 \\ .214 & .194 & .591 \end{bmatrix}$$

さらに長期間後の推移確率についても、同じことである。

**対角線に対する改良効果** さて、行列 $P$ と $M$、および行列 $P^{(2)}$ と $M^2$ をそれぞれ比較してみると、ただちに1つのことが気づかれるであろう。それは、$P$ および $P^{(2)}$ の主対角線上の各要素は、$M$ および $M^2$ の対応する要素よりすべて大きくなっており、非対角線要素に関してはそれと逆の大小関係がある、ということだ。もちろんこれは偶然ではない。われわれはすでに $P$ と $M$ の関係を調べた。それから明らかなように行列 $P$ のある非対角線要素を計算するためには、行列 $M$ のそれに対応する要素に、$1-s_i$ を掛けてやれば済む（ただし $s_i$ は産業 $i$ における停留者の比率）。そうするといくらかでも停留者がいる（$s_i$ が 0 より大きい）限り、$M$ の要素には 1 より小さい数が掛けられることになる。一方、$P$ の主対角線要素 $p_{ii}$（第 $i$ 行第 $i$ 列の要素）を計算するためには、$M$ のそれに対応する要素（$m_{ii}$）に $1-s_i$ を掛け、それに $s_i$ を足しあわせることになる。これを代数式で示せば、

$$p_{ii} = (1-s_i)m_{ii} + s_i$$

と書ける。これから $p_{ii}$ と $m_{ii}$ の差を作ってみると、

$$p_{ii} - m_{ii} = s_i(1-m_{ii})$$

という式がえられる。したがって $m_{ii}$ が 1 より小さい限り（このことはまさしく

その産業に少なくとも一人以上の停留者がいることを意味する)，上式の右辺は常に正になる。つまり $P$ の各々の対角線要素は $M$ のそれより，常に大きくなる。同じ理由から，$P^{(n)}$ の各々の対角線要素は $M^n$ のそれを上回り，逆に非対角線要素は下回ることになるだろう。

もともとのモデルは対角線要素を過小推定し，それ以外の要素を過剰推定していたわけだから，この改良モデルが示す特性は望まれるものである。すべての労働者は同じ推移行列にしたがう，という単純モデルの仮定には無理があった，といえるだろう。それでは，労働者を停留者と移動者に二分割し，後者のみに適用される推移行列を仮定することによって，われわれは現実に有意に近づくことができるのだろうか。ＢＫＭはこの仮説をテストするために，1947〜49年のデータから $S$ と $M$ を推定し，期間をさまざまに設定しながら期待確率と観察確率を比較している。

その結果はわれわれを勇気づけるに十分なものである。前節と同じ 8 期間でみたときの期待確率と観察確率との一致度は，考察された性と年齢の組合せによる 4 グループのいずれに対しても，きわめて高いことが報告されている。ただし残念なことに，この「適合」は期間がより短いときや長いときにはそれほど良くない。どうみても，4 期間のときには一貫して主対角線要素が過小推定されているし，11期間のときには逆に過剰推定されているのである。したがって新モデルの「適合」は全体的には旧モデルを大きく改良しているとしても，そこにはまだこれまでになかったなんらかの特有な規則的誤差が含まれている，といわざるをえない。

さて，これをどう処理すればよいのだろうか。ＢＫＭは11期間における対角線要素の過剰推定を，現実世界には厳密な意味での停留者がいないために生じた誤差だと考えた。そしてそのことを考慮したマルコフ・モデルの修正を試みている。また別の研究領域の研究者たちは，移動に限らずさまざまな過程にマルコフ分析を適用し，それらが示す似たような誤差を突き合わせながら，適合の改良のためのあらゆる方策を試みている。一般的にいえば，2つの基本的なマルコフ性の仮定のどちらか一方ないし両方を捨て去るか，または修正しない限り，満足のいく適合をえることはできない。ところがひとたびそうすると，たちまち多くのモデル化の方向性が現われ，どれを選択すべきかに悩むことになる。ここが難しいところであり，しかもこの問題に対

する一般的な解決法はない。しかし，ここでつぎのような助言をしておくことは必要だろう。マルコフ性の仮定を修正して，本章で扱ったような過程により適合するマルコフ・モデルを構築したいのであれば，過程を**単純**マルコフ連鎖としてみるのではなく，**吸収**マルコフ連鎖としてみるのが生産的である。この吸収マルコフ連鎖が，次章でのわれわれの主題である。


### 練習問題

**7-1.** 200人の集団があって，そのうちの100人は現時点で野党を支持し，他の100人は与党を支持している。月ごとでみたときに，野党支持者が与党支持者に変わる確率は.015であり，与党支持者が野党支持者に変わる確率は.01である。十分に時間が経ったとき，この200人の集団は政党支持に関してどのように分割されている，と予測できるか。

**7-2.** 同じ集団において，決して支持政党を変えない人びとが，野党支持者に80人おり，与党支持者に60人いる。残りの人びとは浮動的な投票者である。月ごとでみたときに，野党を支持している浮動的な投票者が支持を変える確率は.075であり，与党を支持している浮動的な投票者が支持を変える確率は.025である。

このとき1カ月後に支持政党を変えるそれぞれの政党支持者の数が，問題7-1のときと同じであることを確認せよ。

さらに，この場合の長期間後の政党支持分布を予測せよ。

# 8 吸収マルコフ連鎖の数学

**吸収状態をもつ過程** これまで扱ってきたマルコフ連鎖では，過程が終結することはなかった．断っておくが，均衡の概念は諸々の状態にいる確率が変動しなくなったことを表わすのであって，過程の進行が止まることを意味してはいない．諸々の状態から離れる確率が0になるわけではないのである．終結を迎える過程を分析するためには，これまでとは異なる連鎖の数学——**吸収マルコフ連鎖**に着目しなければならない．

いまあなたがレスターからロンドン宛に1通の手紙を出したとし，その手紙の行方を追ってみることにしよう．あなたの手紙はレスターかロンドンのどちらかの郵便局で遅れるかもしれない．また必ずロンドンで配達されるとは限らず，どちらかの郵便局で行方がわからなくなってしまうこともありうる．そこで，郵便局の能力を疑うわけではないが，1日間の手紙の動きを以下の推移確率行列によって与えてみる（図1と対比してみよ）．

$$\text{出発点}\begin{array}{c} \\ \text{行方不明} \\ \text{配 達} \\ \text{レスター} \\ \text{ロンドン} \end{array}\begin{array}{c} \\ 1 \\ 2 \\ 3 \\ 4 \end{array}\overset{\begin{array}{cccc} & \text{到達点} & & \\ 1 & 2 & 3 & 4 \end{array}}{\begin{bmatrix} 1 & 0 & 0 & 0 \\ 0 & 1 & 0 & 0 \\ \frac{1}{8} & \frac{1}{8} & \frac{1}{2} & \frac{1}{4} \\ \frac{1}{8} & \frac{3}{8} & 0 & \frac{1}{2} \end{bmatrix}}=P$$

この行列の最初の2つの行は吸収状態と呼ばれる．ひとたび手紙が行方不明になるか，あるいは無事に配達されれば，それですべて終わりである．その2つの状態から過程が出発する可能性はない（つまり過程が吸収状態にとどまる確率は1である）．第3および第4行は，手紙が各々の郵便局を出発したと

*134*

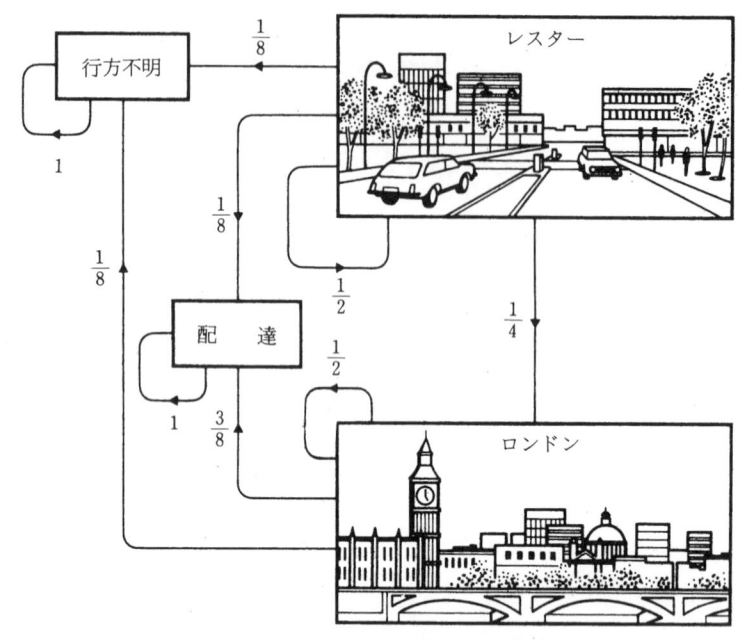

図1 手紙の行方を追った過程図

きの，推移確率を示している．たとえば第4行は，ある日ロンドンを出発した手紙は，その日の終わった時点で確率 $\frac{1}{2}$ でロンドンにあり，確率 $\frac{3}{8}$ で無事に配達され，確率 $\frac{1}{8}$ で行方不明になることを教えている．2つの郵便局はどちらも非吸収状態である．手紙は最後には必ず吸収状態(配達されるか，行方不明かのどちらか) に到達する．

さて，われわれが答えるべきいくつかの疑問が自ずと湧いてくる．
(1) どれくらいの割合の手紙が無事に配達され，一方で行方がわからなくなるのか．
(2) 1通の手紙が配達されるのに，平均してどれくらい期日がかかるのか．
(3) レスターとロンドンのそれぞれで，手紙はどれくらい滞る傾向があるか．

これらの疑問に答え，しかもそれらを一般的な結果として示すためには，行

列 $P$ をもっと詳しく調べる必要がある。

**推移確率行列の分割**　いま行列 $P$ を，2つの吸収状態と2つの非吸収状態との間に縦横に境界線を引く形で，4つの部分に分解する(正確には**分割**する)。そうすると行列 $P$ の左上の部分は単位行列になり，右上の部分は要素がすべてゼロの行列になる。行列 $P$ において吸収状態をまとめて上から順に並べておいたのは，この結果をすぐに導きたかったからである。この分割は，一般には以下のように表記される。

$$P = \begin{bmatrix} 1 & 0 & 0 & 0 \\ 0 & 1 & 0 & 0 \\ \hline \frac{1}{8} & \frac{1}{8} & \frac{1}{2} & \frac{1}{4} \\ \frac{1}{8} & \frac{3}{8} & 0 & \frac{1}{2} \end{bmatrix} = \begin{bmatrix} I & 0 \\ \hline R & Q \end{bmatrix}$$

$R$ の部分は，非吸収状態から吸収状態へ向かう推移確率の行列(このケースでは2×2行列)である。$Q$ の部分は非吸収状態から非吸収状態への推移確率を表わす行列で，やはりこのケースでは2×2行列になる。

以上のような行列の分割は，われわれがさきに提示した問題に答えるうえで，どのように役立つだろうか。まず，手紙が郵便局に滞る期間の長さは，部分行列 $Q$ からすぐに計算できる。$Q$ は，手紙がそれぞれの郵便局に留めておかれる確率と，双方の郵便局の間を行き来する確率とを与えている。この問題に関して必要な情報はこれで十分であり，他の部分は考慮しなくてよい。考え方は第6章のときと同様である。ある状態を出発した過程が1ステップ後に諸々の状態にいる確率を $Q$ が与えているならば，$Q^2$ は2ステップ後の，そして $Q^3$ は3ステップ後の，同じ確率を与えてくれるはずである。したがって以下のように，$Q$ の2乗，3乗，……，$n$ 乗を計算してゆけばよい。

$$Q = \begin{bmatrix} \frac{1}{2} & \frac{1}{4} \\ 0 & \frac{1}{2} \end{bmatrix}, \quad Q^2 = \begin{bmatrix} \frac{1}{4} & \frac{1}{4} \\ 0 & \frac{1}{4} \end{bmatrix}, \quad Q^3 = \begin{bmatrix} \frac{1}{8} & \frac{3}{16} \\ 0 & \frac{1}{8} \end{bmatrix},$$

$$Q^4 = \begin{bmatrix} \frac{1}{16} & \frac{1}{8} \\ 0 & \frac{1}{16} \end{bmatrix}, \quad Q^5 = \begin{bmatrix} \frac{1}{32} & \frac{5}{64} \\ 0 & \frac{1}{32} \end{bmatrix}, \quad Q^6 = \begin{bmatrix} \frac{1}{64} & \frac{3}{64} \\ 0 & \frac{1}{64} \end{bmatrix} \text{以下同様}$$

$n$ を大きくするにつれて,各要素の大きさが次第に小さくなっていくことに注意されたい。これは,手紙は最後には配達されるか行方不明になる(すなわち吸収状態に到達する)のであって,郵便局に永久に滞ることはない,というわれわれの前提に合致する。

さて,ロンドンで投函された手紙はどれくらいの期間,ロンドン局に滞る傾向があるといえるだろうか。それを求めるには,上の一連の行列の右下の要素を足し合わせるだけでよい。なぜならそれらの要素は,各々所定のステップを経た後に手紙がロンドンに留まっている確率を与えているからである。したがって手紙がロンドン局に滞る期待日数は,以下で計算できる。

$$1 + \frac{1}{2} + \frac{1}{4} + \frac{1}{8} + \frac{1}{16} + \frac{1}{32} + \frac{1}{64} + \cdots\cdots \text{日}$$

最初に1が加えてあるのは,過程の初期ステップ(第1日め)では手紙は確実にロンドンにある,という仮定があるからである。この級数は普通の等比数列であり,さらに項を足し続けていけば限りなく総和が2に近づいていくことは,容易に示せる。したがって手紙がすぐには配達されず,しかしながらロンドン局には着いている場合,われわれは手紙が平均して2日間はそこに滞ることを予測できる。

**基本行列の活用** それではレスターから出発した手紙は,どれくらいの期間ロンドンに滞留すると予測できるだろうか。その答えを見いだすのには,もう少し手間がかかる。もちろん前と同様に考えて,行列 $Q$, $Q^2$, $Q^3$, ……の第1行第2列の要素を足し合わせれば,その答えはえられる。以下の合計,

$$\frac{1}{4} + \frac{1}{4} + \frac{3}{16} + \frac{1}{8} + \frac{5}{64} + \frac{3}{64} + \cdots\cdots \text{日}$$

がそれである。問題はこれが等比数列ではない,ということだ。けれども項

はだんだん小さくなっているし，したがって合計は1に接近していくと推測されるだろう。以下に，一連の行列演算でもって，この推測が正しいことを示そう。

まず，過程が状態 $i$ を出発したときに，非吸収状態 $j$ で費やされる期待時間を，$n_{ij}$ で表わすことにしよう(状態1をレスター，状態2をロンドンとすれば，われわれはこれまでに $n_{22}=2$ であることを確認し，$n_{12}=1$ であると推測したわけである)。これまでの議論から，行列$N$は以下のように考えればよい。

$$N = \begin{bmatrix} n_{11} & n_{12} \\ n_{21} & n_{22} \end{bmatrix} = \begin{bmatrix} 1 & 0 \\ 0 & 1 \end{bmatrix} + \begin{bmatrix} \frac{1}{2} & \frac{1}{4} \\ 0 & \frac{1}{2} \end{bmatrix} + \begin{bmatrix} \frac{1}{4} & \frac{1}{4} \\ 0 & \frac{1}{4} \end{bmatrix} + \cdots\cdots$$

$$= I + Q + Q^2 + Q^3 + Q^4 + \cdots\cdots$$

最初に単位行列が加えてあるのは，第1ステップにおいては手紙は出発地点(レスターないしロンドン)にあることを意味している。

この式の右辺は，行列ではあるにしても，ひとつの等比数列になっている。しかも行列 $Q$ の要素はすべて1以下の値をとる確率であり，どの行和をとってみても1を越えることはない。一般に以下のような数列

$$s = 1 + r + r^2 + r^3 + \cdots\cdots$$

があり，しかも $r$ が1以下の数値であるとすると，その合計はつぎのようにして求められる(一般の数学の教科書で確かめてみるとよい)。

$$s = \frac{1}{1-r} = (1-r)^{-1}$$

まさしくこれと同じやり方で，われわれは，

$$N = (I - Q)^{-1}$$

をえる。添字の $-1$ は，行列 $I-Q$ の逆行列をとることを表わす[1]。この $N$ は，マルコフ連鎖の**基本行列** (fundamental matrix) として知られている。

さて手紙の例に話を戻すと，

$$I-Q = \begin{bmatrix} \dfrac{1}{2} & -\dfrac{1}{4} \\ 0 & \dfrac{1}{2} \end{bmatrix}$$

であり，第2章で扱った逆行列を求める簡略法を使えば，

$$N = (I-Q)^{-1} = \begin{bmatrix} 2 & 1 \\ 0 & 2 \end{bmatrix}$$

と計算できる。

　このようにして，ある非吸収状態から出発した過程が，どの非吸収状態にどれくらいとどまるかという問題に対する，一般的な解答がえられる。これを見れば明らかなように，数列の合計が1になるのでないかと推測した，さきのわれわれの直感は正しかった。すなわち手紙がレスター局を出発したならば，それは吸収状態に到達するまでに平均して1日間ロンドンに滞留する，と予測できる。

**吸収までの平均時間の一般解**　ここまで来れば，手紙が配達されるか行方不明になるまでに費やされる平均日数を求めるのはたやすい。われわれはすでに，レスターで投函された手紙は平均2日間そこで滞留し，さらにロンドンで平均1日間滞留すること，すなわち合計3日間が費やされることを知っている。$N$の，出発状態に対応する行の要素を足し合わせれば，そこから吸収状態までの所要日数の平均値がえられるわけである。

　このような行和を作る手続きは，数学的によりきちんとしたやり方で遂行できる。要素がすべて1の列ベクトル（これを**1**と呼ぼう）を，ある行列に右側から掛け合わせてやれば，その行列の各行の合計を要素とするベクトルがえられるのである。ここの例で示すと，

---

1）第3章の投入産出分析のところで，この$N$とまったく同じ形の行列が出てきたことを思い出してもらいたい。そこでは$(I-A)^{-1}=I+A+A^2+A^3+\cdots\cdots$となることの経済学的な含意を解釈した。

$$\begin{bmatrix} 2 & 1 \\ 0 & 2 \end{bmatrix} \begin{bmatrix} 1 \\ 1 \end{bmatrix} = \begin{bmatrix} 3 \\ 2 \end{bmatrix}$$

という具合である。一般的には，

$$N\mathbf{1} = \mathbf{t}$$

と書ける。このベクトル $\mathbf{t}$ をみれば，諸々の非吸収状態から吸収状態に至るまでに要する平均時間が，一目でわかる。

**配達される確率は？**　最後に残された問題は，どれくらいの割合で手紙は行方不明になり，どれくらいの割合で無事に配達されるのか，という問題である。より一般的にいえば，ある特定の非吸収状態を出発した過程が，ある特定の吸収状態に吸収される確率はいかほどであろうか。この問題を解くためには，行列 $Q$ が含んでいる情報だけでは不十分である。1ステップの間に諸々の非吸収状態から吸収状態に行く確率が，どうしても必要になる。これらの確率は，われわれが4つの部分に分割したもとの推移確率行列 $P$ の左下の部分，すなわち $R$ に含まれている。その部分だけを，以下に再掲しておこう。

$$R = \begin{array}{c} \\ \text{レスター} \\ \text{ロンドン} \end{array} \begin{array}{cc} \text{行方不明} & \text{配 達} \\ \begin{bmatrix} \dfrac{1}{8} & \dfrac{1}{8} \\ \dfrac{1}{8} & \dfrac{3}{8} \end{bmatrix} \end{array}$$

基本行列 $N$ から，レスターを出発した手紙は2日間そこに滞留し，さらに1日間ロンドンに滞留すると期待される。したがってその手紙が無事に配達される確率は，レスターでの2日間の滞留中に1ステップでそこから配達されるチャンスと，ロンドンでの1日間の滞留中に1ステップでそこから配達されるチャンスの合計として考えられる。行列 $R$ をみると，1ステップで(つまり翌日に)レスターから配達される確率は $\dfrac{1}{8}$ であり，同じくロンドンから

配達される確率は $\frac{3}{8}$ である。したがってその手紙が配達される確率は，

$$2\times\frac{1}{8}+1\times\frac{3}{8}=\frac{5}{8}$$

ということになる。同様に，1ステップのうちにレスターないしロンドンで行方不明になる確率はともに $\frac{1}{8}$ であるから，その手紙が行方不明になる確率は，

$$2\times\frac{1}{8}+1\times\frac{1}{8}=\frac{3}{8}$$

ということになる。$\frac{5}{8}+\frac{3}{8}=1$ になっていることに注意されたい。これは手紙が最終的に配達されるか行方不明になるかのいずれかである確率は1である，というわれわれの議論の前提と矛盾しない結果である。

　以上のことは，行列の形でより手際よく表現することができる。すなわち，以下のように行列 $N$ と $R$ の積を考えればよい。

$$NR=\begin{bmatrix}2 & 1 \\ 0 & 2\end{bmatrix}\begin{bmatrix}\frac{1}{8} & \frac{1}{8} \\ \frac{1}{8} & \frac{3}{8}\end{bmatrix}$$

レスターから手紙が配達される確率についてのさきの計算は，$N$ の第1行の各要素に，$R$ の第2列の対応する要素を掛け合わせ，それらを合計することに等しい。これは普通の行列の掛け算と同じ手続きである。実際に計算してみると，つぎのようになる。

$$NR=B=\begin{array}{c}\\ \text{レスター}\\ \text{ロンドン}\end{array}\begin{array}{cc}\text{行方不明} & \text{配　達}\\ \begin{bmatrix}\frac{3}{8} & \frac{5}{8} \\ \frac{1}{4} & \frac{3}{4}\end{bmatrix}\end{array}$$

行列 $B$ の第1行は，過程がレスターを出発してそれぞれの吸収状態に到達す

る確率を与え，第2行はロンドンを出発したときの同じ確率を与えている。
　以上で最初に提起したすべての問題に対する解答がえられた。次章では，これらの一般的な方法と結果がどのように応用できるかを，いくつかの例を示しながらみていくことになる。

### 練習問題

**8-1．** 下図のような簡単なスゴロクを考えてみよう。最初は1にコマを置いておく。1枚のコインを回し，表が出たらひとコマ進めて2に行くことができるが，裏が出たら同じ場所に留まる。これを5に到達するまで繰り返しておこなう。さて，終点である5に到達するまでにどれくらいかかるだろうか。

　まず1～5のそれぞれの場所を「状態」とみなして，推移確率行列を作れ（5が吸収状態になる）。

　1から出発したときに，以下の2つの場合について，コマが諸々の状態にある確率を計算せよ。
ⅰ）4回コイン投げをした後。
ⅱ）10回コイン投げをした後。

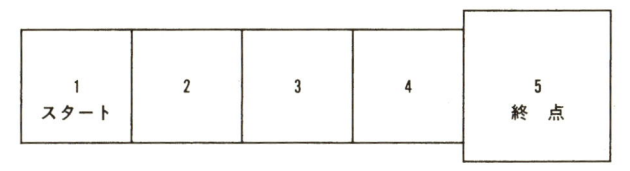

| 1 スタート | 2 | 3 | 4 | 5 終点 |
|---|---|---|---|---|

**8-2．** 以下の流れ図は，ある専門職のために資格を取ろうとしている学生たちがたどる経過を表わしている。資格を取るためにかれらに与えられた猶予は最大3年間であり，途中で脱落していく可能性もある。資格取得と脱落がここでの吸収状態である。

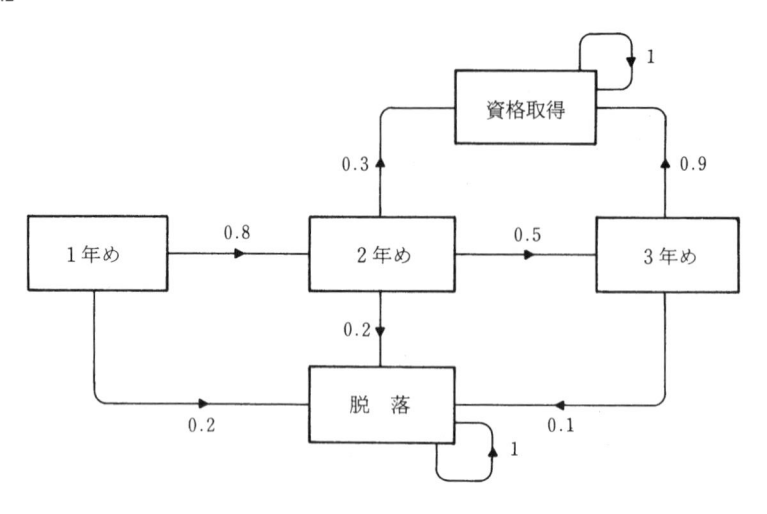

流れ図にしたがって，以下の推移確率行列を完成せよ．

$$P=\begin{array}{c}脱\;落\\資格取得\\1\;年\;め\\2\;年\;め\\3\;年\;め\end{array}\begin{array}{cc}脱\;落 & 資格取得 & 1年め & 2年め & 3年め\\[\quad\quad\quad\quad\quad\quad\quad\quad\quad\quad\quad\quad\quad\quad\quad\quad\quad\quad\quad\quad\quad]\end{array}$$

この吸収マルコフ連鎖の基本行列を計算せよ．資格を取得するにせよ，脱落するにせよ，このコースは平均 2.2 年を要することを示せ．また最終的に学生の60パーセントが，資格を取得できることを示せ．

# 9 吸収マルコフ連鎖の応用

　吸収マルコフ連鎖は，これまでにさまざまな社会過程の研究に応用されてきた。現在もそうした研究は続いている。この章ではそれらから2つの例を紹介する。この2例は，吸収マルコフ連鎖の豊かな応用可能性を示すだけでなく，この種の研究が直面するいくつかの困難性をも示してくれるだろう。

## 1．刑務所運営と犯罪常習性

　**将来の囚人人口を見積もる**　　刑務所施設の経費を見積もるにあたって，将来さまざまな事柄を予測することが必要になってくると考えられる。どれくらいの数の，そしてどんな種類の犯罪が現われるか。容疑者を逮捕し，公判に持ち込むにあたって，警察機関はどれほど効果的か。法廷が告訴された罪状を認める傾向はいかほどであり，また判決における裁判官の方針はどのようなものであるか。これらの問題に逐一答えるのは難しい。そのためこの種の見積もりは単純に，過去および現在の服役者人口から，将来のそれを推定するやり方に依存しているのが現状である。われわれはこの問題の一側面に対して，吸収マルコフ連鎖がより賢明な推定を与えてくれることを見ていこう。

　他の多くの国も同様だと思われるが，イギリスでは，刑務所に服役中の人びとの大多数は過去に拘留された経験をもっている。したがって現時点の服役者人口，服役者たちが釈放された時点，釈放されたかれらが「全うに生きる」確率，それにかれらが刑務所に舞い戻るまでにどれくらいの期間が経過するかがわかれば，それらは将来の服役者人口を予測するうえで非常に大きな助けとなる。うまい具合にここに，インディアナ州立矯正所が集め，マホニィとブローザンによって報告された関連データがある[1]。

　そのデータによると，インディアナ州において釈放された服役者のうち，

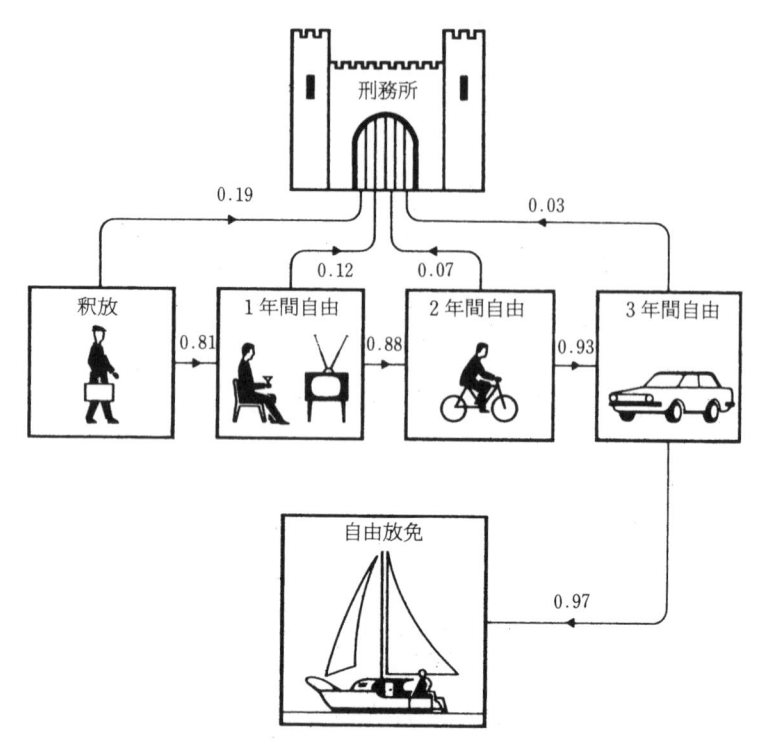

図1 囚人が釈放後にたどる過程

平均して19パーセントが1年以内に刑務所に逆戻りし，それ以外の者のうち12パーセントが2年以内に逆戻りしている。さらに残りのうち3年以内に逆戻りする者は7パーセントであり，それ以外の者のうちでは4～5年以内でみても3パーセントしか刑務所に逆戻りしていない。

われわれはこれらの数値を，1年間自由である状態から翌年には刑務所に逆戻りしている状態に移行することを表わす推移確率として，扱うことができる。また刑務所に逆戻りすることを吸収状態への到達として処理できる。もし先々4年間の刑務所事情にしか関心がないとすれば（それ以上は目先がきかないというわけではなく，むしろ計算上の簡略化の理由で），刑務所に逆戻りす

---

1) W.M.Mahoney and C.F.Blozan, *Cost Benefit Evaluation of Welfare Demonstration Projects,* Resources Management Corporation, Bethesda, Maryland, 1968.

ることなく5年を経過した状態を，同じく吸収状態として扱うことが可能である。釈放された服役者が他の罪状を問われることなく4年無事に通せば，われわれはかれのことを忘れ，永久に自由を獲得したものと見なすのである。ただし現実には，釈放されてから5年間再犯を犯さなかった者でも，その後の犯罪常習性がまったくないわけではない[2]。以上の連鎖は，図1のように流れ図で示すとよくわかる。

これからインディアナ州の服役中の囚人と刑期を終えた者に関する推移確率行列が導かれる。

$$
\begin{array}{c}
\\
\text{刑 務 所}(G) \\
\text{自 由 放 免}(F) \\
\text{釈 放}(0) \\
1\text{年間自由}(1) \\
2\text{年間自由}(2) \\
3\text{年間自由}(3)
\end{array}
\begin{array}{c}
\begin{matrix} G & F & 0 & 1 & 2 & 3 \end{matrix} \\
\left[\begin{array}{cc|cccc}
1 & 0 & 0 & 0 & 0 & 0 \\
0 & 1 & 0 & 0 & 0 & 0 \\
\hline
.19 & 0 & 0 & .81 & 0 & 0 \\
.12 & 0 & 0 & 0 & .88 & 0 \\
.07 & 0 & 0 & 0 & 0 & .93 \\
.03 & .97 & 0 & 0 & 0 & 0
\end{array}\right]
\end{array}
= \left[\begin{array}{c|c} I & 0 \\ \hline R & Q \end{array}\right]
$$

**何年自由でいられるか**　前章でやったように，この行列を，2つの吸収状態と4つの非吸収状態がそれぞれまとまるように並び替えることによって，4つの部分に分割する。このケースでは，部分行列 $Q$ の各行各列にはたかだか1つの非ゼロ要素しか含まれていない。たとえば1年間自由から1ステップで到達できる非吸収状態は2年間自由のみであって，3年間ないし4年間自由の状態には到達できないのだから，これは当然のことである。この性質によって，基本行列 $N$ の計算はずっと楽になり，電卓の電池節約に貢献してくれる。

まず $I-Q$ を求めると，

---

2) 例えばつぎの著書を参照せよ。R.F.Sparks, *Local Prisons: The Crisis in the English Penal System*, Heinemann, London, 1971.

である。

$$I - Q = \begin{bmatrix} 1 & -.81 & 0 & 0 \\ 0 & 1 & -.88 & 0 \\ 0 & 0 & 1 & -.93 \\ 0 & 0 & 0 & 1 \end{bmatrix}$$

である。この逆行列は，

$$N = (I - Q)^{-1} = \begin{bmatrix} 1 & .81 & .71 & .66 \\ 0 & 1 & .88 & .82 \\ 0 & 0 & 1 & .93 \\ 0 & 0 & 0 & 1 \end{bmatrix}$$

となる(数値は小数点2ケタでまるめている)[3]。$N$ の解釈の仕方は前章と同じである。$N$ の要素は，刑期を終えた者たちが各々の非吸収状態から出発したときに，各々の非吸収状態にいる平均時間を表わしている。刑期を終えた者たちは2年間自由から1年間自由の状態に逆戻りすることはできない。2年間自由の状態には，そこから出発したとき（そしてその初期ステップ）以外は留まることはできないのである。これが主対角線の下側の要素がすべて0であり，主対角線上の要素がすべて1であることの意味である。たとえば $N$ の第1行めはつぎのように読める。釈放された後，かれらは，確率.81で1年間自由であり，確率.71で2年間自由であり，確率.66で3年間自由である。

つぎに各々の非吸収状態を出発した後に，過程が吸収されるまでに要する平均ステップ数を計算しよう。その値を知るには，ベクトル $t(= N1)$ を求めればよいことを，われわれは前章で学んだ。ここの例では，

$$t = \begin{bmatrix} 1 & .81 & .71 & .66 \\ 0 & 1 & .88 & .82 \\ 0 & 0 & 1 & .93 \\ 0 & 0 & 0 & 1 \end{bmatrix} \begin{bmatrix} 1 \\ 1 \\ 1 \\ 1 \end{bmatrix} = \begin{bmatrix} 3.18 \\ 2.70 \\ 1.93 \\ 1.00 \end{bmatrix}$$

---

3) この逆行列の計算はぜひ自分でやってみること。その際，行列の左上隅から右下隅に走る主対角線の下側の要素がすべてゼロである場合に，なぜ逆行列の計算が簡単になるかを考えてみよ。

となる．刑期を終えた者が刑務所に逆戻りするか永久に自由になるまでに経過すると期待される，釈放時点からの平均時間は，3.18ステップであることがこれから見てとれる．またすでに1年間のシャバ生活をクリアした者に関しては，その値は2.70ステップである．他も同様に読めばよい．釈放されてから4ステップ後には，刑期を終えた者はすべて吸収状態に到達しているから，ベクトル $t$ は数値的に必ずつぎの2つのベクトルの間にある．

$$\begin{bmatrix} 1 \\ 1 \\ 1 \\ 1 \end{bmatrix} \sim \begin{bmatrix} 4 \\ 3 \\ 2 \\ 1 \end{bmatrix}$$

左側のベクトルは，刑期を終えたすべての者が釈放されたその年内に刑務所に逆戻りするケースに対応し，右側のベクトルは，刑期を終えたすべての者が矯正したかあるいは警察に捕まらなかったケースに対応している．$t$ の値が大きいほど，犯罪常習性の程度は低くなる．

**刑務所に逆戻りするまでの年数**　　前章ではまた，各々の非吸収状態から出発した吸収連鎖が，どの吸収状態にどれくらいの確率で吸収されるかを表わす，行列 $B\,(=NR)$ を問題にした．ここでもそれを計算してみよう．

$$B = NR = \begin{matrix} 0 \\ 1 \\ 2 \\ 3 \end{matrix} \begin{bmatrix} 1 & .81 & .71 & .66 \\ 0 & 1 & .88 & .82 \\ 0 & 0 & 1 & .93 \\ 0 & 0 & 0 & 1 \end{bmatrix} \begin{bmatrix} .19 & 0 \\ .12 & 0 \\ .07 & 0 \\ .03 & .97 \end{bmatrix} = \begin{matrix} G & F \\ \begin{bmatrix} .36 & .64 \\ .21 & .79 \\ .10 & .90 \\ .03 & .97 \end{bmatrix} \end{matrix}$$

これを見ると，釈放された服役者の36パーセントは4年のうちに刑務所に逆戻りし，少なくとも1年間シャバ生活をクリアした者でも，その21パーセントはやはり刑務所に逆戻りすることが予測できる．他の数値も同様に読めばよい．この結果をもちいれば，釈放後に新たな罪状を問われることになる者が，平均してどれくらいの自由を享受できるかを容易に計算できる．われわれは釈放時点から吸収状態までに平均3.18年かかることを，すでに知って

いる。そして釈放された者が刑務所に逆戻りしないとすれば吸収までに4ステップ必要であること，釈放された者の36パーセントが刑務所に逆戻りすると予測できることも既知である。

したがって釈放された者が刑務所に逆戻りするまでに要する平均ステップ数（平均自由期間）を未知数（$x$）として，つぎの方程式をえる。

$$3.18 = (1-0.36) \times 4 + .36x$$

これを解けば，

$$x = 1.72$$

である。よって釈放された服役者のうち36パーセントが刑務所に逆戻りし，しかも釈放時点からそのときまでに要する平均期間は1.72年である，ということを予測できるのである。

もちろんこのモデルは，刑務所施設の計画策定に無条件に役立つわけではない。推移確率が不変であるという仮定が現実的な妥当性をもっていなければならないし，もしそれが不変でないとしたら，どのように変わる傾向があるかを知っていなければならない。後者の場合，警察の能力が向上したり低下したりしたときに，あるいはまた裁判官の判決方針がゆるくなったり厳しくなったりしたときに，服役者人口にどのような変化が生じるかをシミュレートするモデルを発展させることができる。

服役者たちがマルコフ性の仮定に照らして十分に同質的でないために，もっともな結果がえられない，ということもあるだろう。ちょうどブルーメンたちが，かれらの社会移動のモデルが現実の説明に失敗したのは，2つの異なる集団（移動者と停留者）が混在していたためだと考えたのと同じことで，服役者の中にはまったく異なるレベルの再犯可能性をもつ集団が，混在しているかもしれない。こうした可能性は，再犯率と犯罪の種類との関係をみることで考慮できる。たとえば配偶者殺人のような犯罪に関しては，再犯率は非常に低いと考えられる。警察があるタイプの犯罪に対して，犯人の発見により多くの労力をつぎ込むということもある。またあるタイプの犯罪においては犯人の「仕事のやり方」が非常に目立ちやすく，したがって逮捕される可能性も高くなるだろう。

本章で扱ったようなモデルによって，刑罰システムの複雑な問題を有効に描き出すためには，まだまだたくさんのことが検討されなければならない。けれども現時点においても，この種のアプローチの生産性を認める研究者は多い。

**理解を深めるために**　これまで扱ってきたデータはあらゆるタイプの犯罪をひっくるめたものであったが，そこでえられた上記の結果と，特定タイプの犯罪についての細かいデータからえられる結果を比較してみたい，という読者も多いだろう。一般に偽造犯や横領犯の犯罪常習性は相対的に高く，強盗犯のそれは平均して低いといわれる。そこでインディアナ州のデータから，偽造犯・横領犯および強盗犯についてそれぞれ作成した推移確率行列を，以下に掲載する。

A：偽造犯・横領犯の推移確率行列

|   | G | F | 0 | 1 | 2 | 3 |
|---|---|---|---|---|---|---|
| G | 1 | 0 | 0 | 0 | 0 | 0 |
| F | 0 | 1 | 0 | 0 | 0 | 0 |
| 0 | .30 | 0 | 0 | .70 | 0 | 0 |
| 1 | .16 | 0 | 0 | 0 | .84 | 0 |
| 2 | .07 | 0 | 0 | 0 | 0 | .93 |
| 3 | .04 | .96 | 0 | 0 | 0 | 0 |

B：強盗犯の推移確率行列

|   | G | F | 0 | 1 | 2 | 3 |
|---|---|---|---|---|---|---|
| G | 1 | 0 | 0 | 0 | 0 | 0 |
| F | 0 | 1 | 0 | 0 | 0 | 0 |
| 0 | .09 | 0 | 0 | .91 | 0 | 0 |
| 1 | .01 | 0 | 0 | 0 | .99 | 0 |
| 2 | .12 | 0 | 0 | 0 | 0 | .88 |
| 3 | .04 | .96 | 0 | 0 | 0 | 0 |

**問題1** これら2つのデータに本章と同様の分析を施し，吸収過程を相互に比較してみよ．

## 2．集団圧力と同調

**コーエンの実験**　つぎに紹介する吸収マルコフ連鎖の分析例は，これらの連鎖が社会過程の記述にうまく活用できることを示した，もっとも著名な研究である．この研究は，集団圧力にさらされた個人の行動を分析したものであり，社会心理学者のコーエンによってなされた[4]．

コーエンがおこなった実験は，つぎのようなものである．まず7人の訓練されたサクラを1列に並べて座らせ，その最後になにも知らない1人の被験者を座らせる．実験者はかれらの前に2枚のカードを掲げて見せる．一方のカードには基準線となる1本の黒線が書かれており，他方のカードには3本の黒線が書かれている．後者の3本のうち1本は，明らかに基準線と同じ長さの線である．被験者たちは，3本のうち基準線と同じ長さのものはどれだと思うかを，順番に声にだして答えなければならない．まずサクラから順に答え，被験者は最後に答える．サクラは全員一致で間違った解答を答えるように言い含められており，それによって哀れな被験者は集団圧力にさらされる．ひととおり被験者たちが回答を終わると，また新たなカードの組が提示され実験が繰り返される．

コーエンは，たかだか35回の実験反復のうちに，どの被験者も同じ回答を続けるようになることに気づいた．すなわち実験反復を重ねるうちに，被験者は常に非同調の態度をとる（集団圧力に逆らって常に正解を答え続ける）ようになるか，さもなければ常に同調の態度をとる（集団圧力に屈して常にサクラと同じように答え続ける）ようになるのである．この段階に達するまでに被験者の多くは何度も，正しい答えから多数意見に回答を変えたり，また逆に戻したりしている．たとえばある1人の被験者の回答の記録を見ると，つぎのよ

---

4) B.P.Cohen, *Conflict and Conformity: A Probability Model and its Application,* MIT Press, Cambridge, Mass., 1963.

うなものである。TTTMMTTTMMMTTTTMTTTTTTTTT TTTTTTTT（Tは正しい答えを，Mは間違った多数意見を表わす）。

　コーエンはこの過程を吸収マルコフ連鎖としてとらえようとした。どんな人も最終的には，もはや態度を変えることのない完全同調者になるか，あるいは完全非同調者になる。その意味で2つの吸収状態が存在する。ただし初めの段階では，人びとは一時的な非同調者か一時的な同調者であるにすぎず，態度を変えてもよい。このように考えると，上記の過程は以下のような推移確率行列で表現できる。

$$\begin{array}{c}\\ \text{完全非同調}\\ \text{完全同調}\\ \text{一時的非同調}\\ \text{一時的同調}\end{array}\begin{array}{c}\\ 1\\ 2\\ 3\\ 4\end{array}\begin{array}{cccc}1 & 2 & 3 & 4\\ \left[\begin{array}{cccc}1 & 0 & 0 & 0\\ 0 & 1 & 0 & 0\\ p_{31} & 0 & p_{33} & p_{34}\\ 0 & p_{42} & p_{43} & p_{44}\end{array}\right.\end{array}$$

左下の部分($R$)に0の要素が含まれているのは，人びとは一時的同調の段階を経ることなしに一時的非同調から完全同調に直接移行することはできない，というコーエンのもっともな仮定を反映している。

　**人はいつ同調者になるか**　じつはこのモデルにはやっかいな問題がともなう。というのも，実験結果からは人びとがどの状態にいるかを直接知ることはできないからである。推移行列の4つの状態は被験者の心の中の状態であって，われわれが外から観察できるのはかれらの回答だけである。この問題は，特定の被験者の上に例示したような回答の系列を，かれの心の状態の変化に対応づけようとするときに，すぐに突き当たる。回答系列の初期部分に関してはさほど問題はなく，回答が何度も変わっているから，心の状態も一時的に移り変わっていると考えてよい。すなわち最初の17回に関しては，つぎのような心の状態の変化に対応づけられる。3 3 3 4 4 3 3 3 4 4 4 3 3 3 3 4 3（3が一時的非同調に，4が一時的同調にそれぞれ対応する）。問題はこの後である。この例だと，被験者が最終的には状態1（すなわち完全非同調）に到達することはわかるのだが，いつその状態への移行が生じるかがわからない。

この問題は，多くの人間行動のモデルに共通して生じる問題である。なぜならそうしたモデルでは，直接には観察不可能な概念がもちいられることが少なくないからである。実際にはそれに気づかれていないケースもある。たとえば前章でもちいたレスターからロンドンまでの手紙の旅の架空例において，われわれは手紙がどの段階で行方不明になったかを知っていると仮定した。しかしながら，推移確率を推定するためにわれわれがせいぜいできることは，手紙が配達されたか，あるいはまだどちらかの郵便局にあるかを確認することくらいである。何週間経っても手紙が配達されていなければ，その手紙は行方不明になったとみなせるだろう。しかしわれわれは，それがいつ行方不明になったのかを正確に知ることはできない。

　この問題は克服できないわけではないが，そのためにはかなりの工夫が要求される。少なくともブルーメンとかれの同僚たちの社会移動モデルと同じようなやり方で，このモデルを使用することはできない。過程がどの状態にいるかを識別できなければ，初期ステップの状況から推移確率を推定することはできない。また推移確率を一定としたときにどういう状況が予測されるかを調べることによって，モデルをテストすることもできないのである。もちろん，それらの予測を現実のデータと突き合わせることも不可能である。

　**ひとつの解決法**　ここで高度にテクニカルな議論にまで立ち入る余裕はないが，この問題に対する1つの解決法を概観しておくことは有用だろう。その方法は，推移確率の推定値をうるために，実験情報のすべて（コーエンの被験者全員の，初期の回答系列のみならず回答系列の全体）を利用することを，基本とする。そうすれば，推定された推移確率から諸々の吸収状態に吸収される連鎖の比率（つまり行列 $B$）を予測するのではなしに，むしろ逆に，まず行列 $B$ に対応する観察データをえて，そこからそのような結果を生起させる推移確率を推論することが可能になる。

　問題はこうしてえられた推定値をどのように扱うかである。明らかにこれらの推定値を，諸々の吸収状態に吸収される比率の予測に使うことはできない。なぜならそれらの確率は実験データから推定されたのだから，そうした予測は当の実験結果を正確に再現するだけのことになってしまう。結論をいえば，われわれはつぎの2つのうちいずれかのやり方で，これらの推移確率

の推定値を利用しなければならない。その1つは，別の実験の結果を予測するためにこれを利用することであり，いま1つは，当の実験データに対してまったく別の予測を工夫するためにこれを利用することである。

ケメニーとスネルは，この後者のやり方を採用することで，コーエンの研究の発展を試みた[5]。かれらはコーエンの実験データから推定された推移確率をもちい，やや複雑な数学的処理を施すことによって，ある特定回数だけ回答を変えた被験者の平均人数を予測したのである。これらの実際の人数は実験データからわかる。しかもこれは推移確率の推定に使われていない情報なので，手続き的にも正当である。ケメニーとスネルはそこからさらにモデルの改良を試み，コーエンの実験結果にうまく適合する予測をえている。

**理解を深めるために**　ここで練習問題として，コーエンの実験データに対してケメニーとスネルが推定した，以下の推移確率行列を使ってみよう。

$$
\begin{array}{c}
\\
\text{完全非同調}\\
\text{完全同調}\\
\text{一時的非同調}\\
\text{一時的同調}
\end{array}
\begin{array}{c}
\\ 1 \\ 2 \\ 3 \\ 4
\end{array}
\begin{array}{cccc}
1 & 2 & 3 & 4 \\
\end{array}
\left[
\begin{array}{cc|cc}
1 & 0 & 0 & 0 \\
0 & 1 & 0 & 0 \\
\hline
.06 & 0 & .63 & .31 \\
0 & .05 & .46 & .49
\end{array}
\right]
= \left[
\begin{array}{c|c}
I & O \\
\hline
R & Q
\end{array}
\right]
$$

**問題2**　行列 $N=(I-Q)^{-1}$，行列 $B=NR$，およびベクトル $t=N\mathbf{1}$ をそれぞれ計算し，それらの要素に解釈を加えよ。

もし計算が間違っていなければ，集団圧力に対する被験者たち(実際には大学生)の従順さに，改めて驚かされるであろう。(読者はつぎの一連の結果に到達するはずである。被験者が態度を固定するまでに，平均して18反復の実験が必要であること。自分の目で見たことであるにもかかわらず，非同調から出発した被験

---

5) J.G.Kemeny and J.L.Snell, *Mathematical Models in the Social Sciences,* Ginn & Co., Boston, 1962.（甲田和衛・山本国雄・中島一訳，『社会科学における数学的モデル』，培風館，1966.）

者のうち約34パーセントが最後には集団圧力に屈して同調者となり,もともと同調者であった者では約40パーセントが同調者で終わること。)

## 3. マルコフ・モデルを応用するときの諸問題

**欠陥対角線の問題**　われわれは第7章において,ブルーメンたちによって考案された産業移動に関する最初のマルコフ連鎖モデルが,同一産業内に留まる人びとの人数を予測することに失敗したのを見てきた。この欠陥が,ブルーメンたちをして移動者―停留者モデルの開発を促したのであった。主対角線の要素を過小推定してしまうというこの問題は,じつは社会的行為の分析にマルコフ連鎖を応用しようとする研究の多くに共通している。おそらくそれは,この方法がもつ一般的な弱点だといってよいだろう。

たとえば市場調査においても,この**欠陥対角線**(deficient diagonal)への言及がしばしばみられる[6]。市場調査においては,特定の商品ブランドの最終的な市場シェアを推定するために,消費者が購買を重ねるなかでブランドを変えてゆくそのやり方が調査される。そうしてえられた観察データから推移確率を推定し,それが将来も変わらないと仮定したうえでマルコフ連鎖を適用し,諸々のブランドの将来の売上を予測するのである。ところがその予測は常に,特定ブランドに固着する人びとの数を過小推定してしまう。

この典型的な例が,コールマンによって指摘されている[7]。かれの研究は,アメリカ合衆国の主婦を対象とし,「インスタント・パンケーキ」と呼ばれる商品の購買行動を3時点にわたって追跡調査したものである。この商品はアメリカではよく買われており,当時3つの有名ブランドがあった。最初の2回の購買結果からコールマンが推定した推移確率は,以下のとおりであった。

---

6) 人びとの消費行動(どの商品を購入するか)を分析するためにマルコフ連鎖がどのように使われるかを知りたければ,つぎの文献が詳しい。W.F.Massey, D.B.Montgomery and D.G.Morrison, *Stochastic Models of Buying Behavior,* MIT Press, Cambridge, Mass., 1970.

7) J.S.Coleman, *The Mathematics of Collective Action,* Heinemann, London, 1973.

$$\begin{array}{c} \phantom{ブランドX} \begin{array}{ccc} \text{X} & \text{Y} & \text{Z} \end{array} \\ \begin{array}{c} \text{ブランドX} \\ \text{ブランドY} \\ \text{ブランドZ} \end{array} \left[ \begin{array}{ccc} .72 & .17 & .11 \\ .16 & .66 & .18 \\ .09 & .16 & .74 \end{array} \right] = P \end{array}$$

この行列によれば，最初の調査時点でブランドXを買っていた主婦のうち，72パーセントは2回めも同じブランドを購入するが，17パーセントはブランドYに，11パーセントはブランドZに変わってしまう。

もしこれらの確率が不変であるならば，これまでと同じように $P^2$ を計算してやれば，当初どのブランドを買っていたかに応じて，3度めの購買時に各々のブランドを買う主婦の割合を予測できる。実際に計算してみると，

$$P^2 = \left[ \begin{array}{ccc} .56 & .25 & .19 \\ .24 & .49 & .27 \\ .16 & .24 & .59 \end{array} \right]$$

となる。この結果を，以下に掲載する3時点めの現実の調査結果と比較してみよう。

$$\begin{array}{c} \phantom{最初の購買Y} \text{3度めの購買} \\ \phantom{最初の購買Y} \begin{array}{ccc} \text{X} & \text{Y} & \text{Z} \end{array} \\ \text{最初の購買} \begin{array}{c} \text{X} \\ \text{Y} \\ \text{Z} \end{array} \left[ \begin{array}{ccc} .67 & .20 & .13 \\ .21 & .58 & .21 \\ .10 & .16 & .74 \end{array} \right] \end{array}$$

両者を比べると，$P^2$ の対角線上の要素はすべて現実の対応する値より小さく推定されており，逆に非対角線の要素はすべて過剰推定されている。確かに欠陥対角線が生じている。

**いくつかの解決法** さて，モデルを修正してより良い結果をえるための2つの可能な方法について，われわれはすでに議論した。その第1は，移動者―停留者モデルの方法である。これは一般的にいえば，2つの異質な集団の存在を仮定する方法であって，さきの例でいえば，ブランドを変える確率

が明らかに違う2つの消費者集団を区別することになる。産業間移動モデルにおいてはわれわれは極端な仮定を採用し、停留者が産業部門の間を動く確率をゼロとした。直観的にいって、こうした方法は欠陥対角線の問題を避けるのに役立つ。第1ステップを終えた後になお同一産業に残された人びと、あるいは同一ブランドのインスタント・パンケーキを買い続けている人びととの中には、以前に比べれば、移動したりブランドを変えたりする確率の低い集団が、より高い比率で残存すると考えられる。それゆえこのようなモデルは、同一産業に停留する人びとの数を多めに推定できるし、将来の特定ブランドへの固定化傾向を描きだすこともできるだろう。

さらに数学的な精巧化を目指そうとした研究者たちは、異なる推移確率をもつ対象集団を3つ以上許容するモデルも開発してきた。ただしそこにおいては、モデルの数学的定式化が難しくなるだけでなく、それぞれの集団のサイズや対応する推移確率を推定する作業もやっかいになる。とくに、これらの推移確率の推定に観察データの情報をすべて使ってしまい、モデルの予測的価値をテストするための情報がない、という事態に陥らないよう注意が必要である。

第2の方法は、問題の過程を正則連鎖ではなく、吸収連鎖として把握してみることである。その具体的なやり方については、すでに見てきたとおりである。すべての個人は吸収される（パンケーキの例では最終的にどれかの特定ブランドに完全に固定化する）チャンスをもっているのだから、当然、そこから動くことなくひとつの状態に留まる人びとの割合は増大する。したがってもし吸収状態に向かう推移確率をうまく推定できれば、われわれは欠陥対角線の問題を回避することができるだろう。ただし、吸収状態は心の状態であることが多く直接観察できないという、この方法が直面する別の問題（解決できないわけではないが）には注意しておかなければならない。移動者は究極的にはどこかに定着するというアイデア自体は説得的なのだが、いつその状態への移行が生じたかを確定することは実際難しい。この問題を解決するためには、本書よりもさらに柔軟に数学を駆使していくことが要求される。

以上の2つの改良モデルは、多くの点で基本的なマルコフ・モデルと同様の性質を保持している。その1つとして、ある状態から他の状態に移る確率は、単純にわれわれが出発したその状態にのみ依存し、それ以前の経過は関

係しない。もちろんそれでうまく記述できれば問題ないのだが，中にはそれで適切に記述できない過程もあるだろう。たとえば，以前にブランドYを買っていた人がブランドXに切り替える確率は，さらにそれ以前にブランドZを試したことがあるかどうかに依存するかもしれない。同じように産業間移動の決定因が，労働者のそれまでの移動経験全体に依存することも，十分にありうる。

このような観点を取り入れたモデルは，高次の (higher order) マルコフ連鎖として知られている。本書でこれまで扱ってきたのは1次のマルコフ連鎖であり，それは単純に，現時点において過程がいる状態にのみ依存する推移確率をもつものであった。それに対して2次のマルコフ連鎖の推移確率は，現時点およびその1ステップ前の時点で過程がいた状態に依存する。高次のマルコフ連鎖についてこれ以上詳細を述べる余裕はないが，さきに扱った市場調査の問題に対する分析においても一定の成功を収めているので，興味のある人はぜひ文献に当たってほしい[8]。

理由はそれぞれに異なるが，これらの基本モデルのどの改良モデルにおいても，結果としては，ある観察可能な状態から他の状態に移行する推移確率が時間とともに変化する。われわれがつぎに扱う例は，確率が個人の経験の結果として変わるだけでなく，個人をとり巻く環境の変化によっても変わる，と想定できるような研究領域からのものである。

## 4．ニュースの伝播過程

**情報はどこまで伝わるか**　われわれはすでに第6章において，うわさの伝播過程について議論した。そこで扱ったうわさは特殊なもので，Xが真か偽かのいずれかの形で伝達されるものであった。そして，Xは正しいと伝え聞いた人の比率と，Xはうそだと伝え聞いた人の比率に焦点を当てる形で，過程の結果を吟味した。しかしながら，情報の多くはこうした形をとらない。メッセージが人から人へ伝達されるうちに歪められることはあるにしても，

---

8) コーヒーのブランドを例にとって高次の連鎖を応用した文献として，つぎのものを推薦しておく。R.G.Frank, 'Brand choice as a brobability process', *Journal of Business,* Vol. 35, pp.43-56, 1962.

その歪曲が正反対の形をとるとは限らないであろう。そこでここでは，その内容や真偽は問わずに，ニュースの伝播それ自体を記述してみよう。

直ちに生じる疑問は，ニュースを聞いた人の人数がなにによって決まるのかということだ。6章のうわさの伝播モデルでは，各人はそれまでになにも伝え聞いていないただ一人の他者にうわさを伝える，という仮定が置かれていた。この仮定にしたがえば，当該人口の全員が真偽いずれかの形でうわさを伝え聞くまで，伝播過程は進行することになる。もちろん，うわさの中継を怠った誰かによって連鎖が中断されることも許容されるが，そのような中断がいつ起こると予想されるかを，このモデルから判断することはできない。情報の伝播を分析するためには，この仮定を，情報伝達者の性質を加味したなんらかの別の仮定に置き換えなければならない。

情報伝達者たちがある特定のニュースを広めていくとき，後になるにつれて伝達の熱意が薄れていく，と仮定するのは自然である。情報が広まっていけば，自ずとその話題性と新鮮味は失われていく。また情報通でとおっている人は，すでに知っている人たちにニュースを伝えることはしない。普通の人でも，自分がもっているニュースをすでに知っている人たちに出会えば，それ以上誰かに伝えようとはしなくなるだろう。われわれはこのごく当たり前の着想にもとづいて，モデルを構築し，情報の伝播過程を調査したある観察データを説明してみることにする。

**1つのデータ**　1950年代に合衆国空軍は「リビア計画」という一連の調査実験を主催した[訳注1)]。この計画の背後にあった基本的な目的は，人びとにニュースを知らしめる方法として，飛行機からのビラ散布がどれほど有効かを測定することにあった。その実験の1つにつぎのようなものがある。

ある村に住む210人の女性から42人が選ばれ，その人たちにあるコーヒーのブランドに関する宣伝文句が告げられる。その人たちは村の他の女性たちにその宣伝文句を伝えるように依頼され，調査員が戻ったときにその宣伝文句を知っていた女性には，無料でコーヒー豆が配られることも知らされる。2

---

訳注1)　リビア計画とは，ポール・リビア（1735-1818）の名にちなんだプロジェクトである。リビアは米国の独立戦争当時のボストンの愛国者で，1775年4月18日の夜，騎馬で各植民地に英軍の進軍を知らせ回ったことで有名な人物である。

日後に調査員が戻って調べたところ，村の女性たちは，情報をまったく受け取っていないか，「発信源の女性」の1人から直接聞いたか，1人を挟んでまた聞きしたか，2人を挟んでまた聞きしたか云々，にしたがって類別できることがわかった．1人また聞きを1，2人また聞きを2，……で表わし，知らなかった人をIで表わすと，その結果は以下のような一覧表にまとめられる．

| | 1 | 2 | 3 | 4 | 5 | I | 合計 |
|---|---|---|---|---|---|---|---|
| 女性の人数 | 69 | 53 | 14 | 2 | 4 | 26 | 168 |

発信源から6人以上を挟んでまた聞きした人はおらず，まったく知らなかった女性は26人いた．実験者たちは，ニュースの拡散が完了するのに十分な時間を設定したつもりだったのに，この結果である．つまりコミュニティの成員の全員がそれを知る前に，ニュースの新鮮味は完全に失われたということだ．情報を受け取らなかった人の多さもさることながら，受信者の世代（1，2，3，4，5）とでもいうべき現象に，実験者たちはとりわけ興味を抱いた．メッセージがより多くの人に媒介されて伝達されるほど，その正確さが失われていく傾向が併せて観察されたからである．

さて，情報伝達者の性質に関するさきの仮定によって，この表の分布を説明することを考えよう．まず第1にわれわれは，どの女性も等確率で他のすべての女性と出会う，そしてまた同じ頻度で出会う，という仮定を置く．われわれはこの村の社会生活についてなにも知らないのだから，このように仮定する他はない．宣伝文句が伝えられなかった26人が，実際には浮浪者や世捨て人である可能性がないわけではないが，それはモデルが失敗してから考えればよいことである．第2に，ニュースを知った人びとは，それをすでに知っている人に出会うまで，他者と出会うたびにそれを伝えるものと仮定する．逆にいえばニュースの新鮮味が無くなったと知るやいなや，彼らはそれを他人に伝えようとする意欲を失うのである．人は誰しも，いつまでも古いニュースにしがみついていて笑われたくはない．

こうして村の中にはいつも，ニュースを広めようとする人びと（伝達者），事実上ニュースの拡散を押しとどめようとするかつての伝達者たち（鎮圧者），それにニュースをまったく知らない人びととがいることになる．個人が無知の

状態から伝達者としての状態に移行する確率，そしてまた伝達者から鎮圧者に移行する確率は，明らかにこれら3つの状態に人びとがどのように分布しているかに依存する。したがってこれらの状態間の推移確率は，時間とともに変化せざるをえない。しかしながら過程の出発時点においてそれぞれの状態にいる人びとの人数，したがって初期の推移確率がわかれば，われわれは推移確率が変化する仕方を追跡し，過程の結果を調べることができる。

**吸収連鎖によるモデル化**　ここで $G_0$, $G_1$, $G_2$, $G_3$, ……を，情報伝達の過渡的な状態として定義する。添字の0は実験者から直接宣伝文句を聞いたことを表わし，1は情報源である42人の誰かから聞いたことを表わし，さらに2は情報源から1人を挟んでまた聞きしたことを表わす（以下同様）。同じように $S_0$, $S_1$, $S_2$, ……を，ニュースの鎮圧者となった状態として定義する。添字の0は鎮圧者となる直前において42人の源泉伝達者の1人であったことを，1は同じく第1世代の伝達者であったことを表わす（以下同様）。これらの状態Sは，いうまでもなく吸収状態である。最後に，ニュースをまったく知らない状態を，状態Iとして定義する。

出発時点においては，.2の人びと（210人のうち42人）がニュースを知っている。過程におけるステップの長さは，村のある女性が他の女性に出会うまでの時間として考える。そうすると第1ステップにおいて，1人の伝達者がニュースを知らない人に出会って，その人にニュースを伝える確率は.8である。また自分以外の伝達者に出会って鎮圧者になる確率は，.2である。第1ステップにおいてはたかだか第1世代の伝達者しか存在しえないから，第1ステップの推移確率行列は以下のようになる。

$$
\text{最初の出会いの前}\begin{array}{c} \\ S_0 \\ G_0 \\ G_1 \\ I \end{array}
\overset{\displaystyle \text{最初の出会いの後}}{\begin{array}{cccc} S_0 & G_0 & G_1 & I \end{array}}
\begin{bmatrix} 1 & 0 & 0 & 0 \\ .2 & .8 & 0 & 0 \\ 0 & 0 & 1 & 0 \\ 0 & 0 & .2 & .8 \end{bmatrix} = P_1
$$

（第1ステップの開始時点では $G_1$ には誰もいないから，$G_1$ の行に配置した確率は

当面問題にならない。ただ空白にしておくのも変なので，$G_1$の列に1を入れ，他の列にはすべて0を配置した。）

この行列は，実験者によってニュースが流された後に初めて人びとが出会ったとき，どういうことになるかを，手際よく要約してみせている。その様子は図2のような樹木図でもうまく表わせる。

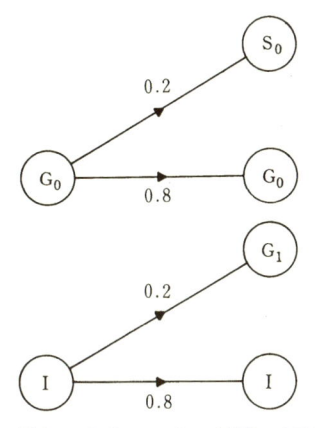

図2　最初の出会いによる情報の伝達過程

**ニュースの伝播過程を追う**　すでに何度も学習したように，この行列に，各状態の出発時点の人口比率を表わす初期ベクトルを左から掛け合わせてやれば，最初の出会いの後にそれぞれの状態にいる人びとの割合を算出できる。ここでの初期ベクトルは，

$$\begin{array}{cccc} S_0 & G_0 & G_1 & I \\ [\quad 0, & .2, & 0, & .8\quad] = f_1 \end{array}$$

であるから，われわれは第2ステップ開始時点における新たな初期ベクトルとして，以下をうる。

$$\begin{array}{cccc} & S_0 & G_0 & G_1 & I \\ f_1 P_1 = [ & .04, & .16, & .16, & .64\quad] \end{array}$$

これらの比率から，第2ステップにおける推移確率行列を計算しよう。たとえば，情報を知らない人は，.16の確率で第0世代の伝達者と出会い，第1世

代の伝達者になる。その人が第1世代の伝達者に出会って第2世代の伝達者になるチャンスも，同じく.16である。またその人が情報を知らないまま第2ステップを終える確率は.68になる（その人は.64の確率で情報を知らない人に出会い，.04の確率で鎮圧者に出会うが，そのいずれもその人に情報を伝えてくれないので，.64＋.04）。同様に考えていけば，問題の推移確率行列 $P_2$ は，

2回めの出会いの後

2回めの出会いの前

$$\begin{array}{c c}  & \begin{array}{cccccc} S_0 & S_1 & G_0 & G_1 & G_2 & I \end{array} \\ \begin{array}{c} S_0 \\ S_1 \\ G_0 \\ G_1 \\ G_2 \\ I \end{array} & \left[\begin{array}{cccccc} 1 & 0 & 0 & 0 & 0 & 0 \\ 0 & 1 & 0 & 0 & 0 & 0 \\ .36 & 0 & .64 & 0 & 0 & 0 \\ 0 & .36 & 0 & .64 & 0 & 0 \\ 0 & 0 & 0 & 0 & 1 & 0 \\ 0 & 0 & 0 & .16 & .16 & .68 \end{array}\right] = P_2 \end{array}$$

となる。この $P_2$ に，以下の第2ステップに対する初期ベクトル，

$$\begin{array}{cccccc} S_0 & S_1 & G_0 & G_1 & G_2 & I \end{array}$$
$$[\ .04,\ 0,\ .16,\ .16,\ 0,\ .64\ ] = f_2$$

を掛け合わせてやると，2回めの出会いの後の新たな期待分布が算出される。すなわち，

$$\begin{array}{cccccc} S_0 & S_1 & G_0 & G_1 & G_2 & I \end{array}$$
$$[\ .098,\ .058,\ .102,\ .204,\ .102,\ .435] = f_2 P_2$$

という具合である。

あとはこの手順を繰り返していけばよい。この作業は，図3のように樹木図に次々と枝を描き加えていくのと同じことである。当然ながら，出会いを繰り返すごとに樹木はより複雑に分枝していくことになる。（練習問題として，図3の3回めの出会いに対応する各々の枝に，推移確率を記入してみよ。）

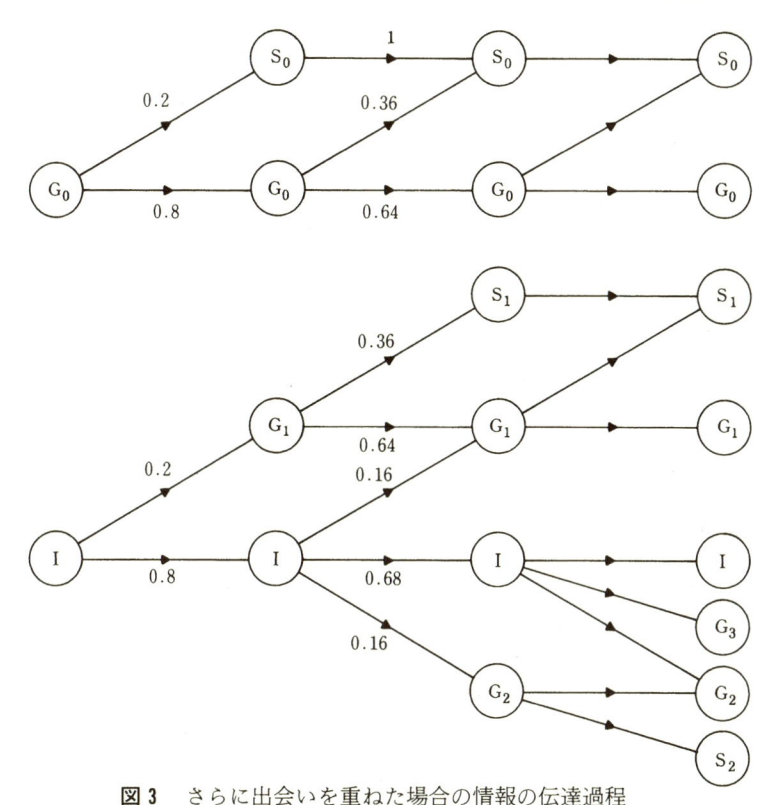

**図3** さらに出会いを重ねた場合の情報の伝達過程

**データによる経験的テスト**　さて以下に示すのは，7回めの「出会い」の後に期待される各状態の分布である．

$$\begin{matrix} S_0 & S_1 & S_2 & S_3 & S_4 & S_5 & S_6 \\ [\ .200, & .321, & .235, & .091, & .020, & .009, & .001, \end{matrix}$$

$$\begin{matrix} & G_0 & G_1 & G_2 & G_3 & G_4 & G_5 & G_6 & G_7 & I \\ & 0, & 0, & .001, & .001, & .001, & .001, & 0, & 0, & .125] \end{matrix}$$

明らかにすでにこの段階で，ニュースの伝播過程は終わりを迎えようとしている．どうみても伝達者として残っている人はごくわずかだし，しかも情報を知らない人が無視できない人数が残されたままである．このベクトルから，実験者から直に宣伝文句を聞いた人を除く168人の村の女性のうち，何人が情

報を知らないまま残り，何人がそれぞれ第1〜第5世代の受信者になったかを計算することができる。それらの期待人数を，リビア計画の実験で実際に観察された人数と比較してみたのが，下の表1である。(残存している伝達者はゼロに等しいとみなしうるので，表1の期待人数は $S_1$〜$S_5$ および I のみから計算した。)

表1 モデルの予測結果と現実データとの比較

|  | 受信者の世代 |  |  |  |  | 非受信者 | 合計 |
| --- | --- | --- | --- | --- | --- | --- | --- |
|  | 第1 | 第2 | 第3 | 第4 | 第5 |  |  |
| 実験における観察人数 | 69 | 53 | 14 | 2 | 4 | 26 | 168 |
| モデルによる期待人数 | 67.4 | 49.3 | 19.1 | 4.2 | 1.9 | 26.1 | 168 |

これをみると，期待人数は現実の観察人数にきわめて近い値を示している。この2つの分布を比較した統計的検定（カイ2乗：$\chi^2$ 検定として知られている方法[9]）の結果からも，両者は十分近似しており，われわれのモデルは現実過程を適切に表現しているという主張を支持できることが明らかとなる。

われわれはこの節で，データからではなく，モデルの諸仮定から推移確率を推定するやり方を学んだ。ここでもちいられた仮定は，①どの人も均等のチャンスをもって他者と出会う，②すでに情報を知っている他者に出会った人は直ちに情報の伝達を止める，という2つであり，それらによって推移確率は決定されたのである。このような2つの極端な仮定によって上表のような良い結果がえられたことに，疑問を感じる読者も多いだろう。たしかに上表の結果は単に偶然の一致であるかもしれない。しかしながらその点を差し引いてみても，この種のアプローチによるモデル分析が，ニュースや流行の伝播，新製品の消費量の盛衰といった社会的過程を把握するために，きわめ

9) 実際に $\chi^2$ を計算してみると，1.68という値になる。ただし受信者の第4世代と第5世代の期待人数が小さいため，この両者は合併している。$\chi^2$ 分布表から5パーセント有意水準に対応する限界値を読み取ると，9.49である。さきの1.68という検定量はこの値より小さいので，仮定されたモデルを適合度の悪いものとして棄却することはできない。

この検定法に馴染みのない読者で，もっと詳しく知りたい人は，もよりの統計学のテキストをめくってほしい。ここでは以下の本を推薦しておく。Peter Sprent, *Statistics in Action*, Penguin, Harmondsworth, 1977 (chapter 3), (広松毅ほか訳，「実例による統計学」，啓明社，1982.)

て役に立つことは疑いない[10]。

## 練習問題

**9-1.** ニュースの伝播が鎮圧されたというわれわれの仮定は，見当はずれだったとしてみよう。すなわち，情報を知った人は常にそれを伝達しようとしたのだが，実験者が結果を調査しに戻ってくるまでに4回の「出会い」を可能にする時間しかなかった，と想定してみる。このとき，モデルの予測結果が下表のようになることを示せ。またこの結果を，実験で観察された人数と比較してみよ。

| 受信者の世代 | | | | |
|---|---|---|---|---|
| 第1 | 第2 | 第3 | 第4 | 非受信者 |
| 84.7 | 59.3 | 16.6 | 1.5 | 5.9 |

---

[10) かなり数学的訓練を積んだ読者には，バーソロミューの以下の著書の第8章の一読をお薦めする。そこでは本節でとりあげたようなモデルが，数学的により厳密な形で吟味されている。D.J.Bartholomew, *Stochastic Models of Social Processes,* Wiley, New York, 1967.

　本節で扱ったようなモデルは，流行病の感染を分析するために医療統計学者によってもちいられ，一定の成功を収めてきたモデルと，非常に類似している。たとえばニュースをはしかに置き換え，人びとを病菌媒介者，以前の保菌者，免疫になった人，感染の可能性がある人に類別してみれば，ニュースの伝播モデルと流行病の感染モデルがきわめて似通っていることがわかるだろう。

# 10 人口動態のシミュレーション

## 1. 生存行列

**人間は誰でも年をとる**　人間の生涯を吸収マルコフ連鎖とみなしてみよう。悲しいことだが，われわれ全員が，シェークスピアのいう7つの年代をたどることができるとは限らない[1]。しかしこの世にひとたび生まれてくれば，どんな人でもある年齢から次の年齢に移るか，あるいはある年齢から死亡という吸収状態に移るか，どちらかの過程にいるのである。これは，きわめて特殊で単純なマルコフ連鎖である。つまりこの連鎖において，われわれは死亡しない限り，いついかなるときでも厳密に暦の順序に従って，諸状態（つまり年齢）を経由してゆくのである[2]。

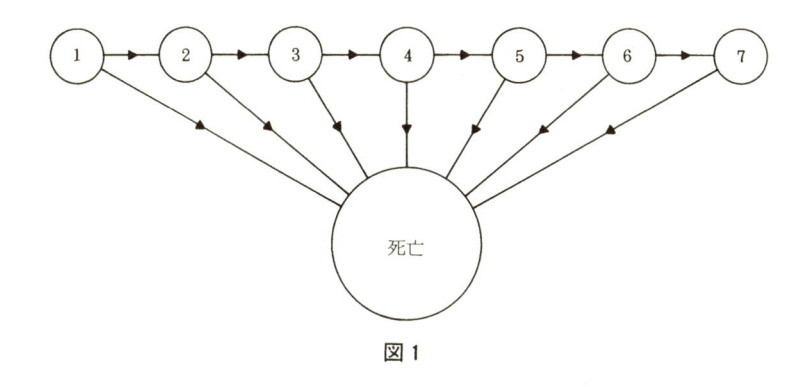

図1

---

1) *As You Like It*（邦訳「お気に召すまま」多数あり）　Act II, Scene vii を参照．
2) 犯罪常習性の例は，たまたまこの種の連鎖に該当している（9章参照）。刑期を終えた者は，「2年間自由である」前に，「3年間自由である」ことはない。ただしこの例では，吸収状態は2つある。

**生存行列の行と列**　それでは，7つの年代を生き抜いてゆくチャンスを表わす推移行列（生存行列とよぶ）を作成しよう。

$$S = \begin{array}{c} \\ \text{つぎの年代} \end{array} \begin{array}{c} \text{赤ん坊} \\ \text{生徒} \\ \text{恋人} \\ \text{兵隊} \\ \text{裁判官} \\ \text{お爺さん} \\ \text{第二の赤ん坊} \end{array} \begin{array}{c} 1 \\ 2 \\ 3 \\ 4 \\ 5 \\ 6 \\ 7 \end{array} \overset{\text{現在の年代}}{\begin{array}{ccccccc} 1 & 2 & 3 & 4 & 5 & 6 & 7 \end{array}} \begin{bmatrix} 0 & 0 & 0 & 0 & 0 & 0 & 0 \\ s_1 & 0 & 0 & 0 & 0 & 0 & 0 \\ 0 & s_2 & 0 & 0 & 0 & 0 & 0 \\ 0 & 0 & s_3 & 0 & 0 & 0 & 0 \\ 0 & 0 & 0 & s_4 & 0 & 0 & 0 \\ 0 & 0 & 0 & 0 & s_5 & 0 & 0 \\ 0 & 0 & 0 & 0 & 0 & s_6 & 0 \end{bmatrix}$$

生存行列

上の行列において，列は「現在の年代」を，また行は「つぎの段階での年代」を指しているが，これまでの表わし方では，行が「現在」で列が「つぎの段階」となっていた。ここで行と列を反対にしたのは，何も意地悪でしたことではなく，単にこのような型の行列を使っている人口学者の慣例に従ったまでのことである。ただ死亡という吸収状態を，この生存行列に含めていないことに注意してほしい。状態 $i$ にある個人にとって可能なことは，つぎの状態 $i+1$ に移行するかそれとも死亡するかである。したがって推移確率行列において0以外の値を書き込めるのは，主対角線のすぐ下の要素に限られるのである。このように $s_1$ は年齢1から年齢2への生存確率を，$s_2$ は年齢2から年齢3への生存確率を，という具合に表わしている。

**人口分布を表わすベクトル**　さてある国の特定の人口を想定し，それを7つの年代に分けて，つぎの列ベクトルで表わしてみよう。

$$\boldsymbol{n}_0 = \begin{matrix} 1 \\ 2 \\ 3 \\ 4 \\ 5 \\ 6 \\ 7 \end{matrix} \begin{bmatrix} n_1 \\ n_2 \\ n_3 \\ n_4 \\ n_5 \\ n_6 \\ n_7 \end{bmatrix}$$

つまり時点0において，年齢1には $n_1$ の数の人がおり……，となっている。それでは現存のこの人口のうち，どれくらいがつぎの段階にまで生き延びると期待できるのであろうか。もしそれを知りたければ，生存行列に右からベクトル $\boldsymbol{n}_0$ を掛けてやるだけでよい。

$$S\boldsymbol{n}_0 = \begin{matrix} 1 \\ 2 \\ 3 \\ 4 \\ 5 \\ 6 \\ 7 \end{matrix} \begin{bmatrix} 0 \\ s_1 n_1 \\ s_2 n_2 \\ s_3 n_3 \\ s_4 n_4 \\ s_5 n_5 \\ s_6 n_6 \end{bmatrix}$$

（年齢1にある人びとのうち，$s_1$ の割合の人が年齢2まで生き延びると期待されるのであるから，現存する $n_1$ の人びとについては，$s_1 n_1$ だけの人びとが年齢2まで生き延びると期待できることは明らかである。）

**将来人口の予測** しかし，$S\boldsymbol{n}_0$ だけでは期待される将来人口を表わしているとはいえないであろう。というのは人口には，出生ないしは移入 (immigration) による新たな参入者があるだろうし，移出 (emigration) によっていなくなる人びともいるからである。とはいえここでは，物事を簡単にするため，社会は閉じていると考えておく。つまり新しく生まれてくる人びとを除いては，当該の社会には誰も入ってこないしまた出ていかない，と仮定するのである。そこで，問題の時点において誕生し年齢1に参入してく

る人びとの数を $b_0$ とし，つぎのベクトル $b$ をつくる。

$$b = \begin{array}{c} 1 \\ 2 \\ 3 \\ 4 \\ 5 \\ 6 \\ 7 \end{array} \begin{bmatrix} b_0 \\ 0 \\ 0 \\ 0 \\ 0 \\ 0 \\ 0 \end{bmatrix}$$

さて $Sn_0$ と $b$ を足し算すれば，すでに生存し生き延びている人びとに新たな参入者を加えたことになる[3]。したがって次の時点での人口は，

$$n_1 = b + Sn_0 = \begin{bmatrix} b_0 \\ s_1 n_1 \\ s_2 n_2 \\ s_3 n_3 \\ s_4 n_4 \\ s_5 n_5 \\ s_6 n_6 \end{bmatrix}$$

となる。さらにつぎの時点に進むときにも，正確に同じ数だけの人が誕生すると仮定し，さきほどと同様の操作を繰り返せば，

$$\begin{aligned} n_2 &= b + Sn_1 \\ &= b + S(b + Sn_0) \\ &= b + Sb + S^2 n_0 \end{aligned}$$

となる。したがって，$b$ がかなりの期間変化しないと期待できるならば，同様に

$$n_3 = b + Sb + S^2 b + S^3 n_0$$

---

3) 移住を考慮に入れても，事態はそれほど複雑にはならない。$b$ の各要素を各年代への正味の参入者とすればよいからである。

となるし，

$$n_t = b + Sb + S^2 b + \cdots\cdots + S^{t-1} b + S^t n_0$$
$$= (I + S + S^2 + \cdots\cdots + S^{t-1}) b + S^t n_0$$

である。

**生存行列のベキ乗**　ある種の行列を次々とベキ乗してゆけば，いたるところに 0 が入った行列となることは，みてきたとおりである。生存行列のような場合，結果はもっと劇的であろう。たとえば 7 つの年代があるとき，$S^7$ ないしは $S$ のより高次のベキ乗はその要素のすべてが 0 の行列となることは明らかである。ここで考察しているような社会においては，7 つの年代しかないので，$n_7$ においては出発時点から生き延びている人は誰もいない。したがって，

$$S^7 n_0 = \begin{bmatrix} 0 \\ 0 \\ \cdot \\ \cdot \\ \cdot \\ 0 \end{bmatrix} \quad \text{また} \quad S^7 = \begin{bmatrix} 0 \end{bmatrix}$$

となる。これは，t が少なくとも年代の数と同じ大きさであれば

$$n_t = (I + S + S^2 + \cdots\cdots + S^{t-1}) b$$
$$S n_t = (S + S^2 + \cdots\cdots + S^t) b$$

となることを意味している。そこで，上の式から下の式を引けば，

$$n_t - S n_t = b - S^t b = b \ (\because \ S^t = \begin{bmatrix} 0 \end{bmatrix})$$
$$(I - S) n_t = b$$
$$n_t = (I - S)^{-1} b$$

もちろん $(I-S)^{-1}$ は，吸収マルコフ連鎖の基本行列である[4]ので，これまでと

同じように利用することができる。

$(I-S)^{-1}$ は，全人口が定常状態にあるとき，各年代カテゴリーに属していると期待できる人数を示している。これは，新しく誕生する人数が与えられたとき，各年代階級へと生き延びてゆく人数に等しい。

**$(I-S)^{-1}$ の計算法** 年代の数がいくつあろうとも，$(I-S)^{-1}$ を計算することは容易である。たとえば，4つの年代を区分するとしよう。すると

$$S=\begin{bmatrix} 0 & 0 & 0 & 0 \\ s_1 & 0 & 0 & 0 \\ 0 & s_2 & 0 & 0 \\ 0 & 0 & s_3 & 0 \end{bmatrix}$$

である。この場合

$$(I-S)^{-1} = I+S+S^2+S^3$$

($S^4$, $S^5$ はすべての要素が0である。) したがって

$$(I-S)^{-1}=\begin{bmatrix} 1 & 0 & 0 & 0 \\ 0 & 1 & 0 & 0 \\ 0 & 0 & 1 & 0 \\ 0 & 0 & 0 & 1 \end{bmatrix}+\begin{bmatrix} 0 & 0 & 0 & 0 \\ s_1 & 0 & 0 & 0 \\ 0 & s_2 & 0 & 0 \\ 0 & 0 & s_3 & 0 \end{bmatrix}+\begin{bmatrix} 0 & 0 & 0 & 0 \\ 0 & 0 & 0 & 0 \\ s_1s_2 & 0 & 0 & 0 \\ 0 & s_2s_3 & 0 & 0 \end{bmatrix}$$

$$+\begin{bmatrix} 0 & 0 & 0 & 0 \\ 0 & 0 & 0 & 0 \\ 0 & 0 & 0 & 0 \\ s_1s_2s_3 & 0 & 0 & 0 \end{bmatrix}$$

$$=\begin{bmatrix} 1 & 0 & 0 & 0 \\ s_1 & 1 & 0 & 0 \\ s_1s_2 & s_2 & 1 & 0 \\ s_1s_2s_3 & s_2s_3 & s_3 & 1 \end{bmatrix}$$

---

4) 行と列を入れ替えているので，正確にいうと，これは以前に基本行列とよばれた（8章）ものの転置行列である。

ここで読者は，つぎの問題を解いてほしい。

**問題 1** 基本的行変形によって，$(I-S)$ の逆行列を求めよ。

読者はこの問題を解くことによって，主対角線の右上か左下かどちらか一方の要素がすべて 0 である行列の逆をとることがいかに簡単か，納得されるであろう。

**平均余命の推定値** ところで，$(I-S)^{-1}$ のパターンを説明するためには，吸収マルコフ連鎖に関する議論からえられた結論の 1 つを思いだせばよい。それは，特定の状態から出発し吸収状態に至るまでの期待時間は，基本行列の行のうち，その特定の状態に対応する行に含まれる全要素を合計したものだ，という結論である。本章での行列 $S$ は，前もって行と列を転置してあるので，$(I-S)^{-1}$ のたとえば第 1 列の要素の合計は年代 1 にある人の平均余命 (life expectancy) を，第 2 列の要素の合計は年代 2 にある人の平均余命を，という具合に表わしている。

試みに，第 1 列の要素の合計をとれば

$$1 + s_1 + s_1 s_2 + s_1 s_2 s_3$$

となる。$s_1$ は年代 1 から年代 2 に生き延びる確率であり，$s_1 s_2$ は年代 1 から年代 3 に生き延びる確率である。また $s_1 s_2 s_3$ は，年代 1 から年代 4 に生き延びる確率である。

以上の数字を加算すれば，ある人が到達すると期待される将来の年代がえられる。実際には，えられたその値は平均余命の過剰推定値となっている。なぜならばその推定値は，すべての死亡が年代の最後に生じるとしたときのものだからである。もし死亡が年代を通してほぼ均等に生じるならば，上の推定値から年代の長さの半分を引いた方が，よりよい推定値となるだろう。

さてつぎに，中国の人口動態について考察しよう。具体的な問題を検討することで，これまでおこなってきたことを復習できるだけでなく，新しい展開をはかることができるだろう。いうまでもなく中国は，世界最大の人口規

模を誇る国であり，またきわめて積極的な人口政策をおこなっている国である。

## 2. 中国の人口政策[5]

1982年の中国における国勢調査によると，同国の人口は世界の人口の1/4をわずかに下回るだけの割合をしめていることになる（上海の南京道路を歩いたことのある人なら誰でも，あるいは北京のちょうど北にある万里の長城を訪ずれたことのある人なら誰でも，人類の1/4が中国人であることを実感するだろう）。1949年の革命当時，人口は約5億5千万人であったが，それが1982年には10億人を越えるまでに増大している。この期間の大半において，女性は一人当たり平均で5～6人の子どもを生んでいる。また幼児死亡率は，裸足の医者として知られる人びとの手による公衆衛生事業や農村での医療介護によって，劇的に下落した。さらにあらゆる年代にわたって，人びとは健康管理の全般的な高まり，伝染病の抑制計画，衣食住の改善から恩恵をこうむったのである。

1970年代の初めから中国の指導者たちは，人口の高い成長率を重大な問題とみなしてきた。かれらがその問題をいかに重視してきたかは，近年の徹底的な一人っ子家族政策の到来からうかがい知ることができる。行列を使ってこの政策を分析する前に，前節において展開した概念の助けを借りて，現在の中国の人口を調べてみよう。

**中国社会の生存行列**　1978年の年齢別死亡者数（age-specific deaths）を調べることによって，中国の人口学者はある年代から次の年代に生き延びる確率を計算している。単純化のために，年代を10年間隔にし，少し広くとることにする。また男女の生存率をならし，その平均をとることにする。

生存行列をつくるために，つぎの2つの仮定をおく。1つは，誰も90歳以

---

5) 中国は魅力的な国である。訪問者はもとより，この国について何かを学ぼうとする者は誰でも，その魅力の虜になってしまうほどである。デービッド・ボナビアの著書 *The Chinese:* revised edition (Harmondsworth, 1982)は，現代中国とその人口問題・政策への格好の背景を提供してくれる。

10 人口動態のシミュレーション  *175*

現在の年代

$$
\begin{array}{c}
\begin{array}{cccccccccc}
& & 0 & 1 & 2 & 3 & 4 & 5 & 6 & 7 & 8 \\
& & 0\text{-}9 & 10\text{-}19 & 20\text{-}29 & 30\text{-}39 & 40\text{-}49 & 50\text{-}59 & 60\text{-}69 & 70\text{-}79 & 80+
\end{array}\\
\begin{array}{cc}
0 & 0\text{-}9\\
1 & 10\text{-}19\\
2 & 20\text{-}29\\
3 & 30\text{-}39\\
4 & 40\text{-}49\\
5 & 50\text{-}59\\
6 & 60\text{-}69\\
7 & 70\text{-}79\\
8 & 80+
\end{array}
\left[
\begin{array}{ccccccccc}
0 & & & & & & & & \\
.970 & 0 & & & & & & & \\
 & .993 & 0 & & & & & & \\
 & & .987 & 0 & & & & & \\
 & & & .981 & 0 & & & & \\
 & & & & .962 & 0 & & & \\
 & & & & & .907 & 0 & & \\
 & & & & & & .761 & 0 & \\
 & & & & & & & .510 & 0
\end{array}
\right]
\end{array}
$$

つぎの年代

中国の生存行列 $(S)^{6)}$
（未記入の要素はすべて 0 ）

$$
\begin{array}{c}
\begin{array}{ccccccccc}
0 & 1 & 2 & 3 & 4 & 5 & 6 & 7 & 8
\end{array}\\
\begin{array}{c}
0\\1\\2\\3\\4\\5\\6\\7\\8
\end{array}
\left[
\begin{array}{ccccccccc}
1 & & & & & & & & \\
.970 & 1 & & & & & & & \\
.963 & .993 & 1 & & & & & & \\
.951 & .980 & .987 & 1 & & & & & \\
.933 & .961 & .968 & .981 & 1 & & & & \\
.897 & .925 & .931 & .944 & .962 & 1 & & & \\
.814 & .839 & .845 & .856 & .873 & .907 & 1 & & \\
.619 & .638 & .643 & .651 & .664 & .690 & .761 & 1 & \\
.316 & .325 & .328 & .332 & .339 & .352 & .388 & .510 & 1
\end{array}
\right]\\
\begin{array}{ccccccccc}
\text{列の合計}\quad 7.46 & 6.66 & 5.70 & 4.76 & 3.84 & 2.95 & 2.15 & 1.51 & 1
\end{array}
\end{array}
$$

基本行列 $(I-S)^{-1}$
（未記入の要素は，すべて 0 ）

---

6) 生存率は，つぎの論文に掲載されている国勢調査の表によっている．Tian Xueyuen, 'On changes in the age composition of the population and policy options for population planning', *Social Sciences in China,* Vol. V, No.3, 1984.

上は生きないという仮定である。もう1つは，こちらの方が重要なのだが，年代 0 の期間中はすべての幼児が生き延びるとし，第 1 行第 2 列の要素が示しているように，その幼児たちが年代 1 へと生き延びてゆく確率を .970 とする。(なぜ幼児死亡率を無視したかは，後で人口政策を調べるときにわかる。)

定石どおりの計算により，中国社会の基本行列 $(I-S)^{-1}$ がえられる。

**平均余命の推定値**　　各年代は10年間隔でとられているので，平均余命の推定値を年数の形に直すためには，列の合計から0.5を引いたうえで10倍すればよい。したがって年代 0 にいる任意の人物は(かれが少なくとも年代 1 へと生き延びてゆくならば)，もう69.6年間は生存するものと期待しうる。また年代 1 の終わりにいる人，つまり10歳になった任意の人物は，もう61.6年間は生存するものと期待しうる，という具合になっている。

問題の基本行列の第 1 列は，幼児集団のうち，各年代にまで生き延びてゆくと期待される人の割合を示している。したがって，その列をたとえば 1 億倍して，$(I-S)^{-1} \boldsymbol{b}$ を求めれば，人口学者が生命表といっているものをつくることができる。ただし

$$\boldsymbol{b} = \begin{bmatrix} 100万 \\ 0 \\ 0 \\ 0 \\ \vdots \\ 0 \end{bmatrix}$$

である。生命表は，ある特定の年代のうちどれくらいの人数がより高齢の年代にまで生き延びることができるのか，またさまざまな年代の平均余命がどうなっているのかを示している。

## 10 人口動態のシミュレーション

**表1**

| 年代 | | 各年代を生き延びると期待される人数（単位:100万） | 各年代の出発時の平均余命 |
|---|---|---|---|
| 0 – 9 | 0 | 100 | 69.6 |
| 10 – 19 | 1 | 97 | 61.6 |
| 20 – 29 | 2 | 96.3 | 52.0 |
| 30 – 39 | 3 | 95.1 | 42.6 |
| 40 – 49 | 4 | 93.3 | 33.4 |
| 50 – 59 | 5 | 89.7 | 24.5 |
| 60 – 69 | 6 | 81.4 | 16.5 |
| 70 – 79 | 7 | 61.9 | 10.1 |
| 80 + | 8 | 31.6 | 5.0 |

生命表

ここで1つ問題をだそう。あなたは，幼児の生き延びるチャンスを，現在の中国と（現在および過去の）イギリスとで比較してみたいとしよう。下の図は，5歳になったイギリスの男児がより高齢の年代へと生き延びてゆくおおよその率を示している。数字は，1982年（上の矢印）と1902年（下の矢印）のものである。いずれも，イギリス人口調査局が発表したもので，1985年版『統計概要年刊』（*Annual Abstract of Statistics*）に記載されている。

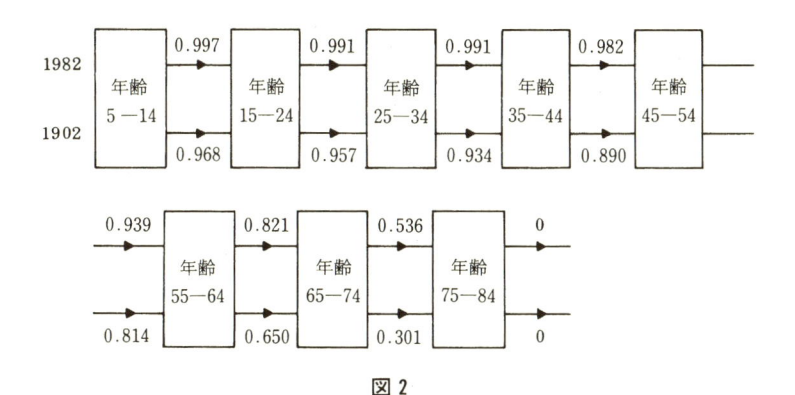

図2

1982年：
年齢 5–14 →0.997→ 年齢 15–24 →0.991→ 年齢 25–34 →0.991→ 年齢 35–44 →0.982→ 年齢 45–54

1902年：
年齢 5–14 →0.968→ 年齢 15–24 →0.957→ 年齢 25–34 →0.934→ 年齢 35–44 →0.890→ 年齢 45–54

1982年：
0.939→ 年齢 55–64 →0.821→ 年齢 65–74 →0.536→ 年齢 75–84 →0

1902年：
0.814→ 年齢 55–64 →0.650→ 年齢 65–74 →0.301→ 年齢 75–84 →0

図2

*178*

~~~~~~~~~~~~~~~~~~~~~~~~~~~~~~~~~~~~~~~~~~~~~~~~~
**問題2** 1982年と1902年におけるイギリスの男児に関する生命表を作成し，中国の生命表と比較せよ。
~~~~~~~~~~~~~~~~~~~~~~~~~~~~~~~~~~~~~~~~~~~~~~~~~

## 3. 出生力とレスリー行列

**中国の定常人口** 中国は，きわめて積極的で明確な人口政策をもっている。そうした政策の長期的な目的は，人口をつぎの世紀の中ごろには約9億人に安定させることである。そのため，本世紀の終わりには人口を12億人以下に抑えることを，中期目標としている。もし死亡率ないしは，これまで使ってきた言葉でいえば生存率が，ほとんど変わらないならば，将来人口を決定する要因は各年の出生者数となる。中国が人口の安定に成功した場合，人口構造がどうなるかについてはすでにみてきたとおりである。そこでは，毎年

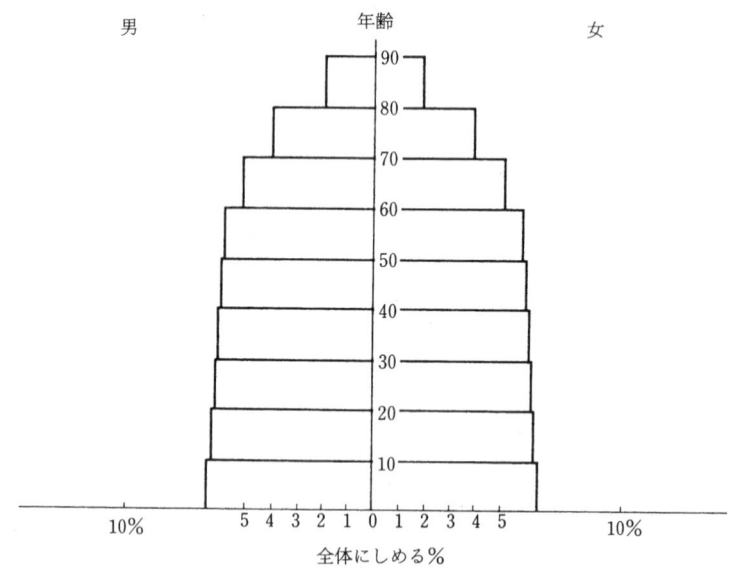

簡略化のために，男女同数の子どもが生まれ，また男子の生存率は等しい，と仮定した。

**図3**

10 人口動態のシミュレーション　*179*

同じ数だけの出生者があり，正確にそれに見合うだけの死亡者がある。この状態を「定常人口」(stationary population) という。定常人口における年齢構造は，ある一定の出生者数に応じた例の列ベクトル $(I-S)^{-1}\boldsymbol{b}$ によって表わされる。あるいは同じことだが，生命表を縦に読めば，各年代に含まれるべき人数の相対的割合がわかるのである。

このようにして，中国が最終的に到達する人口の年齢構造を描くことができる。

これに対し，1982年の国勢調査の数字から，その時点での中国の年齢構造を描くことができる。

**表 2**

| 年代 | 年齢 | 人口(単位：100万) |
|---|---|---|
| 0 | 0-9 | 205 |
| 1 | 10-19 | 258 |
| 2 | 20-29 | 169 |
| 3 | 30-39 | 127 |
| 4 | 40-49 | 99 |
| 5 | 50-59 | 74 |
| 6 | 60-69 | 48 |
| 7 | 70-79 | 23 |
| 8 | 80-89 | 5 |

中国の現在の人口

**定常人口と現実の人口**　　図4から，1982年の中国の年齢構造は定常人口における年齢構造とはあまり似ていないことがわかる。とくに，年代1から上の方への傾きが急である（これは，過去の人口増を反映している）。また，ピラミッドの底辺では面白い形の傾きをしている（これは，出生率の低下が生じていることを反映している）。中国の人口学者は，10-19歳の年代の人数（2億5,800万人）が多いことに手を焼いている。というのは，この年代に属する女性は，重要な出産年齢 (child-bearing age) にまさにさしかかっており，そのため急激な人口増が見込まれるからである。

これ以降も図4にもとづいて議論してゆくが，1つ注意しなければならないことがある。それは，このように年代をやや大きくとることにより，

男　　　　　　　年齢　　　　　　女

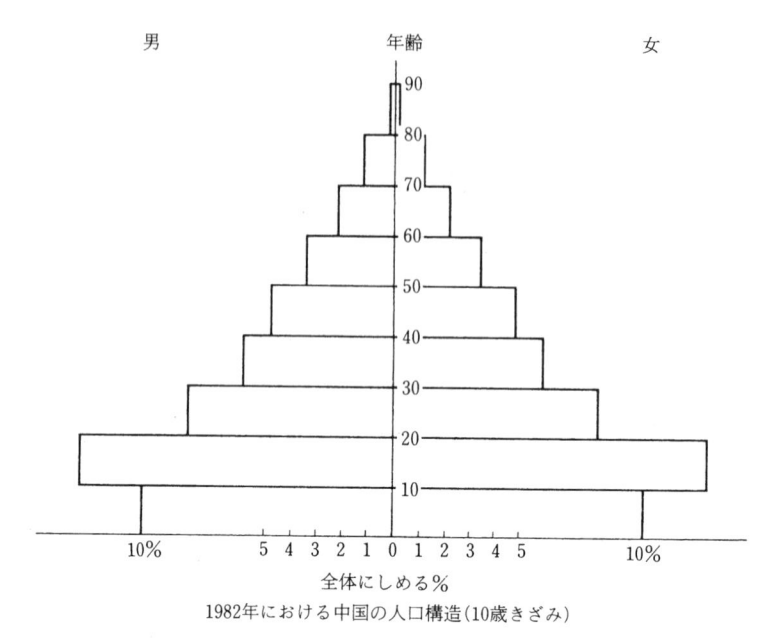

1982年における中国の人口構造(10歳きざみ)
全体にしめる%

図4

　人口の重要な特徴がかくされてしまう，ということである。たとえばちょうど1歳だけからなる年代をとり，中国の人口の詳しい図(図5)を書けば，図4とは若干の違いを示すことになる[7]。

　新しい図には，20歳代の初めの年齢のところに，人間の「ウェスト・ライン」のような凹みがはっきりと見られる。1958年から1960年にかけて「大躍進」という農村を共産化する大規模な運動がおこなわれたことがある。問題の「ウェスト・ライン」は，大躍進に付随した飢饉のさなかに生じたきわめて高い幼児死亡率に対応している。また1972年から1978年にかけて，出産年齢の女性が増えたにもかかわらず，生まれてきた子どもの数が減ってしまったことを理解できる。これは，1972年に着手された出生率を低下させるキャンペーンが，ある程度成功したことを物語っている。しかし簡明さを好むため，これからは10歳きざみのより集計的なデータによって議論をすすめてゆ

7) この図は，つぎの論文による。'Age distribution of China's population', *Beijing Review,* Vol.27, No.3, January, 1984.

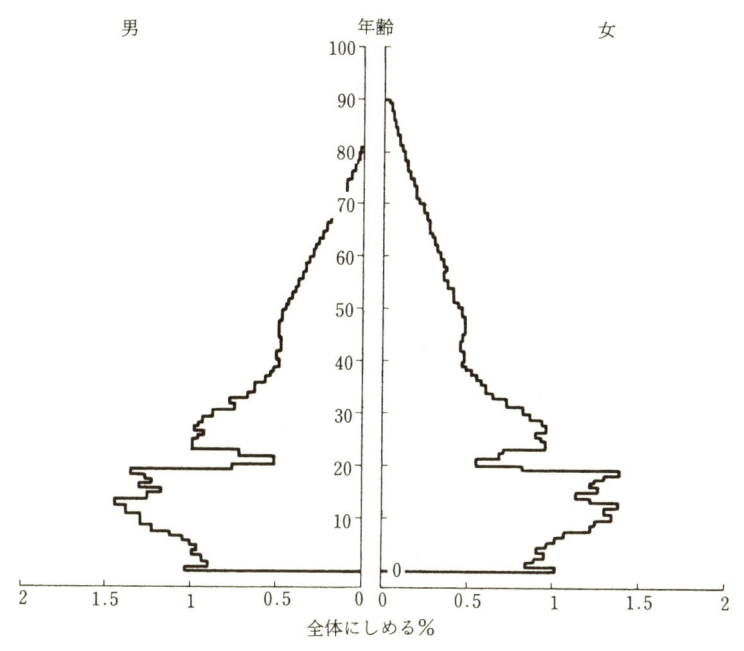

10 人口動態のシミュレーション *181*

男　　　　　　　年齢　　　　　女

1982年における中国の人口構造（1歳きざみ）

**図 5**

く。たとえ完全には正確ではないにしても，将来の出生率に関するさまざまな仮定をおいたうえで，中国の人口に生じる事態を示すことができるだろう。

**レスリー行列**　いかなる産児政策がとられようとも，現存の生存率がずっと続くならば，次の70年の人口の多くはすでに決定されている。つまり今生きている人びとが，年を取り死んでゆくまでを跡づけることができるのである。しかし将来人口の残りの部分は，未だ生まれてきていない人が占めるわけで，その部分がどうなるかを知るためには出生者数を推定する方法をみいださなければならない。重要な変数は，出産年齢にある女性の人数と，その出生力である。もしこの2つについて情報がえられるならば，**レスリー行列**(Leslie matrix)[8]を使って，現在の人口から将来人口を推計することができる。レスリー行列とは，生存行列 $S$ の第1行に各年代の出生率を加えたも

のである。たとえば、3つの年代をもつ人口のレスリー行列$L$は次のようになる。

$$\text{つぎの年代} \begin{array}{c} \\ 1 \\ 2 \\ 3 \end{array} \overset{\text{現在の年代}}{\begin{array}{ccc} 1 & 2 & 3 \end{array}} \\ \left[ \begin{array}{ccc} f_1 & f_2 & f_3 \\ s_1 & 0 & 0 \\ 0 & s_2 & 0 \end{array} \right] = L$$

ただし$f_1$は年代1の出生率、つまり年代1にある人びとがもつと期待される1人あたりの子ども数を表わしており、その人数が次の時点で年代1に入ってくるのである。同様に、$f_2$と$f_3$はそれぞれ年代2と3の出生率を表わしている。

**計算の具体例** 人口ベクトル$n$を使って、現在の人口から1期後の人口を推計するには、$L$の右から$n$を掛けてやればよい。たとえば、年代1、2、3の出生率を、それぞれ.5、.6、0とすれば

$$L = \begin{array}{c} \\ 1 \\ 2 \\ 3 \end{array} \overset{\begin{array}{ccc} 1 & 2 & 3 \end{array}}{\left[ \begin{array}{ccc} .5 & .6 & 0 \\ .9 & 0 & 0 \\ 0 & .9 & 0 \end{array} \right]}$$

となる。

**計算の具体例** ここで、現在各年代にそれぞれ100人いるとしよう。

---

8) この名前は、P.H.レスリーの名からきている。人口学的研究においてこの行列が現在のようによく使われるようになったのは、かれの影響力ある論文（'On the use of matrices in certain population mathematics', *Biometrika,* Vol.33, pp.183-212, 1945) のためである。人口学においてレスリー行列がどのようにもちいられているかについての入門書としては、James Lighthill, *Newer Uses of Mathematics,* Penguin, Harmondsworth, 1978の第2章がある。人口に関する数学を包括的に扱ったものとしては、Nathan Keyfitz, *Applied Mathematical Demography,* Wiley, New York, 1977がある。

$$\bm{n}_0 = \begin{bmatrix} 100 \\ 100 \\ 100 \end{bmatrix}$$

1時点後の人口は,

$$\bm{n}_1 = L\bm{n}_0 = \begin{bmatrix} .5 & .6 & 0 \\ .9 & 0 & 0 \\ 0 & .9 & 0 \end{bmatrix} \begin{bmatrix} 100 \\ 100 \\ 100 \end{bmatrix} = \begin{bmatrix} 110 \\ 90 \\ 90 \end{bmatrix}$$

となる。つまり,年代2と3の双方に,90人ずついることになる。この部分の計算は,$\bm{n}_0$ を単純な生存行列の右側から掛けたものに等しい。しかしこの場合には,$\bm{n}_0$ を単純に生存行列の右側から掛けたものとは異なって,新しい要素が $\bm{n}_1$ の第1行に入っている。この数字は出生者数であるが,それはすべての年代の人びとによる出生者を足し合わせたものである。ただし各年代の出生者数は,その年代に属する人数に出生率を掛けたものである。つまり,

$$\text{出生者数} = .5 \times 100 + .6 \times 100 + 0 \times 100 = 110$$
$$= f_1 n_1 + f_2 n_2 + f_3 n_3$$

である。同様に,

$$\bm{n}_2 = L\bm{n}_1 = L^2 \bm{n}_0$$

であり,一般に

$$\bm{n}_t = L^t \bm{n}_0$$

である。そこで中国に対して,レスリー行列の考え方を適用してみよう。

**中国の出生率** 中国に対するレスリー行列をつくるためには,さまざまな年代に属する女性の出生率を推定しなければならない。そこで3つの異なる推定値をもちいて,3つの異なる未来を考察してみよう。

すでに述べたように中国の出生率は,人口の増加が大問題と認められるようになった1970年代初頭から下落している。「誰でも口は1つだが,手は2本

もある」という毛沢東の以前の考え方は改められた。というのは，食欲を満たすには広大な土地やトラクターが必要だ，ということが認識されたからである。そして1978年には，中央政府は「子どもを1人しかつくらない」という考え方を普及させ始めた。その政策の目的は，最初は随分とひかえめであった。つまり都会の家族の約1/4は，子どもを1人だけに制限しなさい，というものであった。また同様のことを，田舎の家族の1/4近くにも要求した。そのとき1人しか子どもをつくらないと誓う夫婦には，報奨金が与えられたが，2番目の子どもをつくることに対して罰金が科されることはなかった（1970年代初頭には，子どもを2人つくることが奨励されていたのだ）。それに対し，3番目ないしはそれ以上の子どもをつくることに対しては，罰金が科されていた。しかしその政策は，すぐにエスカレートした。1981年からは，都会・田舎を問わず省政府と市町村当局が，2番目の子どもをつくる夫婦を罰する制度を整備しだしたのである[9]。報奨制度は今なお続いているが，2番目の子どもをつくることに対する罰則はますます厳しくなっている。

　政府が以上のようなキャンペーンを展開している関係上，将来の出生率を予測することは大変難しい。もちろん，単純に過去の出生率が続くともいえない。そこで，キャンペーンの成功の度合いに応じた出生率を仮定し，どの場合にどのような事態が生じるかを検討してみることにしたい。

## 4．現行の出生率が続く場合

　まず，キャンペーンが1981年に達した水準以上には成功しないと想定し，1982年におこなわれた国勢調査から，1981年度の年齢別出産率を調べておこう[10]。それによると，年代1の女性は10年間に（おおよその値で）平均0.9人の子どもを，年代2の女性は平均1.37人の子どもを，さらに年代3の女性は平均0.27人の子どもを，それぞれ出産すると期待できる。また他の年代の女性の出産率は，無視しうるほど低い。以上のような出産率がずっと続くと仮定し，レ

---

9)「一人っ子」キャンペーンについての説明は，先に挙げたデービッド・ボナビアの本かあるいは 'Population policy and trends in China 1978-83', *China Quarterly,* No.100, December, 1984 にある。
10) *Beijing Review,* Vol.27, No.12, March, 1984 を見よ。

スリー行列をつくってみよう。

現在の年代

|  |  | 0 | 1 | 2 | 3 | 4 | 5 | 6 | 7 | 8 |
|---|---|---|---|---|---|---|---|---|---|---|
| 0-9 | 0 | 0 | .450 | .685 | .135 | 0 | 0 | 0 | 0 | 0 |
| 10-19 | 1 | .970 | 0 | 0 | 0 | 0 | 0 | 0 | 0 | 0 |
| 20-29 | 2 | 0 | .993 | 0 | 0 | 0 | 0 | 0 | 0 | 0 |
| 30-39 | 3 | 0 | 0 | .987 | 0 | 0 | 0 | 0 | 0 | 0 |
| 40-49 | 4 | 0 | 0 | 0 | .981 | 0 | 0 | 0 | 0 | 0 |
| 50-59 | 5 | 0 | 0 | 0 | 0 | .962 | 0 | 0 | 0 | 0 |
| 60-69 | 6 | 0 | 0 | 0 | 0 | 0 | .907 | 0 | 0 | 0 |
| 70-79 | 7 | 0 | 0 | 0 | 0 | 0 | 0 | .761 | 0 | 0 |
| 80+ | 8 | 0 | 0 | 0 | 0 | 0 | 0 | 0 | .510 | 0 |

（つぎの年代）

1981年の出生率にもとづくレスリー行列（単位：100万）
（未記入の要素は，すべて0）

**「一人っ子」政策は成功しているか**　レスリー行列をつくるために，人口学者が普通はしないような極端な仮定を，おこなってみよう。まず各年代に男女がまったく同じ数だけ存在すると仮定し，上記の出産率を2で割り，それを出生率としよう。つぎに将来も，男子と女子が同じ数だけ生まれてくると仮定しよう。人口学者は通常，人口を決定するものとして女性の生存率を重視するが，ここでは正確さを若干犠牲にしても，原理を簡明に説明したいのである。

　各年代の出生率から社会全体の平均的な指数（合計特殊出生率という）を求めれば，夫婦1組につき2.54人の子どもをつくっていることがわかる。この結果からすれば，少なくとも1981年までは「一人っ子」キャンペーンが，必ずしも成功していないことが示唆される。実際，1981年に生まれた子どものうち，47％が第1子であり，25％が第2子であり，残りが3番目ないしはそれ以降の子どもなのである。もっともこのような集計値だけでは，人口キャンペーンの相対的な成功と失敗がどうであったかよくわからない。たとえば上海や北京のような大規模な中心都市では，1981年に生まれた子どものうち

85％が第1子であった。これに対し，いくつかの田舎の遠隔地では，第1子は25％しかいなかった。共産党の統制は，都市地域の住民や比較的に教養のある社会層に対しては効果的だったのだ。

**将来人口の推計**　夫婦1組につき出生率約2.5という数字から，人口は増加するものと期待されるが，その推計値はつぎのようになる。1992年の人口については，$L$ の右から人口ベクトル ($\boldsymbol{n}_0$) を掛けてやればよい。

$$\boldsymbol{n}_1 = L\boldsymbol{n}_0$$

また $\boldsymbol{n}_2$（2002年の人口ベクトル）は，

$$\boldsymbol{n}_2 = L^2\boldsymbol{n}_0$$

となる。以下，同じ要領でおこなえばよい。

表 3

| 年　代 | $\boldsymbol{n}_0$ 1982 | $\boldsymbol{n}_1$ 1992 | $\boldsymbol{n}_2$ 2002 | $\boldsymbol{n}_3$ 2012 | $\boldsymbol{n}_4$ 2022 | $\boldsymbol{n}_5$ 2032 | $\boldsymbol{n}_6$ 2042 | $\boldsymbol{n}_7$ 2052 | $\boldsymbol{n}_8$ 2062 |
|---|---|---|---|---|---|---|---|---|---|
| 0－10　0 | 205 | 249 | 288 | 278 | 316 | 343 | 359 | 400 | 424 |
| 10－20　1 | 258 | 199 | 242 | 279 | 270 | 307 | 333 | 348 | 388 |
| 20－30　2 | 169 | 256 | 197 | 240 | 277 | 268 | 305 | 331 | 345 |
| 30－40　3 | 127 | 167 | 253 | 195 | 237 | 274 | 264 | 301 | 327 |
| 40－50　4 | 99 | 125 | 164 | 248 | 191 | 232 | 269 | 259 | 295 |
| 50－60　5 | 74 | 95 | 120 | 157 | 239 | 184 | 224 | 258 | 249 |
| 60－70　6 | 48 | 67 | 86 | 109 | 143 | 216 | 167 | 203 | 234 |
| 70－80　7 | 23 | 37 | 51 | 66 | 83 | 109 | 164 | 127 | 154 |
| 80＋ | 5 | 12 | 19 | 26 | 33 | 42 | 55 | 84 | 65 |
| 合計 | 1008 | 1207 | 1420 | 1598 | 1789 | 1975 | 2140 | 2311 | 2481 |

1981年の出生率にもとづく中国の将来人口(単位：100万)

上の数字は，中国の中央政府と人口学者を驚かすことであろう。中国はすでに世界の人口の1/4を占めているが，世界の耕地可能な土地の7％を有しているにすぎないのだ。都市地域では，すでに余った土地もプライバシーもない。以上の推計で示された未来は，冷え冷えとした恐ろしいものである。こ

こに,「一人っ子」キャンペーンがエスカレートしてゆく理由がある。というのは,計画当局といえどもすでに生存している人びとに対しては何もできないからである。表3に書き入れた太い線は,そのことを示すためである。つまりその線から下の数字は,現在生存している人びとが今の年代からつぎの年代に移行してゆく,というほとんど不可避的な出来事を指しているのだ。家族計画政策は,太い線から上の数字にしか影響を与えられないのである。

## 5.「子ども2人」の場合

すでに述べたように,今世紀の末には人口を12億人以下に保持し,最終的には約9億人くらいの水準に安定させる,というのが中国の長期的な目的であった。総出生率が夫婦1組につき2.54人であるということからすれば,以上の目的は達成不可能であろう。それでは「子どもは2人」,つまり出生率が夫婦1組につき2人となった場合には,どうだろうか。もしすべての夫婦が子どもを2人つくるが,一部の人びとは出産年齢までは生き延びないとすれば,人口は結局のところ減少するだろう。人口が完全には置き替わらないからである。それでは,「子どもは2人」という制限は,中国から人口問題の重荷をとり除くのに十分なものではないのだろうか。たしかに「子ども2人」政策の方が,「一人っ子」政策よりも,大衆の受けが良いようである。

**人口が減少してゆくプロセス**　「子ども2人」政策によって出生率がどうなるかを見極めるために,1981年度の統計から,年代1について第1子と第2子の出生率を出してみよう。ただしつぎのような仮定をおく。まず,この年代にいるときに子どもを1人つくった女性だけが,年代2にいるときにもう1人の子どもをつくるものと仮定しよう。つぎに,年代1にいるときに子どもをつくらなかった女性は,年代2において子どもを2人つくるものと仮定する。年代3,ないしはそれ以上において生まれてくる第1子ないしは第2子は,無視していいほどごく少数だ,というわけである。

現時点での年代
```
              0     1    2    3   4   5   6   7   8
第1行 [ 0,   .41, .59,  0,  0,  0,  0,  0,  0 ]
```
レスリー行列の第1行:「子ども2人」の場合

この新たなレスリー行列によって将来人口を推計すれば，つぎの表のようになる。(読者には，この表のいくつかの数字をチェックし，レスリー行列の扱い方を本当に理解しているかどうか試されたい。)

このような政策をとれば，人口が最終的には減少することは述べたとおりである。しかし表4からは，そうした人口減少が2042年までは始まらないことがわかる。つまり，置き替わりに必要な出生率を下回っているにもかかわらず，人口はこれから40年間くらいは急激に増加するのである。これは，現在の人口構造がこの期間にとってきわめて重要だからである。つまり現在20歳未満である多くの人びとが，この期間に子どもをつくるのである。これからもかなりの期間に渡って人口が増え続けるという予測は，中国の計画当局にとって堪え難いものであろう。

表4

| 年　代 | 1982 | 1992 | 2002 | 2012 | 2022 | 2032 | 2042 | 2052 | 2062 |
|---|---|---|---|---|---|---|---|---|---|
| 0－9 | 205 | 205 | 233 | 198 | 209 | 211 | 196 | 203 | 198 |
| 10－19 | 258 | 199 | 199 | 226 | 192 | 203 | 205 | 190 | 197 |
| 20－29 | 169 | 256 | 197 | 198 | 224 | 191 | 202 | 203 | 189 |
| 30－39 | 127 | 167 | 253 | 195 | 195 | 221 | 188 | 199 | 200 |
| 40－49 | 99 | 125 | 164 | 248 | 191 | 192 | 217 | 184 | 195 |
| 50－59 | 74 | 95 | 120 | 157 | 239 | 184 | 184 | 209 | 177 |
| 60－69 | 48 | 67 | 86 | 109 | 143 | 216 | 167 | 167 | 189 |
| 70－79 | 23 | 37 | 51 | 66 | 83 | 109 | 164 | 127 | 127 |
| 80＋ | 5 | 12 | 19 | 26 | 33 | 42 | 55 | 84 | 65 |
| 合計 | 1008 | 1163 | 1322 | 1423 | 1509 | 1569 | 1578 | 1566 | 1537 |

「子ども2人」のときの中国の将来人口(単位：100万)

## 6.「一人っ子」の場合

**「一人っ子」政策とその緩和**　つぎに「一人っ子」キャンペーンが完璧に成功した場合には何が生じるのかを，検討してみよう。もしすべての夫婦が1人しか子どもをつくらず，それが永遠に続くならば，人口は本当に急速に減少するだろう。2人の成人からたった1人の子どもしか生まれてこないからである。そのような社会は，既存のいかなる社会とも根本的に違っている。兄弟とか姉妹，「おじ」や「おば」，あるいは「いとこ」といった言葉は，余計なものとなるだろう。誰も，そのような関係にある人物をもてないからである。しかしそれが，中国の政策であるわけではない。というのは，「一人っ子」政策は過渡的なもので，1世代限りで緩和されると考えられているからである。もっとも，「一人っ子」政策がいつどのようにして緩和されるかについては，あまり明らかではない。ここでは，つぎのような特定のやり方で，「一人っ子」政策が緩和されると仮定しよう。つまり夫婦がともに「一人っ子」である場合には，子供を2人つくってもよろしい，とするのである。これは，実際にキャンペーンの一部としていわれてきた条件であり，「一人っ子」の規則に対する例外の1つである。現時点では，そのような条件を満たす夫婦はそれほど多くないが，将来は増えるに違いない。そこで「一人っ子」政策による将来人口を推計するときには，これからの20年間に生まれてくる女性はすべて「一人っ子」であるが，その女性自身は子どもを2人もうけると仮定する。しかしこのように仮定すると，出生率が将来人口の推計時点によって異なっているので，場合に応じて別個のレスリー行列を使わなければならなくなる。

**3つのレスリー行列**　さて，女性はいったい何歳のときに第1子をもうけるのであろうか。出生統計によれば，「一人っ子」の場合の出生率の推定値はつぎのようになる。

現時点での年代

```
              0    1    2    3    4    5    6    7    8
第1行 [0,   .28, .22,  0,   0,   0,   0,   0,   0 ]
```

レスリー行列の第1行:「一人っ子」の場合

したがって，1982年から1992年の人口を推計するときと，1992年から2002年の人口を推計するときには，上の第1行を含むレスリー行列と生存行列をつかうことになる。

しかしつぎには，年代1つまり出産年齢に「一人っ子」が入ってくる。その人びとは子どもを2人もうけることになるので，2002年から2012年の人口を推計するためには，レスリー行列の第1行は（さきほどの「子ども2人」の場合の出生率から）つぎのようになる。

$$[0, \ .41, \ .22, \ 0, \ 0, \ 0, \ 0, \ 0, \ 0]$$

またその先の人口を推計するためには，事態は「子ども2人」にもどっているので，レスリー行列の第1行は，

$$[0, \ .41, \ .59, \ 0, \ 0, \ 0, \ 0, \ 0, \ 0]$$

となる。計算してみれば，つぎのような表がえられる。

**表5**

| 年　代 | 1982 | 1992 | 2002 | 2012 | 2022 | 2032 | 2042 | 2052 | 2062 |
|---|---|---|---|---|---|---|---|---|---|
| 0－9 | 205 | 109 | 112 | 87 | 107 | 98 | 92 | 100 | 93 |
| 10－19 | 258 | 199 | 106 | 109 | 84 | 103 | 95 | 89 | 97 |
| 20－29 | 169 | 256 | 197 | 105 | 108 | 84 | 103 | 95 | 88 |
| 30－39 | 127 | 167 | 253 | 195 | 104 | 107 | 83 | 101 | 93 |
| 40－49 | 99 | 125 | 164 | 248 | 191 | 102 | 104 | 81 | 99 |
| 50－59 | 74 | 95 | 120 | 157 | 239 | 184 | 98 | 101 | 78 |
| 60－69 | 48 | 67 | 86 | 109 | 143 | 216 | 167 | 89 | 91 |
| 70－79 | 23 | 37 | 51 | 66 | 83 | 109 | 164 | 127 | 68 |
| 80＋ | 5 | 12 | 19 | 26 | 33 | 42 | 55 | 84 | 65 |
| 合計 | 1008 | 1067 | 1108 | 1102 | 1092 | 1045 | 961 | 867 | 772 |

「一人っ子」のときの中国の将来人口（単位：100万人）

**「一人っ子」政策の帰結**　ここで，いくつかのことに気づくであろう。とりわけつぎのことが，重要である。つまり，2人の成人からたった1人の子どもしか生まれてこないような低い出生率にもかかわらず，人口は今世紀末まで増加する，ということである。これは，すでに注目したように，多大な人びとが出産年齢にさしかかるからである。既存の人口が老齢化して，初めて人口全体としては減少し，それもかなり急速に減少するのである。このように中国の人口は，「一人っ子」の1世代分の効果によって，次世紀の中頃には「子ども2人」政策の場合と比べてかなり少なくなるだろう。もちろん表5に見られる人口減少のペースは，最終的にはゆるやかになる。現在生きている人びとが完全に死に絶え，合計特殊出生率が置き替わりに必要な1を少しでも下回るとき，人口はきわめてゆるやかに減少してゆくであろう。

さらに表5の数字からすれば，2000年には人口を12億人未満にするという目的が実に見事に達成されていることがわかる。もっとも中国の中央政府は，この推計ほどの成功を期待してはいない。というのは，農村地区や少数民族が多数居住している地域では，キャンペーンが完全には成功しない可能性が高いからである。実際，中国のいくつかの少数民族は，「一人っ子」の規則から除外されている。しかし，確実にいえることもある。それは，もし計画が相当程度成功するならば，中国の人口が次世紀末に，10億人未満のかなり安定しバランスのとれたものになると期待してよい，ということである。反対に，今の若い中国人の世代が出産を制限しないならば，中国の人口問題はますます深刻になるだろう。

### 練習問題

**10-1.**「一人っ子」政策を続けるけれども，「一人っ子」には希望するだけの子どもをもつことを許可するという仮定のもとで，推計をやり直してみよ。この仮定は，「一人っ子」の子どもについては，1981年の出生率に復帰することを意味している。

**10-2.** 3つの異なる仮定のもとで推計された2062年の人口構造を，中国が定常人口を達成するために必要とする人口構造と比較せよ。

# 11 簡単なゲームの理論

## 1. いろいろなゲーム

**社会のなかの葛藤**　個人間・集団間・階級間また国家間での争いごとは，例を待たない。人びとは職を求めて争い，政党は選挙での勝利を求めて争う。労働組合は賃上げを要求するが，株主と経営者は賃金の切り下げを好む。戦争にいたっては，説明の必要はあるまい。このような重大な葛藤がいかにして解決されるかを明らかにすることは，経済学者や政治学者また社会学者に課された重要かつ困難な職務である。したがって，これらの葛藤を解き明かす新しいアイディアが，興奮をもって迎えられるのは，何ら驚くべきことではない。それは，賢者の石（philosopher's stone）の発見が引き起こす興奮とくらべても，遜色のないものであろう。そうした興奮をもって迎えられた新しいアイディアとして，フォン・ノイマンとモルゲンシュテルンによる**ゲームの理論**がある[1]。ゲームの理論は，熱烈な歓迎を受けたにもかかわらず，その信奉者が期待したような成果をあげられなかったし，またしばしば馬鹿げた使い方をされてきた。しかしそのことは，ゲームの理論それ自体の，あるいはその創始者の罪ではない。そもそもフォン・ノイマンとモルゲンシュテルンの出発点となった洞察は，ある種の社会的葛藤とよくおこなわれている室内ゲームとの間には密接な対応関係がある，というものであった。それは実り多い着想だったのである。

**マッチング・ペニー**　ゲームといっても一方では，プレイヤーの手番が

---

1) J. von Neumann and O. Morgenstern, *Theory of Games and Economic Behavior*, Princeton University Press, New Jersey, 1944.（銀林浩・橋本和美・宮本敏雄監訳，『ゲームの理論と経済行動』，東京図書，1972年。）

サイコロの目によって完全にきまってしまうようなゲームがある。この種のゲームを研究しても，社会のことがわかるわけではない。それに対し，結果が**すべての**プレイヤーの戦略によって決まるようなゲームもたくさんある。これは，戦略ゲームと呼ばれる。たとえばチェスやチェッカーないしはバックギャモンでは，片方のプレイヤーが手番を決めるときには，相手の可能な手，ありそうな手を考えに入れなければならない。この状況は，マッチング・ペニー (matching pennies) のようなきわめて単純なゲームでも同じである。マッチング・ペニーでは，2人のプレイヤーが同種のコインを，それぞれ1つだけ机の上に同時に置く。表を選んでも，裏を選んでもよい。そして，もし2つとも表あるいは裏となったときには，一方のプレイヤーが賭け金をもらい，1つが表1つが裏のとき（つまり2つのコインがマッチしないとき）には，もう一方のプレイヤーが賭け金をもらうことになっている。ゲームの理論は，このようなゲームのプレイヤーが勝利の最善のチャンスを確保するために取るべき戦略を明らかにする。つまりゲームの理論は，勝利を求める合理的プレイヤーがなすべきであることを記述するものであって，ゲームのプレイヤーが実際におこなうことを記述するものではない。

**ゼロ和ゲーム**　ところでマッチング・ペニーのゲームは，行列で表現できる。レイチェル(その頭文字のRは行列の行：row を表わしている)と，チャールズ(その頭文字Cは行列の列：column を表わしている)が，10ペンスを賭けてゲームをすると仮定しよう。そしてコインがマッチすればレイチェルの勝ちで，マッチしなければチャールズの勝ちだとする。レイチェルにとっての状況は，つぎの行列で表現できる。

$$\begin{array}{c} \text{チャールズ} \\ \begin{array}{cc} \text{表} & \text{裏} \end{array} \\ \text{レイチェル}\begin{array}{c}\text{表}\\\text{裏}\end{array}\left[\begin{array}{cc} +10 & -10 \\ -10 & +10 \end{array}\right] \end{array}$$

レイチェルの利得行列

レイチェルの可能な戦略は行に，チャールズの可能な戦略は列に書いてあ

る。もしレイチェルもチャールズも表をだせば，レイチェルが勝ち10ペンス獲得するので，行が「表」で列が「表」のところに+10と記入している。これに対し，もしレイチェルが表，チャールズが裏をだせば，レイチェルは10ペンス失うので，行が「表」で列が「裏」のところに-10と記入してある。このような行列は，利得行列として知られている。もちろんチャールズの立場から，同じような行列をつくることもできる。

$$\text{レイチェル} \begin{array}{c} \\ 表 \\ 裏 \end{array} \overset{\overset{\text{チャールズ}}{表 \quad 裏}}{\begin{bmatrix} -10 & +10 \\ +10 & -10 \end{bmatrix}}$$

チャールズの利得行列

この場合チャールズの利得行列は，レイチェルの利得行列に単にマイナスの符号をつけたものにすぎない。レイチェルが獲得した分だけ，チャールズは失うのである。2つの行列を足せば，全要素が0の行列となる。こうした特性をもったゲームは，**ゼロ和**ゲームとして知られている。

**定数和ゲーム**　つぎにゲームの規則を少し変更し，勝者は獲得したお金から1ペンスだけ税金を払わなければならないとしよう。この修正されたゲームの利得行列は，つぎのとおりである。

$$\text{レイチェル} \begin{array}{c} \\ 表 \\ 裏 \end{array} \overset{\overset{\text{チャールズ}}{表 \quad 裏}}{\begin{bmatrix} +9 & -10 \\ -10 & +9 \end{bmatrix}} \qquad \text{レイチェル} \begin{array}{c} \\ 表 \\ 裏 \end{array} \overset{\overset{\text{チャールズ}}{表 \quad 裏}}{\begin{bmatrix} -10 & +9 \\ +9 & -10 \end{bmatrix}}$$

レイチェルの利得行列　　　　　チャールズの利得行列

以上2つの利得行列を足せば，つぎの行列が得られる。

$$\begin{bmatrix} -1 & -1 \\ -1 & -1 \end{bmatrix}$$

この行列はすべての要素が等しいので，勝者の獲得したお金と敗者が失ったお金の差が，つねに同額（つまり税金の額）になっていることがわかる。これは，**定数和**ゲームの例である。定数和ゲームをとり扱うときには，チャールズの利得行列はレイチェルの利得行列と定数和の値がわかれば導き出せる。このような場合には，行に書いてある戦略をもつプレイヤーたるレイチェルの観点からの行列だけを示すのが，普通である。後でわかるようにゲームの理論は，合理的プレイヤーが定数和ゲームに対していかにとり組めばよいかについては，多くのことを教えてくれる。しかし社会における争いごとの多くは，こうした特殊なものではない。そのような社会的葛藤に関しては，ゲーム理論はあまり明確な回答をだすことはできないのである。

## 2．優越戦略

定数和ゲームの解法を説明するために，室内ゲームを離れ経済学の世界に移ろう。レイチェルとチャールズが，2つしかないテレビ局それぞれの社長だとしよう。また2つのテレビ局は，ともに1チャンネルずつしか放送していないとする。つまりかれらは，経済学者のいう複占者（duopolist）であり，視聴者を求めて競争しているのである。この状況を確実に定数和ゲームとするため，何が放送されようとも一定数の視聴者がいると仮定する。ゲームは，ゴールデン・タイムのテレビ視聴をめぐっておこなわれるが，両局は前もって計画したプログラムを同時に公表し，それを変えることはないとしよう。

**利得行列による表現**　さてレイチェルとチャールズは，スポーツ，コメディー，ドラマの中からプログラムを選ぶことができる。レイチェルの局の方をみる人数は，その局のプログラムだけではなく，チャールズの局のプログラムにも依存している。下の行列は，プログラムの可能な組合せに関するレイチェルの側の利得を示している。

## 11 簡単なゲームの理論

|  |  | チャールズ |  |  |
|---|---|---|---|---|
|  |  | スポーツ | コメディー | ドラマ |
| レイチェル | スポーツ | 50 | 55 | 65 |
|  | コメディー | 40 | 50 | 60 |
|  | ドラマ | 30 | 40 | 50 |

レイチェルの利得行列

数字はレイチェルの放送局の方をみる人のパーセントであるので，チャールズの利得行列は100からそれを引算すればでてくる。つまりレイチェルにとっての利益は，チャールズにとっての損害なのだ。

　上の利得行列をみれば，スポーツが一番人気があり，そのつぎがコメディー，最後がドラマとなっていることは明らかである。だからレイチェルが，コメディーとかドラマを放送することは本当に馬鹿げたことなのだ。チャールズがどうしようとも，レイチェルはスポーツを放送すべきであり，そうすればより多くの視聴者を確保できるのである。コメディーとドラマの行の数字はすべて，対応するスポーツの行の数字よりも小さくなっているという意味で，スポーツの行はコメディーとドラマの行双方に**優越している**。これを優越戦略という。チャールズの観点からも大体同じことがいえる。スポーツの列の要素は，対応するコメディーとドラマの列の要素よりも小さくなっている。レイチェルにとって利得が小さいほど，チャールズにとっては利得が大きいということだったので，スポーツの列が他の2つの列に優越していることになる。結局，レイチェル，チャールズ双方にとって，スポーツを放送することが合理的なのである。したがってこのゲームの解は，両方の局でスポーツが毎晩放送され，それぞれ50％の視聴者を確保する，ということになる。この架空のゲームは，複占の通常の結果を示している。両局の放送内容を監督する係官がいれば，二重にスポーツを放送してしまうという無駄を防ぐ機会がきっとあっただろう。ここに，競争が画一性を生みだすというパラドックス（ないしは常識に反する帰結）がある。

## 練習問題

**11-1．** RとCが10ペンス・コインを2枚ずつもっている。そして1枚でも2枚でもよいが，それぞれがコインを手の中に握りしめておき，同時に手を開くことにする。もし両方が同じ数の硬貨を握っていた場合には，RがCの握っていた硬貨を取る。しかし両方の握っていたコイン数が違っていた場合には，CがRの握っていたコインを取る。

 (a) Rの利得行列は，どうなるか。
 (b) Cの利得行列は，どうなるか。

**11-2．** 上の問題を少し変更し，コインをまったく握らなくてかまわないとする。つまり2人のプレイヤーには，1枚も握らない，1枚だけ握る，2枚とも握る，という3つの戦略がある。このゲームでは，2人の利得行列はどうなるだろうか。

**11-3．** つぎのマトリックスは，各種の定数和ゲームにおける利得行列である。

(a)

$$
\begin{array}{c} \text{Cの戦略} \\ \begin{array}{cc} & \begin{array}{ccc} \text{I} & \text{II} & \text{III} \end{array} \\ \text{Rの戦略} \begin{array}{c} \text{I} \\ \text{II} \\ \text{III} \end{array} & \left[ \begin{array}{ccc} 3 & 4 & 6 \\ 2 & 3 & 6 \\ 1 & 2 & 3 \end{array} \right] \end{array} \end{array}
$$

(b)
$$
\begin{array}{c} \begin{array}{ccc} \text{I} & \text{II} & \text{III} \end{array} \\ \begin{array}{c} \text{I} \\ \text{II} \\ \text{III} \end{array} \left[ \begin{array}{ccc} -2 & -1 & 0 \\ -1 & 0 & 1 \\ 0 & 1 & 2 \end{array} \right] \end{array}
$$

(c)
$$
\begin{array}{c} \begin{array}{ccc} \text{I} & \text{II} & \text{III} \end{array} \\ \begin{array}{c} \text{I} \\ \text{II} \\ \text{III} \end{array} \left[ \begin{array}{ccc} -1 & -2 & 5 \\ 0 & 5 & 6 \\ 0 & 4 & 3 \end{array} \right] \end{array}
$$

(d)
$$
\begin{array}{c} \begin{array}{ccc} \text{I} & \text{II} & \text{III} \end{array} \\ \begin{array}{c} \text{I} \\ \text{II} \\ \text{III} \end{array} \left[ \begin{array}{ccc} 2 & 1 & -2 \\ 1 & 1 & 0 \\ 3 & -2 & -3 \end{array} \right] \end{array}
$$

 (1) 各ゲームについて，Rが優越戦略をもっているか否かチェックせよ。
 (2) Cは優越戦略をもっているだろうか。

(3) R，Cともに優越戦略をもっているのは，どのゲームか。

**11-4.** 練習問題1と2のゲームでは，優越戦略はあるだろうか。


## 3．鞍点と純粋戦略

**マキシミンとミニマックス**　すべての2人ゲームにおいて，各プレイヤーに優越戦略があるわけではない。これは明らかなことである。レイチェルの利得行列が，つぎのようだとしよう。

$$\begin{array}{c} \text{チャールズ} \\ \text{レイチェル} \begin{array}{c} \text{スポーツ} \\ \text{コメディー} \\ \text{ドラマ} \end{array} \begin{array}{ccc} \text{スポーツ} & \text{コメディー} & \text{ドラマ} \\ \begin{bmatrix} 65 & 40 & 20 \\ 55 & 50 & 60 \\ 30 & 45 & 70 \end{bmatrix} \end{array} \end{array}$$

レイチェルの利得行列

この場合には，視聴者の選好（preference）はプログラムだけでなく，それがどちらの局で放送されるかにも依存している。その結果，上の利得行列ではどの行も他の行に優越していないし，どの列も他の列に優越されていない。それではレイチェルにとっての合理的戦略は，どれになるのであろうか。ここで，レイチェルがどれか特定のプログラムを選択したとき，起こりうる最悪の状態がどうなるか検討してみよう。まずレイチェルがスポーツを選択した場合，起こりうる最悪の結果は，チャールズがドラマを放映し市場の20％しか確保できないときである。同様にコメディーを選んだ場合には，起こりうる最悪の結果は，市場の50％を確保するときであり，またドラマの場合の最悪の結果としてありうるのは市場の30％を確保することである。したがって，もしレイチェルが安全ということを第一義的に考えるならば，コメディーを選択した場合の最悪の結果が他のプログラムを選択した場合の最悪の結果よりもまだましだという理由から，コメディーを選択するだろう。そして，その場合はチャールズもコメディーの放映を選択するので，レイチェルは50％の視聴率をあげることになろう。数学的には，レイチェルの行動原理は

結局つぎのようになる。つまり，まず各行において最小（ミニマム）の数字を見つけ，つぎにそれらの数字の中から最大（マキシマム）のものを見つけ，その数字を含む戦略を選択するという原理である。

　チャールズもまた同じ方法を採用し，各戦略をとった場合に起こりうる最悪の結果を探し，つぎにその中から最良のものを取りだすとしよう。問題の利得表はレイチェルの観点から表わされているので，チャールズの行動原理は，各列の最大要素を見つけ，つぎに最大要素のうちで最小の要素を見つけるということになる。チャールズにとっての最悪の結果は，レイチェルの利得でいうと，スポーツを選択した場合には65％，コメディーの場合は50％，ドラマの場合には70％となっている。以上の結果のうちチャールズにとって最良のものは，自分がコメディーを選び，レイチェルもまたコメディーを選び，両方ともが50％ずつの視聴率をあげるときである。

　レイチェルとチャールズが以上のような仕方で戦略を選択するならば，かれらは安全を第一義的に考えて行動しているといえる。レイチェルにとってもチャールズにとっても，コメディーを放送した場合の起こりうる最悪の結果は，相手もまたコメディーを放送するときである。このとき，レイチェルが求めた行の最小要素のうちの最大要素（あまり良い名称ではないが，マキシミンとよばれる）が，チャールズが求めた列の最大要素のうちの最小要素（これは，ミニマックスとよばれる）と一致していることに注意しなければならない。

**マキシミンとミニマックスの一致**　両方の局でコメディーを放送することが，このゲームの解だとみなしうるのは，マキシミンとミニマックスが一致しているためである。というのは，チャールズがコメディーを放送している場合，レイチェルがコメディーの戦略を別の戦略に変更するならば，状況はかえって悪化するからである。同様に，レイチェルがコメディーを放送している場合，チャールズがコメディーの戦略を別の戦略に変更するならば，状況はかえって悪化する。したがってどちらの側にも，コメディーを放送するという戦略を変更する誘因はないのである。その意味で，このゲームの結果を均衡と呼ぶことができる。このようにレイチェルにとってのマキシミンと，チャールズにとってのミニマックスが一致している場合には，双方のプレイヤーが単一の戦略をとるという単純な解（**純粋戦略の解**と呼ばれる）が得

られる.そしてマキシミンかつミニマックスに該当する行列の要素は,**鞍点**といわれている.これから説明するように,行列が鞍点を含んでいない場合には,ゲームは純粋戦略の意味での解をもたないのである.

### 練習問題

**11-5.** つぎの行列は,いろいろな定数和ゲームに関するレイチェルの利得行列を表わしている.それぞれのゲームについて,レイチェルにとってのマキシミンと,チャールズにとってのミニマックスを見つけよ.また,どのゲームが鞍点をもち,したがって純粋戦略の解をもっているか検討せよ.

$$\text{(a)} \begin{bmatrix} -1 & 1 \\ -2 & 3 \end{bmatrix} \quad \text{(b)} \begin{bmatrix} 3 & 1 \\ -4 & 2 \end{bmatrix} \quad \text{(c)} \begin{bmatrix} 3 & 1 \\ -4 & 0 \end{bmatrix}$$

$$\text{(d)} \begin{bmatrix} -1 & -1 & 2 \\ 1 & 0 & 0 \\ 0 & -1 & -2 \end{bmatrix} \quad \text{(e)} \begin{bmatrix} 4 & -1 & -3 \\ 2 & 1 & 3 \\ -2 & 0 & 5 \end{bmatrix}$$

$$\text{(f)} \begin{bmatrix} 1 & 2 & 3 \\ 3 & 3 & 4 \\ 2 & 5 & 4 \end{bmatrix} \quad \text{(g)} \begin{bmatrix} 3 & 2 & 1 & -1 & 0 \\ 1 & 0 & -2 & -2 & 3 \end{bmatrix}$$

**11-6.** さきほどの練習問題 **11-1**(198頁)の「コイン・ゲーム」は鞍点をもっていないが,**11-2**の「コイン・ゲーム」は鞍点をもっていることを示せ.

## 4.混合戦略

**ゲームの単純化** ここでもう一度レイチェルとチャールズに登場してもらうが,2人の選好は変化し,レイチェルの新しい利得行列がつぎのようになっているとしよう.

|  |  | チャールズ |  |  |
|---|---|---|---|---|
|  |  | スポーツ | コメディー | ドラマ |
| レイチェル | スポーツ | 30 | 20 | 60 |
|  | コメディー | 60 | 50 | 40 |
|  | ドラマ | 70 | 40 | 30 |

このゲームの解が，優越戦略によってえられるかどうか注意深く検討してみると，以下のことがわかる。まずレイチェルの戦略をみてみると，どの戦略も他の戦略に対して優越していない。しかしチャールズについては，レイチェルの戦略にかかわらず，スポーツよりはコメディーを放送した方がつねに有利になっている。つまりコメディーの列が，スポーツの列に対し優越しており，チャールズがスポーツを放送することはありえないのである。したがってこのゲームから，余分なスポーツの列をとり除き，つぎの利得行列につくり替えよう。

|  |  | チャールズ |  |
|---|---|---|---|
|  |  | コメディー | ドラマ |
| レイチェル | スポーツ | 20 | 60 |
|  | コメディー | 50 | 40 |
|  | ドラマ | 40 | 30 |

すると今度は，レイチェルの側ではコメディーがドラマに対して優越していることが明らかである。つまりドラマの行は余計であり，行列から除くことができる。すると利得行列は，

|  |  | チャールズ |  |
|---|---|---|---|
|  |  | コメディー | ドラマ |
| レイチェル | スポーツ | 20 | 60 |
|  | コメディー | 50 | 40 |

となる。

**鞍点が存在しないとき**　これまではゲームを単純化することに成功して

きた。しかしこれ以上は，優越された戦略をとり除いてゆくことはできない。したがってつぎの段階に進み，鞍点を探してみよう。レイチェルにとってスポーツを選択した場合に生じうる最悪の結果は，チャールズがコメディーを選択し，20％の視聴率に終わるときである。これに対しコメディーを選択した場合には，最悪の結果はチャールズがドラマを放送し，40％の視聴率となるときである。レイチェルにとって最悪の結果のうち最良のもの（マキシミン）は，この40％である。他方チャールズにとって最良の結果のうち最悪のもの（ミニマックス）は，双方がコメディーを放送しともに50％の視聴率を確保するときである。したがってこの行列の行のマキシミンは，列のミニマックスと一致せず，鞍点は存在しない。

　もし双方のプレイヤーが安全を第一義的に考えて行動するならば，2人ともコメディーの戦略を選択するが，これはさきほどの例と同じ意味での均衡にはなっていない。というのはレイチェルがコメディーを放送する場合，チャールズはコメディーからドラマに戦略を切り替えれば自分の立場を改善できるからである。これに対しレイチェルの方は，相手がドラマに切り替えたのであるから，コメディーからスポーツに切り替えることで利得を増やすことができるのである。このように議論は循環に陥り，さきほどの例とは異なって，このゲームには明瞭な解はないことになる。

　このゲームが継続的にプレイされるとして，直観的にはつぎのように考えることができよう。各プレイヤーは戦略をときどき切り替えることで，互いに相手を攪乱しようとするだろう。つまりレイチェルは，自分のとる戦略が相手に見透かされて打ち負かされないように，ときにはスポーツを，またときにはコメディーを放送するだろう。チャールズもまた，同じように行動するだろう。そうすると，それぞれのプレイヤーは2つの番組をどのように混ぜ合わせて放送すればよいのだろうか。ここでレイチェルが，最適の戦略はコメディーをスポーツの4倍だけ放送することだ，と決定したとしよう。しかしもしレイチェルがこの決定を，スポーツ番組を5週目ごとに放送することで実行しようとするならば，どうであろうか。それはつねに同じ番組を放送するのと変わりないので，レイチェルの行動は相手に完全に予測されてしまう。つまりチャールズは，ドラマを5週目ごとに放送し，他の回はコメディーを放送すればよいのである。その結果レイチェルは，つねにコメディー

を放送するときよりも不利になってしまう。自分の行動を予測されないためには、レイチェルはスポーツを定期的に放送してはいけないのである。それでは、スポーツを定期的ではなくしかも5分の1だけ放送するには、どうしたらよいのであろうか。

　それには、2色のチップを使う簡単な方法がある。つまり4個の赤色のチップと、1個の青色のチップを袋に入れ、無作為に(目をつむって)1個だけチップをとりだすのである。そして、とりだされたチップが赤色ならばコメディーを、青色ならばスポーツを放送するといった仕方で、毎日の番組を決めればよい。しかしそもそも、それぞれの色のチップを何個ずつ袋に入れればよいのだろうか。戦略の最適の混合を見いだすためには、いろいろな確率の下で2つの戦略を選択したとき、レイチェルの利得がどうなるかを検討してみなければならない。これを図で表わすことは簡単である。

　**確率ベクトル**　レイチェルがスポーツを放送する確率を $p_1$ とする。これは、0から1までの任意の値をとる。このときコメディーを放送する確率は、$p_2(=1-p_1)$ となるので、レイチェルの戦略はつぎのような確率ベクトル $\boldsymbol{p}$ で表現できる。

$${}^t\boldsymbol{p} = [p_1, \quad p_2]$$

　つぎに1単位の長さをもつ線分ＡＢを書く。$p_1$ をこの線分の左の端(A)から、$p_2$ を右の端(B)から測るならば、可能なすべての確率ベクトルは線分上のある点によって示されることになる。

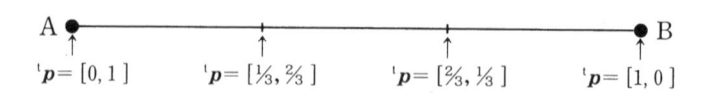

```
A●————↑————————↑————————↑————————●B
  ↑                                ↑
ᵗp=[0,1]    ᵗp=[⅓,⅔]   ᵗp=[⅔,⅓]   ᵗp=[1,0]
```

さて可能なすべての確率ベクトルに対応するレイチェルの利得を、線分ＡＢから上に垂直に測ってみればどうなるだろうか。つぎのような図を書いてみよう。

## 11 簡単なゲームの理論　205

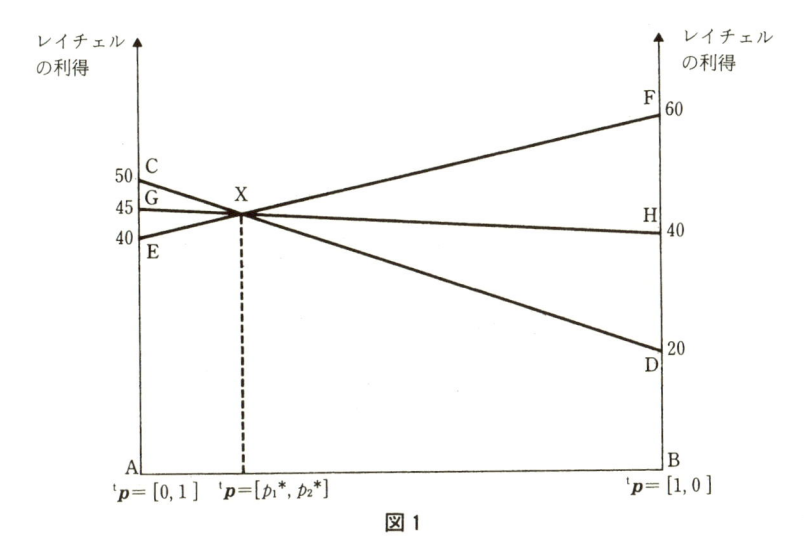

[図：レイチェルの利得を表すグラフ。左側の縦軸に50(C), 45(G), 40(E)、右側の縦軸に60(F), 40(H), 20(D)。横軸はA(${}^tp=[0,1]$)からB(${}^tp=[1,0]$)、中間にX(${}^tp=[p_1^*, p_2^*]$)]

**図1**

**利得を表わす直線**　チャールズが，コメディーだけ放送する場合をとりあげよう。このとき，レイチェルの利得はその戦略に応じて変化する。たとえば，レイチェルもまたコメディーだけ放送するなら利得はいつも50であるが，スポーツだけ放送すれば利得は20である。また2つの番組を混ぜ合わせ，$p_1$ の割合でスポーツを，また $p_2$ の割合でコメディーを放送すれば，利得は

$$20p_1 + 50p_2$$

となる。これは

$$[p_1, p_2] \begin{bmatrix} 20 \\ 50 \end{bmatrix}$$

と書くことができる。ところで，$p_2 = 1 - p_1$ であるので，

$$\text{レイチェルの利得} = 20p_1 + 50 - 50p_1$$
$$= 50 - 30p_1$$

となる。つまり $p_1$ が0.1だけ大きくなれば，レイチェルの利得は3だけ減少するのである。したがってチャールズがつねにコメディーを放送している場合

には，$p_1$を大きくする（線分のAからBに向かって動かす）につれて，レイチェルの利得は同じ割合で減少する。図1の直線CDが，それである。

同様にチャールズがドラマだけ放送する場合には，レイチェルがコメディーだけ放送すれば利得は40，またスポーツだけ放送すれば利得は60となる。しがってこの場合，レイチェルの利得は直線EFで表わされる。このようにチャールズが純粋戦略を採用する場合には，レイチェルの利得をつぎのように表現することができる。

$$[p_1, p_2] \begin{bmatrix} 20 & 60 \\ 50 & 40 \end{bmatrix} = [20p_1+50p_2,\ 60p_1+40p_2]$$

（上段：チャールズ　コメディー　ドラマ）

しかし，チャールズが純粋戦略を採用する，と信じるべきいかなる理由もない。たとえばチャールズがコインを投げて，コメディーとドラマを等しい確率で放送できるようにしたらどうであろうか。この場合レイチェルの期待利得は，チャールズが2つの純粋戦略をとったときに期待される利得の平均値になるだろう。それは図1でいえば，直線GHで表わされている。いかなる確率ベクトル $p$ の場合でも，レイチェルの利得は直線CDと直線EFとの間に位置している。同様にチャールズがコメディーとドラマを放送する確率を違えた場合でも（$[q_1, q_2]$ としよう），レイチェルの利得は図の左端ではCとEの間の1点から始まり，ついでXを通り，図1の右端ではDとFの間のどこか1点に終わる直線で表わされる。

**利得を表わす数式**　数式による表現にたち帰ってみよう。チャールズが混合戦略をとった場合，レイチェルの利得は

$q_1 \times$（チャールズがコメディーの戦略をとる場合のレイチェルの利得）
$+ q_2 \times$（チャールズがドラマの戦略をとる場合のレイチェルの利得）

となる。これは当然，

$$(20p_1+50p_2)q_1+(60p_1+40p_2)q_2$$

ないしは，行列表現で

$$[p_1, p_2] \begin{bmatrix} 20 & 60 \\ 50 & 40 \end{bmatrix} \begin{bmatrix} q_1 \\ q_2 \end{bmatrix}$$

となる。このゲームの利得行列をGで表わすと，行に指定されているプレイヤーの期待利得は，

$${}^t\boldsymbol{p}\mathrm{G}\boldsymbol{q}$$

となる。ただし ${}^t\boldsymbol{p}$ は行に指定されているプレイヤーが各戦略に割り振る確率からなる行ベクトル，$\boldsymbol{q}$ は列に指定されているプレイヤーが戦略に割り振る確率からなる列ベクトルである。したがって行に指定されているプレイヤーの目的は，列に指定されているプレイヤーが任意の $\boldsymbol{q}$ を選択したとき，自分の期待利得（${}^t\boldsymbol{p}\mathrm{G}\boldsymbol{q}$）を最大化することである。同様に，列に指定されているプレイヤーの目的は，行に指定されているプレイヤーが任意の $\boldsymbol{p}$ を選択したとき，自分の期待利得を最大化することなのである。これは要するに，もうすでに読者にもお馴染みとなったマキシミンとミニマックスを求めることにほかならない。レイチェルはあらゆる $\boldsymbol{p}$ について，チャールズが自分にとって最悪の結果をもたらす $\boldsymbol{q}$ をとったとき，期待利得はどうなるかを検討する。そしてレイチェルは，自分にとって最もましな $\boldsymbol{p}$ をとることになる。

**グラフによる表現**　図2は，この単純な 2×2 のゲームについて，レイチェルからみた状況を示している。

ところで，1点において交わる複数の直線が書かれた図があるときはいつも，その交点はなにか特別の意味をもっているものである。図2の場合，点Xがそれに該当する。この点におけるレイチェルの確率ベクトル ${}^t\boldsymbol{p}^*$ （$= [p_1{}^*, p_2{}^*]$）は，重要な意味をもっていることだろう。もしレイチェルがスポーツを $p_1{}^*$ より小さな確率で放送するならば，最悪の結果はどうであろうか。それはチャールズがコメディーを放送するときであり，それぞれの確率ベクトルに対応するレイチェルの期待利得は，線EX上の点で与えられる。またスポーツを $p_1{}^*$ より大きな確率で放送するならば，最悪の結果はチャールズが

*208*

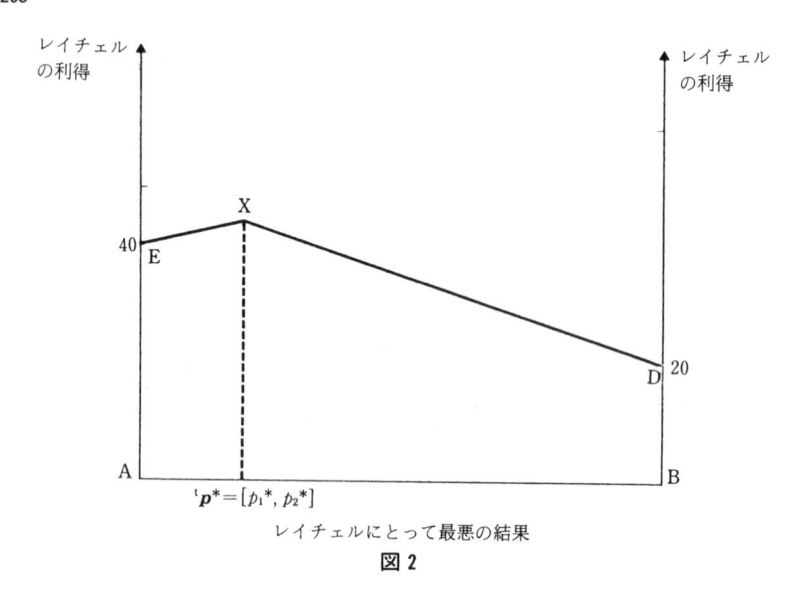

```
レイチェル                              レイチェル
の利得                                   の利得


              X
   40
    E

                                          D  20


   A                                         B
        ᵗp*=[p₁*, p₂*]
        レイチェルにとって最悪の結果
                  図 2
```

ドラマを放送するときに生じる。そのときのレイチェルの期待利得は，今度は，線XD上の点で与えられている。

このように，最悪の結果のうちの最もましなものが点Xによって与えられることは容易に理解されよう。この点におけるレイチェルの期待利得は，確実に期待できる最大の視聴率となっている。$^tp^*$ と少しでも異なる戦略を選べば，相手のプレイヤーが合理的である限り，結果はより悪くなるのである。

**レイチェルのとるべき混合戦略**　以上のようなレイチェルにとっての最適戦略を計算するのは，ごく簡単である。Xにおけるレイチェルの期待利得は，チャールズがどのような戦略をとろうとも同一である。たとえばチャールズがコメディーを選べば，レイチェルの利得は

$$20p_1 + 50p_2$$

である。これに対し，ドラマが選ばれたときは

$$60p_1 + 40p_2$$

である。これら2つの利得は点Xにおいては等しいので，

$$20p_1{}^* + 50p_2{}^* = 60p_1{}^* + 40p_2{}^*$$
$$4p_1{}^* - p_2{}^* = 0$$

となる。定義から，

$$p_2{}^* = 1 - p_1{}^*$$

なので，結局

$$p_1{}^* = \frac{1}{5}$$

となる。つまりレイチェルの戦略は，5回に1回の割合でスポーツを，5回に4回の割合でコメディーを放送すべし，というものである。レイチェルがこの戦略をとっている限り，毎夜自分の番組をみると期待できる平均の視聴率は，

$$20p_1{}^* + 50p_2{}^* = 20\left(\frac{1}{5}\right) + 50\left(\frac{4}{5}\right) = 44$$

この44という数値は，**ゲームの値**とよばれるもので，レイチェルがこの混合戦略を長期に渡って採用した場合に期待できる平均の視聴率を表わしている。

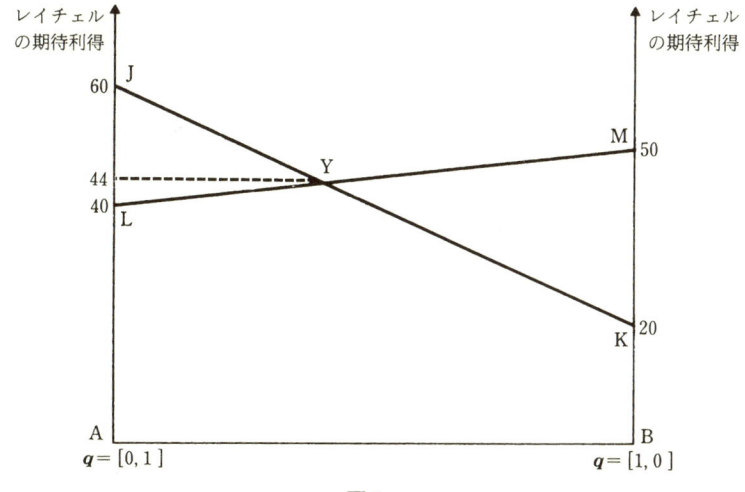

図3

これまでのことを行列によって表現すれば，チャールズがいかなる $q$ を選ぼうとも，

$${}^t\boldsymbol{p}^* G \boldsymbol{q} = 44$$

を満たすベクトル ${}^t\boldsymbol{p}^*$ が存在し，またレイチェルが ${}^t\boldsymbol{p}^*$ 以外のベクトル ${}^t\boldsymbol{p}$ を選べば，チャールズは

$$ {}^t\boldsymbol{p} G \boldsymbol{q} \leqq 44 $$

となるようなベクトル $q$ を選択しうる，ということを示したことになる。

**新しいグラフ**　これまでのグラフにおいては，チャールズは副次的な役割しかはたしていない。つまりチャールズは，レイチェルのとる戦略に対しあれこれと反応するだけの存在である。しかし，両者の役割を逆転させることもできるのである。それには，チャールズのとりうるベクトル $\boldsymbol{q}$ を，1単位の長さの線分上で表現すればよい。ここで $q_1$ がコメディーを放送する確率で，$q_2$ がドラマを放送する確率であったことを思い出そう。すると，つぎのような新しい図を書くことができる。

チャールズのとるさまざまな戦略に対するレイチェルの期待利得は，前とおなじように計測できる。まずレイチェルがいつもスポーツを放送する場合，レイチェルの期待利得はつぎのようになる。つまりチャールズがドラマを選べば，点Jに示されているように60，これに対しチャールズがコメディーを選べば点Kの20となる。したがって直線JKは，チャールズの戦略に対して，スポーツを選んだ場合のレイチェルの期待利得を表わしている。同様に直線LMは，コメディーを選んだ場合のレイチェルの期待利得を表わしている。JK上の利得の値は，

$$20 q_1 + 60 q_2$$

であり，LM上の利得の値は

$$50 q_1 + 40 q_2$$

である。

前と同じ議論にしたがえば，レイチェルが混合戦略を採用する場合，レイチェルの利得はJとLの間のどこか1点から始まり，ついでYを通り，最後にKとMの間の1点に終わることがわかる。

**チャールズの利得**　図3をチャールズの眼からみれば，どうなるだろうか。チャールズにとってさまざまな戦略をとる場合，起こりうる最悪の結果は，図4のように折れ線JYMで表わされる。この線上では，チャールズのとるあらゆる戦略に対し，レイチェルの利得は最大可能な値をとっており，反対にチャールズの利得は最小となっている。このときチャールズにとっての最悪の結果のうち最もましなものは，Yの箇所である。

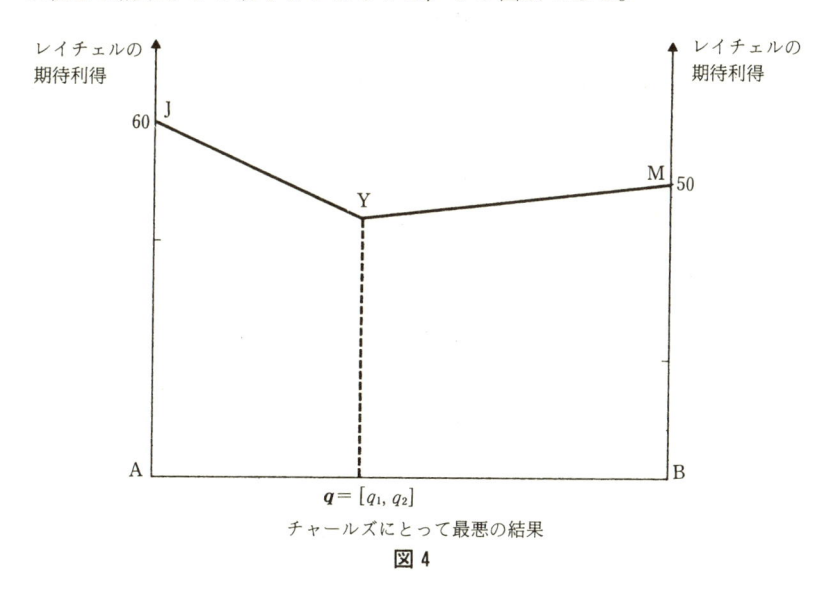

図4

**混合戦略による解**　さて，点Yに対応するチャールズの確率ベクトルを$q^*$としよう。この点におけるチャールズの利得は，レイチェルがスポーツを放送しようがそれともコメディーを放送しようが，まったく同一なので

$$20q_1^* + 60q_2^* = 50q_1^* + 40q_2^*$$

となる。しかし

$$q_2{}^* = 1 - q_1{}^*$$

なので，方程式を解けば

$$\boldsymbol{q}^* = {}^t[q_1{}^*, q_2{}^*] = {}^t\left[\frac{2}{5}, \frac{3}{5}\right]$$

となる。つまりチャールズは，コメディーを $\frac{2}{5}$ の確率で，ドラマを $\frac{3}{5}$ の確率で放送すればよい。チャールズがそのように行動するならば，レイチェルの期待利得は

$$20\left(\frac{2}{5}\right) + 60\left(\frac{3}{5}\right) = 44$$

となる。この結果は，レイチェルの観点からゲームを分析したさきほどの結果と一致しているが，それはけっして偶然ではないのである。チャールズがベクトル $\boldsymbol{q}^*$ を選択すれば，レイチェルがどのような戦略を採用しようとも，ゲームの値が44を越えることはない。

$${}^t\boldsymbol{p}\mathrm{G}\boldsymbol{q}^* = 44$$

またチャールズがベクトル $\boldsymbol{q}^*$ 以外のベクトル $\boldsymbol{q}$ を選択すれば，レイチェルは

$${}^t\boldsymbol{p}\mathrm{G}\boldsymbol{q}^* > 44$$

となるようなベクトル ${}^t\boldsymbol{p}$ を選択することができる。

このようにレイチェルは，44％の視聴率を期待利得として保障する戦略を有しているし，チャールズはレイチェルの期待利得をその値に制限できる戦略を有しているのである。さてこれまで混合戦略を探求してきたが，つぎのことがわかった。つまりレイチェルにとって最悪の結果のうちもっともましなものは，チャールズにとって最悪の結果のうちもっともましなものと一致する，ということである。以前の用語を使えば，鞍点が見つかったわけであるが，今回は双方のプレイヤーが混合戦略を採用していることが違っている。しかしそれもまた，納得的なゲームの解である。というのは，もしどちらか一方のプレイヤーが，計算されたような最適の戦略からハズれることがあれ

ば，もう一方のプレイヤーは戦略を変更することによって利益をえることができるからである。したがってどちらのプレイヤーにも，最適の戦略から移行するいかなる誘因も存在していないのである。

**$m \times n$ ゲームの解** われわれのゲームは，3×3の行列から始まった。都合のよいことに，ある戦略が優越されていたので，ゲームは2×2に縮約された。しかしさらに進んで，すべての2人定数和ゲームには，つねに解が存在することを示すことができる。このようにいかに大きいゲームであっても，優越戦略による解か，純粋戦略をともなう鞍点による解か，あるいは混合戦略をともなう鞍点による解か，いずれかの解を見いだすことができる。$m \times n$ の行列で表わされるゲーム（$m$ も $n$ も 2 より大きい場合）に関して最適の戦略を解としてえることは，2×2のゲームよりも少しややこしくなる。理論上はそのようなゲームでも，線型計画法で用いられる計算方法によって解くことができる[2]。しかし実際には，いくらコンピューターを使っても，チェスのようなきわめて複雑なゲームの鞍点を見つけることには成功していない。

社会的葛藤の分析に定数和ゲームを適用してみる前に，別のゲームを例にとって，これまでみてきた理論を手早くおさらいしておこう。

## 5．別のゲームによる復習

**もう1つのゲーム** ある有名なゲームの変種を考えてみよう。2人のプレイヤー（RとC）がいる。各々のプレイヤーには，旗を1本たてるかあるいは2本たてるかの戦略が開かれている。もし2人が同じ数の旗をたてた場合には，Rの勝ちで，2人がたてた旗の数の合計分のペンスをもらうことができる。旗の数が違っている場合には，Cの勝ちで，やはり2人がたてた旗の数の合計分のペンスをもらうことができる。

このときRの利得行列が，つぎのようになることはすぐにわかる。

---

2) たとえば，K.Sasaki, *Introduction to Finite Mathematics and Linear Programming*, Wadsworth, California, 1970 をみよ。

$$\begin{array}{c} \phantom{R}\quad\text{C} \\ \phantom{R}\ \text{1本}\ \text{2本} \\ R\begin{array}{c}\text{1本}\\\text{2本}\end{array}\begin{bmatrix} 2 & -3 \\ -3 & 4 \end{bmatrix}=G \\ \text{Rの利得行列} \end{array}$$

RもCも優越戦略はもっていないし，Rにとってのマキシミン($-3$)は，Cにとってのミニマックス($2$)と等しくない。これは，このゲームが純粋戦略による解をもっていないことを意味している。

**Rの最適戦略**　そこでRが

$$[p_1, p_2] = {}^t\boldsymbol{p}$$

の混合戦略を採用するとしよう。このとき，Rの期待利得はCの2つの戦略に応じてつぎの行ベクトルで表現できる。

$$\phantom{{}^t\boldsymbol{p}G=[p_1,p_2]}\quad\quad\quad\ \ \text{C}$$
$$\phantom{{}^t\boldsymbol{p}G=[p_1,p_2]}\quad\ \ \text{1本}\quad\ \text{2本}$$
$${}^t\boldsymbol{p}G=[p_1, p_2]\begin{bmatrix} 2 & -3 \\ -3 & 4 \end{bmatrix}=[2p_1-3p_2,\ -3p_1+4p_2]$$

さてRにとってゲームの解は，要するにCのとる戦略にはかかわりなく，可能な期待利得のうち最もましなものを保障してくれるものだった。したがって$p$が最適の戦略であるならば，Rの期待利得はCが旗を1本たてようが2本たてようがまったく同一でなければならない。

こうしてRが最適戦略（${}^t\boldsymbol{p}^* = [p_1^*, p_2^*]$）をとれば，

$$2p_1^* - 3p_2^* = -3p_1^* + 4p_2^*$$
$$5p_1^* = 7p_2^*$$

となっている。しかし

$$p_1^* = 1 - p_2^*$$

であるので，

$$p_1^* = \frac{7}{12}$$

結局，

$${}^t\boldsymbol{p}^* = \left[ \frac{7}{12}, \frac{5}{12} \right]$$

となる．つまりRは旗を1本たてる戦略を $\frac{7}{12}$ の確率でとればよい．Rがこのような基準にしたがって行動するとき，Rの期待利得はCがどのような戦略をとろうとも，

$$2p_1 - 3p_2 = \frac{14}{12} - \frac{15}{12} = -\frac{1}{12}$$

である．したがってRにとっての最低限の保障は，平均すると1回のゲームあたり少し損をする，というものになる．

**Cの最適戦略** 今度は，Cがつぎのような混合戦略を採用すると仮定し，同じゲームをCの観点から検討してみよう．

$$\boldsymbol{q} = \left[ \begin{array}{c} q_1 \\ q_2 \end{array} \right]$$

すると，CがRの2つの戦略に応じて失うと期待しうる量は，つぎの列ベクトルで表現できる．

$$G\boldsymbol{q} = \left[ \begin{array}{cc} 2 & -3 \\ -3 & 4 \end{array} \right] \left[ \begin{array}{c} q_1 \\ q_2 \end{array} \right] = \begin{array}{c} R \\ \end{array} \begin{array}{c} 1本 \\ 2本 \end{array} \left[ \begin{array}{c} 2q_1 - 3q_2 \\ -3q_1 + 4q_2 \end{array} \right]$$

(このベクトルは，Cが獲得するのではなく失うと期待しうる量を示している．というのは，GはCではなくRの利得行列だから．)

さきほどと同じように考えると，Cにとって最良の戦略は保障された損失の水準を最小にするものであることが理解できる．このとき，Cにとっての

期待損失（ないしは利得）は，Rにとっての期待利得と同一である。したがって最適戦略を

$$\boldsymbol{q}^* = \begin{bmatrix} q_1{}^* \\ q_2{}^* \end{bmatrix}$$

で表わせば，

$$2q_1{}^* - 3q_2{}^* = -3q_1{}^* + 4q_2{}^*$$

となる。ここで

$$q_2{}^* = 1 - q_1{}^*$$

$$q_1{}^* = \frac{7}{12}$$

このゲームでは，Cの最適戦略（確率 $\frac{7}{12}$ で旗を1本たてる）はたまたまRの最適戦略と同じである。しかしかりに両者が異なっていても，最適戦略を採用した場合のCの期待損失は，最適戦略を採用した場合のRの期待利得と同一である。

$$\text{Cの期待損失} = \text{R} \begin{matrix} 1本 \\ 2本 \end{matrix} \begin{bmatrix} 2q_1{}^* - 3q_2{}^* \\ -3q_1{}^* + 4q_2 \end{bmatrix}$$

$$= \begin{bmatrix} -\frac{1}{12}, & -\frac{1}{12} \end{bmatrix}$$

つまりCは最適戦略を採用する限り，Rがいかなる戦略をとろうとも，1ゲームにつき平均 $\frac{1}{12}$ ペンスを獲得することができるのである。以上を要約すれば，このゲームの最適戦略はつぎのようになる。

$${}^t\boldsymbol{p}^* = \begin{bmatrix} \frac{7}{12}, & \frac{5}{12} \end{bmatrix} ; \boldsymbol{q}^* = \begin{bmatrix} \frac{7}{12} \\ \frac{5}{12} \end{bmatrix}$$

そしてRにとってのゲームの値は，$-\frac{1}{12}$ である。

## 練習問題

**11-7.** つぎのゲームについて，Rの最適戦略が ${}^t\!p^* = \left[\dfrac{7}{8}, \dfrac{1}{8}\right]$，Cの最適戦略が $q^* = {}^t\!\left[\dfrac{5}{8}, \dfrac{3}{8}\right]$，Rにとってのゲームの値が $\dfrac{3}{8}$ であることを示せ。

$$\begin{array}{c} & C \\ & \begin{array}{cc} 1 & 2 \end{array} \\ R \begin{array}{c} 1 \\ 2 \end{array} & \left[\begin{array}{cc} 0 & 1 \\ 3 & -4 \end{array}\right] \end{array}$$

**11-8.** Rの利得行列は

$$\begin{array}{c} & C \\ & \begin{array}{ccc} 1 & 2 & 3 \end{array} \\ R \begin{array}{c} 1 \\ 2 \\ 3 \end{array} & \left[\begin{array}{ccc} 0 & -1 & 3 \\ 3 & 2 & 1 \\ 4 & 1 & 0 \end{array}\right] \end{array}$$

である。優越戦略を検討し，このゲームが $2 \times 2$ の行列に縮約されることを示せ。

**11-9.** Rの利得行列が

$$\begin{array}{c} & C \\ & \begin{array}{ccc} 1 & 2 & 3 \end{array} \\ R \begin{array}{c} 1 \\ 2 \\ 3 \end{array} & \left[\begin{array}{ccc} 2 & 1 & 0 \\ 1 & -2 & -1 \\ -3 & 3 & -2 \end{array}\right] \end{array}$$

であるゲームについて，考えてみる。まず優越されている行を探し，それを除去する。そして今度は，残っている行列について優越されている列を除去する。このやり方で，このゲームの解をみつけよ。

**11-10.** Rの利得行列は

$$\begin{array}{c} & & C \\ & & \begin{array}{ccc} 1 & 2 & 3 \end{array} \\ R & \begin{array}{c} 1 \\ 2 \end{array} & \left[ \begin{array}{ccc} 5 & -10 & 5 \\ -10 & 5 & 5 \end{array} \right] \end{array}$$

である。RとCの最適戦略およびゲームの解をみつけよ。

**11-11.**「ジャンケン」は，よく知られたゲームである。2人のプレイヤーは同時に，2本の指（チョキ）か手のひら（パー）かこぶし（グー）のいずれかをだす。もちろん「チョキはパーに勝つ」「パーはグーに勝つ」「グーはチョキに勝つ」ことになっている。こうして勝った方は1点もらい，同じ手をだしたときは引き分け（0点）とする。

このゲームの利得行列は，つぎのようである。

$$\begin{array}{c} & & & C \\ & & \begin{array}{ccc} \text{チョキ} & \text{パー} & \text{グー} \end{array} \\ R & \begin{array}{c} \text{チョキ} \\ \text{パ ー} \\ \text{グ ー} \end{array} & \left[ \begin{array}{ccc} 0 & 1 & -1 \\ -1 & 0 & 1 \\ 1 & -1 & 0 \end{array} \right] \end{array}$$

(1) どの戦略も優越されていないし，また純粋戦略による解もないことを確認せよ。

(2) RとCの最適戦略は，どうであろうか。
（本章では，3×3ゲームについて混合戦略による解をみつけることは扱っていないが，このゲームの場合には解が簡単にみつかるのである。）

# 12 定数和ゲーム理論の応用
——部族社会の知恵?——

**なぜ定数和ゲームは使いにくいか** 前章のはじめで強調したように定数和ゲーム理論は,合理的な人びとならどのような手を取るべきかを指示するだけで,人びとが現実にどのようにそのゲームを遂行するかを記述するものではない。この点に関しては,賢明な(と一般に想定しうる)学生たちを被験者として,心理学者たちがとり組んできた実験が参考になる。それは,ゲームを繰り返しおこなう間に,かれらが最適戦略を発見できるかどうかを調べる実験である[1]。それらの結果は概ねつぎのように整理できる。すなわち小規模のゲームに限っていえば,ゲームの解が純粋戦略によって決まる場合には学生たちは最適戦略を発見しうるが,混合戦略が要求される場合には最適解を発見することはできない。後者の場合,ゲーム理論はどの手をとるべきかを確率的に指示するが,実際のところ学生たちがそれらの確率に忠実にしたがって手を変えているとは到底考えられない。もちろんこれらは実験室での実験結果であるから,それらを「現実世界」のゲームに直接置き換えることには注意が必要だろう。それでも理論どおりに進まない多くの紛争状況が現実にありうることを示すには,十分である。

さてこの理論を適用するときのもうひとつの問題は,ほとんどの現実の社会紛争は定数和ゲームの形をとらないということである。前章の架空の例に

---

[1] たとえばつぎの文献を参照せよ。Bernard Lieberman, 'Human behavior in a strictly determined 3×3 matrix game', *Behavioral Science,* Vol.5, 1960, pp.317-22, あるいは, Bernard Lieberman and David Malcolm, 'The behavior of responsive individuals playing a two-person game requiring the use of mixed strategies', *Psychoanalytic Science,* Vol.2, 1965, pp.373-4.

おいては，放送番組の内容にかかわらずテレビを見る人の全体人数は一定であり，またレイチェルとチャールズは視聴者の絶対数ではなく相対比率にのみ関心をもっていることが仮定された。もしも番組の組合せによって視聴者の総数が変わり，しかもテレビ局が視聴者の絶対数に関心をもっているとしたならば，この例はその時点で定数和ゲームではなくなる。その他にもさまざまな可能性がある。たとえば番組の変更によって，一方の局が獲得した分だけ他方の局が視聴者を失うのではなく，両局がともに視聴者を獲得したり失ったりする結果が招かれることもある。

たしかに複占を仮定することは，ゲーム理論を適用するためのひとつの妥当な方策ではあるけれども，どんな問題も定数和ゲームとして完全に記述しうるものではない。初期の研究段階では，しばしば複占を仮定した定数和ゲームが適用されていた。たとえばその１つに，２つの企業の広告競争を分析したものがある[2]。人びとが使う洗剤の総量はだいたい決まっているが，広告によってブランドを変えさせることはできるだろう。そこでいま２つの洗剤企業を考えれば，それらは洗剤の一定の消費総量を定数和とする定数和ゲームを構成している，と想定できる。しかしそのように想定できるのは，広告に費用がかからないと仮定する場合のみである。広告戦略が利益を打ち消すほどの費用を必要とするならば，たとえ全市場を独占できても大きな利潤は見込めない。各企業が関心をもっているのは単なる市場におけるシェアではなく，利潤である。そして一般に，獲得の対象となる利潤の総量が一定であることはありえない。

現実の社会現象を記述するためにこの理論を応用した例が少ないことや，その記述があまりうまくいっていない理由としては，以上のことが挙げられる。たしかに定数和ゲームの応用に必要な条件——２人の合理的なプレイヤー（チーム）と定数和の結果——が満たされることは希である。しかしそれでもなおいくつかの応用例は興味深く，示唆に富んでおり，ここで紹介しておく価値はあると思われる。

---

2) A.Charnes and W.W.Cooper, 'A constrained game formulation of advertising strategies', *Econometrica*, 1954.

## 1. 呪術慣行

**呪術は合理的か** ある重要な決断を魔よけや呪術にゆだねる慣習は，多くの部族集団にみられる。たとえばスーダンのアザンデ部族は，毒物によって予言をおこなうことで知られている。鶏にある種の毒を飲ませ，それで鶏が死ぬか死なないかに応じて決断を下すのである。古代中国では亀の甲羅を焼き，それによって生じる亀裂の形に応じて決定が下されていた。アッシリア，エトルリア，ギリシア，ローマなどの古代ヨーロッパ社会では，獣を生けにえにし，その内臓によって未来を占った。獣の肝臓の状態によって決定を下すのが一般的であったようである。いくつかの民族は今でも，新しい職に就くときや旅に出る前にお茶の葉で吉凶を占う。

O.K.ムーアというアメリカの人類学者は，これらの一見ばかげた呪術慣行は，じつはそれなりの合理性と効果をもっていると主張する[3]。前章でみてきたように，ゲームの解の中には，各々の純粋戦略をある確率で遂行する混合戦略を要求するものが含まれる。こうした混合戦略を採用するためには，ある無作為なやり方が要求される。それによって一定の確率で各戦略を遂行し，行動のパターンを相手に予測されないようにするのである。たとえば色分けされたくじの入った袋からくじ引きしたり，コインを投げたりするやり方がそれである。そうしてみると，さきほどの一連の奇妙な慣習もそうした無作為なやり方になっていて，当該社会の諸目標の達成においてより成功的であったがゆえに採用されたのだ，という解釈も成り立つ。

たしかに現代社会の賭けのゲームには，そうした呪術慣行から発達したものが多い。たとえば古代ギリシアやローマのいくつかの予言法は，サイコロを投げたときに表に出た目の数や，骨の小片を投げたときの配列を解釈する占い方法を採用していた。これらは現在のダイス・ゲームの原型だといわれている。

さてムーアは，ラブラドル地方のナスカピ・インディアンの事例を説明して，彼の主張を裏付けようとした。ナスカピ族は狩りに出かける方角を決め

---

3) 'Divination—a new perspective', *American Anthropologist*, Vol.59, 1957, pp.64-74.

るために，骨占いをもちいる種族である。狩猟されるのはトナカイだが，トナカイの群れは点々と居場所を変える。狩りに先だってかれらは，捕えていたトナカイを殺し，肩骨を取り出して，多くの儀式を重ねた後それを一度だけ火にくべる。そうすると骨のあちこちに焼け跡や亀裂が現れる。それらのサインは入念に，ある定まった方法で解釈され，ナスカピ族にどの方角に狩りに行けばよいかを告げるのである。

**狩人とトナカイのゲーム** この狩猟はナスカピ族とトナカイの間のゲームとして表現できる。インディアン・キャンプの周囲には4つの狩猟場所（東西南北で指示する）があり，狩人たちがトナカイの群れに遭遇したときには常に1頭がしとめられると仮定しよう。そうするとナスカピ族に対する利得行列は，つぎのようになる。

$$
\begin{array}{c}
\text{ナスカピ族が狩り}\\
\text{に行く方角}
\end{array}
\begin{array}{c}
\\
\text{北}\\
\text{南}\\
\text{東}\\
\text{西}
\end{array}
\overset{\begin{array}{c}\text{トナカイがいる方角}\\ \text{北 ~ 南 ~ 東 ~ 西}\end{array}}{\begin{bmatrix} 1 & 0 & 0 & 0 \\ 0 & 1 & 0 & 0 \\ 0 & 0 & 1 & 0 \\ 0 & 0 & 0 & 1 \end{bmatrix}}
$$

ナスカピ族がトナカイを1頭しとめればトナカイの群れは1頭失うことになるから，このゲームはゼロサム・ゲームである。この利得行列には，優越戦略もなければ鞍点も存在しない。すなわちこのゲームの解は混合戦略を要求する。サイズが $2\times 2$ より大きい行列ゲームの解法についてはまだ学んでいないが，このゲームは完全に対称であるから，ある特定の方角に高い確率を付与する根拠がないことは明らかである[4]。したがってナスカピ族とトナカイに対する最適な確率ベクトルは，ともに $\left[\frac{1}{4}, \frac{1}{4}, \frac{1}{4}, \frac{1}{4}\right]$ になるはずである。

---

4) 以前に言及したマッチング・ペニーのゲームもこのタイプに属する。このゲームにおける双方のプレイヤーにとっての最適混合戦略は，ともに表と裏を等確率で出すことを指示する。読者は実際にこのことを確認されたい。

こうした利得行列こそ示していないが，ムーアもやはり混合戦略を適用するために要求される無作為性を確保する工夫として，肩骨占いを解釈している。このような工夫がなければ狩りに行く方角にあるパターンが現われてしまい，トナカイもそれを自然に学習して，狩人たちを避けて群れるようになるだろう。

**呪術と無作為性**　こうしてみるとムーアの例証は，納得的とまではいかないが，かといってまったく引き付けるものがないわけでもない。かれの議論は，二人の合理的プレイヤー間の紛争であるというゲーム理論の大前提に反する。たしかにトナカイが合理的に行動するとは考えにくい。しかしながらトナカイは人間とは違って，自然にある種の無作為な行動方法を身につけるのであり，そのために占いやルーレットを必要としないだけかもしれない。たとえば進化過程が無作為な群れ方の発達を導いたのだ，という弁護がありうる。

ムーアの仮説が説得的か否かについては，この他にも議論がありうるだろう。しかしそれを別としても，コイン投げやサイコロ投げで行動を決めるような一見して非合理なやり方が，ある状況下ではじつはきわめて賢明な行動になっている，ということを指摘したかれの功績は大きい。古代ギリシアの戦略家は，いけにえの動物をかわるがわる殺してはその肝臓に幸運の印がないかどうかを調べ，良い前兆が現われるまで戦闘を始めなかった。これとても，敵にいつ攻撃が来るかを悟らせないという点では，ひとつの賢明な戦略になっていたわけである。

われわれの文明社会では，もしそう望むならば，無作為な行動を守ることは容易である。必要とあらば乱数表まで整備されているのだから。問題はむしろ，無作為に行動することが最良である状況を把握すること自体が，難しいということだ。すでにみたようにリーバマンの実験に参加した学生たちは，単純な繰り返しゲームであったにもかかわらず，混合戦略の考え方に到達することはできなかった。多くの社会では諸々の無作為なやり方に対して，ある種の宗教的な重要性が付与されてきた。そうしなければ，好結果をもたらすある無作為なやり方の使用を，正当化できなかったのである。

併せて注意しなければならないのは，もし諸々の兆候の解釈方法が定

まっていなかったり，解釈範囲が限定されていなかったりすれば，ムーアの例証は説得力を失っていただろう，ということである。実際，手相やお茶の葉はいかようにも読めるし，手相見や魔術師は，頼ってきた人が望んだり聞きたいと願っていることに合致するように，兆候をこじつけて解釈しようとするかもしれない。コイン投げで行動を決めるような場合でも同じことである。ボブ・ディランは「ボブ・ディランの115番めの夢」というタイトルの歌の中で，その状況を詩的に表現している。この歌は刑務所から脱獄した服役囚が，仲間を助けるために刑務所に戻るか，仲間を見捨てて船で逃げるかを迷っている場面を歌っている。

「俺はコインをはじくことにした
表が出るか裏が出るか
そいつが俺の行きさきを教えてくれる
船に戻るかム所に戻るか
そこで俺は船服を質にいれ
運命を預けるコインを手にいれた
出たのは裏（tails）
tails は sails（帆）と韻が合う
そこで俺は船に戻ることに決めた」[5]

## 2．ジャマイカの漁

**漁師と海のゲーム**　　社会科学における定数和ゲーム理論の応用例として，おそらく最も有名なのは，ウィリアム・デイヴンポートによるジャマイカ漁村の分析であろう[6]。デイヴンポートは漁師と自然の間の紛争を想定し，それを表わすためにゲーム理論を使って(馬鹿げた適用なのだが)，漁師の行動をかなり正確に説明している。この研究例は，数学的テクニックを社会の記述に盲目的に応用することが，いかに危険であるかを警告するために役立つ。もっ

---

5) *Bob Dylan's Writings and Drawings,* Granada, London, 1974, p.279.
6) W.Davenport, 'Jamaican fishing : a game-theory analysis', *Yale University Publications in Anthropology,* Vol.59, pp.3-11, 1960.

ともそれだけではなく，ゲームの解を求めるさらに進んだ手法を紹介するためにも，役だってくれる。

さて村には26の漁チームがあって，それぞれに船長がおりボートを1隻ずつもっていた。船長たちはどこに魚採りかごを仕掛けるかを決断しなければならない。もし陸からずっと離れた外海にそれを仕掛ければ，より大きくて貴重な魚がかかる可能性がある。一方，砂州で囲まれた内海に仕掛ければ魚の質は落ちるけれども，海流の条件に左右されにくいというメリットがある。漁師たちは海を相手にゲームをしている。プレイヤーとして海の取りうる選択は2つ，すなわち遠洋で漁をしようとする漁師たちの装備や獲物を押し流してしまう海流を送り込むか，それとも海を穏やかに保って市場に魚をあふれさせ，それによって近海の砂州で採れる雑魚の価値をさらに落としめるか，である。

かくしてデイヴンポートは，漁師に対する利得行列を以下のように計算した。各ボートが採用できる戦略は3つある。仕掛けをすべて内海に設置するか，すべて外海に設置するか，それともいくつかずつを内海・外海に分けて設置するかである。

$$
\begin{array}{c}
\phantom{漁師}\quad\quad\quad\quad 海 \\
\phantom{漁師}\quad\quad 海流あり\quad 海流なし \\
漁師\begin{array}{l}内海のみ設置\\内外とも設置\\外海のみ設置\end{array}\left[\begin{array}{cc}17.3 & 11.5\\ 5.2 & 17.0\\ -4.4 & 20.6\end{array}\right]
\end{array}
$$

数字は漁獲価値(ポンド)

これらの利得は1人の乗組員が1カ月漁をした場合のもので，漁獲高をポンドに換算して測定してある。ただし海はなんらかの理由で，漁師の漁の成果を最小にしようとしていると仮定する。その限りにおいて，これはゼロサム・ゲームである。

**グラフでみる解の領域**　このゲームには優越戦略は存在しない。また利得行列に鞍点はない（漁師側のマクシミン [11.5] と海側のミニマックス [17.3] が合致しない）。したがってわれわれは混合戦略によって，ゲームの解を探さ

なければならない。このゲームは 3 × 2 の利得行列をもっているが，幸いひとつの定理があって，その解は，それからどれか 1 行を削除してえられる 2 × 2 ゲームの解に等しいことが知られている。問題はどの行を捨てればよいかである。それを考えるために，まずこのゲームを図 1 のように座標にプロットしてみよう。諸々の戦略に対応する利得はそれぞれ A，B，C で示されている。

たとえば点 A は，すべてのかごを内海に設置する漁師の戦略に対応している。そして原点から点 A までの横軸に沿った距離 (11.5) は，海が穏やかなときに漁師が獲得する利得を与え，縦軸に沿った距離 (17.3) は海流が生じたときの利得を与える。同様に点 B の座標 (5.2, 17.0) は，かごを内・外海に併設する戦略をとったときに漁師がえる報酬を与える。それでは直線 AB の中点の座標はどうであろうか。それは漁師が漁期の半分は内海戦略を，残りの半分は併設戦略を採用したときに期待される報酬を，それぞれ海流があると

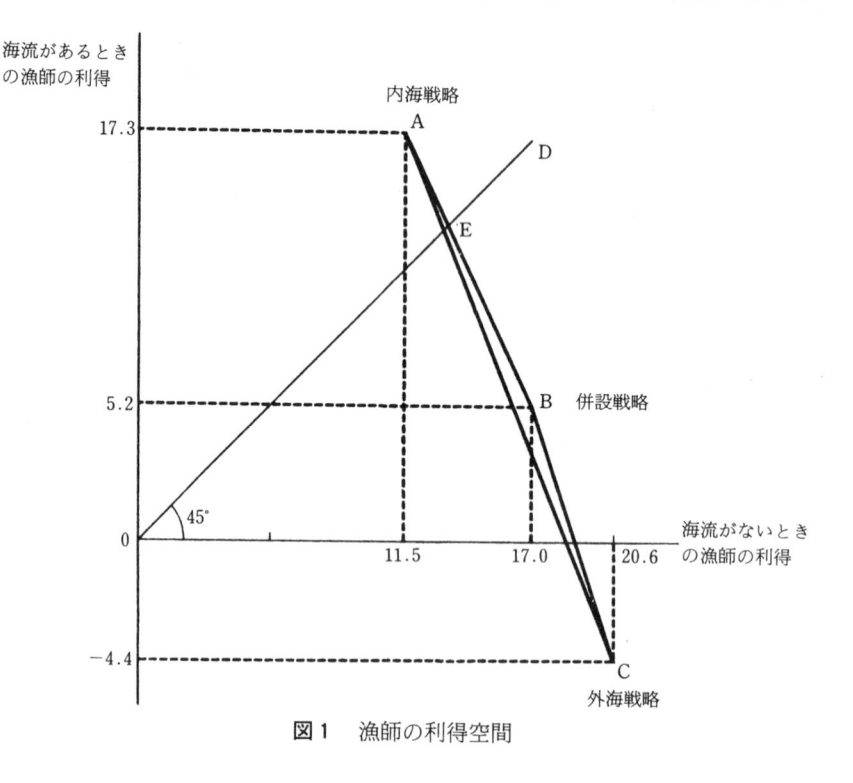

図 1 漁師の利得空間

きとないときに応じて示すことになる。これと同様の解釈は，直線ＡＢ，ＢＣ，ＡＣ上のどの点についても可能である。われわれはまた三角形ＡＢＣの内側の諸点についても，この解釈を拡張できる。たとえばいま点Ｂと直線ＡＣの中点を結んだ線の中点を考えてみると，それは併設戦略を半期採用し，内海戦略と外海戦略をそれぞれ四半期ずつ採用したときの利得を表わす。

　以上のように，三角形の頂点はどれか１つの純粋戦略を使ったときの結果を，三角形の辺上の点は２つの純粋戦略を混合して使ったときの結果を，そして三角形の内側の点はすべての純粋戦略を混合して使ったときの結果を，各々表わすことになる。すなわち，漁師によってプレイされるすべての可能な純粋および混合戦略に対応する利得が，三角形ＡＢＣで示されているのである。

　さて少なくとも漁師に関していえば，図１においてある点よりも東北側にある点は，より好まれるはずである。なぜならそのような点は，海の状態に関係なくより多くの利得を漁師にもたらすからである。図１において，東北側により好ましい他の戦略の存在を許さない戦略の集合は，直線ＡＢおよびＢＣ上の点によって尽くされる。したがってわれわれはつぎのことを明言できる。漁師はたかだか２つの戦略を混合させて使用し，しかも純粋の内海戦略と純粋の外海戦略を混合して使うことはない。

　さらに解を絞りこんでいこう。われわれは以前に混合戦略によってゲームの解を求めたとき，一方のプレイヤーの解における期待利得は，他方のプレイヤーの戦略に左右されないことを注意した。というより，この条件が満たされるようにゲームの解を決めたのだった。図１においては原点から引いた45°の線（ＯＤ）上の点が，海が海流を送るかどうかに左右されない一定の利得を，漁師に保証する。漁師がとりうる戦略の範囲内でこの一定の利得が最大になるのは，ＯＤがＡＢと交差する点Ｅにおいてである。よってこの点Ｅが問題のゲームの解ということになる。この結果は直観的にみても明らかであろう。仮りに漁師が点Ａと点Ｅの間のどこかの点でゲームしたとする。このときもし海が海流を送らなければ，かれには点Ｅよりも低い利得しか保証されない。また漁師がＥＢあるいはＢＣ上のどこかの点を採用した場合も，もし海が海流を送れば，やはり点Ｅより低い利得しか保証されないのである。

**代数的な解法** 図を正確に書けば，必要な情報はほとんどそれから読みとれる。ゲームの値は点Eの座標を読みとればわかるし，線分AEのABに対する長さの比を求めれば併設戦略に割り振るべき確率がわかり，EBのABに対する比を求めれば内海戦略に割り振るべき確率がわかる。図を正確に書く自信のない人は，代数的に解を求めればよい。それは以下のような手順にしたがう。

これまでの議論によって，漁師は外海戦略を純粋には使わないことがわかったので，われわれはそれに対応する行を利得行列から削除することができる。すなわち，まず以下の $2 \times 2$ 利得行列を作る。

海
　　　　　　　　　　海流あり　海流なし
漁師　内海のみ設置　$\begin{bmatrix} 17.3 & 11.5 \\ 5.2 & 17.0 \end{bmatrix} = G$
　　　内外とも設置

ここで漁師の内海戦略と併設戦略に対する確率ベクトルを $\boldsymbol{p}(=[p_1, p_2])$ で表わすことにすれば，海の2つの戦略に対応した漁師の期待利得は，つぎの行ベクトルによって与えられる。

$$\boldsymbol{p}G = [p_1, p_2] \begin{bmatrix} 17.3 & 11.5 \\ 5.2 & 17.0 \end{bmatrix}$$

　　　　　海流あり　　　　海流なし
$$= [17.3p_1 + 5.2p_2,\ 11.5p_1 + 17.0p_2]$$

ゲームの解は，これら2つの期待利得が等しいことを要求していた。そしてまた定義から $p_2 = 1 - p_1$ である。したがって漁師が内海戦略に対して付与する最適確率 ($p_1^*$) は，以下の方程式の解になる。

$$17.3p_1^* + 5.2(1 - p_1^*) = 11.5p_1^* + 17.0(1 - p_1^*)$$

実際に解いてやると，

$$p_1^* = 0.67$$

$$p_2^* = 0.33$$

という結果がそれぞれえられる。

　これによれば漁師にとっての最適戦略は，内海と併設を67対33の比で混合して漁をすることである。あるいは，村にはカヌーが26隻あるから，そのうちの.67×26は内海で漁をし，.33×26は内海と外海の両方で漁をすればよい，ということにもなる。つまりゲーム理論の指示にしたがえば，漁師たちは17.4隻のカヌーをもっぱら内海での漁に使い，8.6隻を併設の漁に使うが，外海専用には1隻も使わない。一方デイヴンポートの観察では，実際に18隻のカヌーが内海でのみ漁をし，8隻が内海と外海の両方で漁をしていたが，外海専門のカヌーはいなかった。両者は驚くほど合致している。

　練習問題として読者は，海に対してゲーム理論が指示する最適戦略を求めてみよ。それは31パーセントの確率で海流を送り，69パーセントの確率で海流を送らない，という結果になるはずである。デイヴンポートの観察によると，実際に海流の生じた日は25パーセントであった。この2つの数値は，漁師のときほど接近したものではないが，まずまずの適合を示している。

**モデルの妥当性に対する重大な疑問**　このように結果が非常にうまくいったことも驚きであるが，むしろもっと驚きなのは，そもそもデイヴンポートがこの問題をゲーム理論によって概念化しようとしたことである。この概念化が成り立つためには，自然を魚の市場価値を最小化しようとする敵意のある合理的な力としてみる必要がある。少なくとも漁師たちは自然をそのように見なして行動している，と仮定できなければならない。さらに漁師たちは自然を打ち負かすべく，あたかもひとつのチームとして協同的に行動することが要求される。デイヴンポートはそのような協同性を仮定しうる根拠をなんら示していない。むしろ逆に各カヌー組の間には，かなりのライバル関係があったようである。かれらは取れた魚の報酬を分配し合ったりしないし，個々の組が魚からえる報酬は他の組の漁獲状況に依存しているから，各々がかごを仕掛ける場所は決して漏らしてはならない秘密事項となっている。また一貫して内海戦略や併設戦略をとり続けている特定の組もあり，個々の組が自分らのために最適戦略を追求しているようには見えない。外海での漁にはそれなりに頑丈な船が必要で，すべての組がそれを持っているわけではな

いから，選択肢の均等性にも疑問が生じる。

さらに利得行列についても疑問がある。純粋戦略として外海戦略を取ったときの報酬に対して，デイヴンポートが与えた推定値（−4.4と20.6）は，文字どおりの推量でしかない。現実にこの戦略をとっているカヌー組はいないのだから，デイヴンポートがどういう論理のもとにこの数値を設定しえたのか，きわめて疑問である。利得行列の他の要素は実際に観察された数値であるが，これらにしても，もし各戦略を採用している組の構成比率が違えば，需要と供給の法則によって異なる値が観察されえたであろう。すなわち外海で採れた良質の魚の，内海で採れた魚に対する価格は，それぞれの種類の魚の相対的な供給量に依存する。したがってその価格は，海の状態だけでなく，それぞれ何組が各戦略を採用しているかにも依存するはずである。このように考えると，さきほどの分析で確認されたゲームの解と観察結果との適合性は，単なる偶然の一致であったといわざるをえないのである。

この例は，きわめて不適切な理論が表面的にうまい説明を提供する場合があることを，端的に示している。もちろんこの例を紹介したのは，人類学者に経済学の領域に立ち入りすぎないように警告するためだけではない。むしろつまみ食い的な応用がいかに危険であるかについての，一般的な教訓を示したかったのである。社会現象を説明するために定数和ゲームをもちいてうまくいった例は，非常に少ない。今われわれに確実にいえることは，定数和ゲームの適用に必要な諸条件が現実に満たされることは希である，ということだ。

## 3．ガーナにおける農業

**もうひとつの著名な誤用例**　念のためにいっておくが，ゲーム理論の誤った使用は，別に人類学の専売特許でもなんでもない。どんな社会科学にも，他の研究領域からの借り物を誤用した例は少なからずある。たとえば地理学もその例外ではありえなかった。地理学者によるゲーム理論の応用例としてもっともよく引用されるものに，ピーター・グールドの「環境に立ち向かう人間：ゲーム論的観点から」[7]という堂々たるタイトルの論文がある。かれはデイヴンポートの研究に触発されて，西ガーナのジャンティラ部族の農

民にそれと同じ分析を施した。農民たちは数種類ある作物のどれかを植え付けることができるが、それらの収穫は成長期の降雨量によって違ってくる。グールドがもちいた農民に対する利得行列を、以下に掲載しよう[8]。

|  |  | 自然環境 | |
|---|---|---|---|
|  |  | 雨の多い年 | 雨の少ない年 |
| ジャンティラ農民 | ヤマイモ | 82 | 11 |
|  | トウモロコシ | 61 | 49 |
|  | キャサバ | 12 | 38 |
|  | キビ | 43 | 32 |
|  | ヤマイネ | 30 | 71 |

これらの利得は架空の値であって(ただしジャンティラ族は実際に存在する)、グールドはそれらの想定された測定単位についてすら明確に示していない。ただ言葉による注釈で、熱量ないし栄養の含有量として考えたい、ということは述べている。

キャサバおよびキビ戦略が、ともにトウモロコシ戦略によって優越されているのは明らかだから、この2つの戦略は除去してよい。それによってわれわれには、鞍点をもたない、したがってまた純粋戦略による解をもたない3×2のゲームが残される。前と同じやり方でこのゲームの解を求めると、農民は確率.77でトウモロコシを栽培し、確率.23でヤマイネを栽培するのが最適である、という結果になる(読者は実際にこのことを確かめられたい)。同様に自然環境の側からみると、.58の割合で雨の少ない年にし、.42の割合で雨の多い年にするのが最適であることが示される。グールドはこの結果をもとに、農民は毎年かれらの農地の77パーセントをトウモロコシに特化し、23パーセントをヤマイネに特化して耕すはずだ、と結論した。

**農地の最適利用を考えるためには** ここからグールドはつぎのような一連の問題を投げかける。「実際の農地利用のパターンは理想状態にどれくらい

---

7) この論文は以下に収録されている。*Annals of the Association of American Geographers,* Vol.53, 1963, pp.290-97.
8) Gould, *op.cit.,* p.291.

近いだろうか。もしあまり近くないとすれば，それは農民が意識的に生み出したずれなのだろうか，それとも非合理性のため，というよりは農民が利用できる知識が限られていて，せいぜいその程度までしか推測できないということなのだろうか。……もしも誰かがアドバイスできるとしたら,それによって農業のやり方の改善にかかわる決定が促されるだろうか。」[9] この最後の問題についてははっきりと否定的に答えられるかもしれないが，初めの2つの問題は無意味である。なぜならこのゲームに対する解は，理想的な農地利用のあり方など教えてはくれないからである。自然環境は，その測定単位がなんにせよ，利得行列に表わされたような収穫物の価値を最小化しようともくろむ，合理的敵対者ではない。

もし自然をそのような悪意ある存在と仮定してゲーム理論を応用するのであれば，たとえば自然は熱帯気候か極地気候かのどちらかを無作為に変えてくる可能性があるので，イギリスはココナツとトナカイ牧畜に農地利用を特化すべきである，という極端なアドバイスすら導きうるだろう。異なる作物が地球上の異なる地域に育つ最大の理由は，気候の違いによるのであって，それは自然といえども自由に動かしうるものではない。ある地域における理想的な農地利用のあり方を発見したいのであれば，われわれが知るべきことは以下のようなことである。その地域における諸々の気候条件とそれらの確率，危険の大きい高報酬と危険の少ない低報酬の間の選択に対する農民の態度，作物の貯蔵可能性，そしてなによりも農民が最大化しようとしているもの。

**グールド評価をめぐって**　このガーナの例は，読者にとって新しく紹介したゲームの解き方の練習になったと思う。もちろんそれ以上に，社会問題の分析に数学を誤って応用するときの危険性について，十分理解してほしい。この危険性を強調するために，地理学者たちがたいして注目もしていない研究例を引っ張りだしたのでは，と疑う人もいるかもしれない。そういう人は図書館に行って,地理学関係の図書を無作為にめくってみるとよい。ゲーム理論やグールドの業績についての，いくつかの興味深い見解を発見しうる

---

9) Gould, *op.cit.,* p.293.

はずである。それらの見解は概ね賞賛的なものであり，それだけでなく，情報が伝達される過程でいかにそれが曲解され，ごたまぜにされるかを示している点でも興味深い[10]。

たとえばマイケル・チザムは，ゲーム理論について一般的に批評した著名なテキスト[11]の中で，人間同士の紛争の研究においてはあまり使い道がないと断ったうえで，「しかしながら『プレイヤー』の片方を『自然』と見なすときには，2人ゲームはきわめて有効である」[12]と述べている。もちろんすでにみたように，この評価は真実とは逆である。さらにチザムは代表例としてグールドの研究を引用した箇所で，「グールドはデータを収集した」[13]と記している。これは明らかな読み違いであって，利得の数値が架空のものであることはグールド自身が明言している。よしんばこの誤読は見逃すとしよう。グールドが必要もないのにガーナにおけるジャンティラ部落の位置を示す地図を添え，それによってかれの研究に見せかけの現実味を付与したことにも責任があるから。それにしてもわからないのは，利得が観察値であると思い込んだだけでなく，グールドがゲーム理論の解を現実の農地利用の仕方と比較したと思い込んだ，他の数名の評者にみられる誤読である。たとえばモーガンとマントンは，グールドは「現実と予測された農地利用パターンとの間のよい適合」[14]をえた，とさえ述べている。さらに驚くべきことにダビッド・リンドとロイ・ハドソンは，以下のように，この幻の適合が生じた理由まで付け加えて紹介している。「実際にグールドは，ガーナ中部のジャンティラ部落における実際の農地利用パターンが，この最適パターンに近似することを発見した。この一致は部落民の学習と適応によってもたらされたものである。」[15]

不適切な手法を使った架空の例による研究が，どういうわけか現実との突合せがうまくいった模範的理論の例として翻訳されてしまったわけである。

---

10) 第6章の議論を思い出されたい。
11) M.Chisholm, *Human Geography: Evolution or Revolution,* Penguin, Harmondsworth, 1975.
12) *ibid.,* p.141.
13) *ibid.,* p.142.
14) W.B.Morgan and R.J.C.Munton, *Agricultural Geography,* Methuen, London, 1971.
15) D.Rhind and R.Hudson, *Land Use,* Methuen, London, 1980.

科学の世界における汚点の歴史に読者が失望する前に，ゲーム理論に開かれたより豊かな道のりに話を移すとしよう。

### 練習問題

**12-1.** 本節で紹介したテクニックをもちいて，以下の利得行列をもつ定数和ゲームにおいては，Rは戦略3を使わないことを示せ。さらにRとCの双方にとっての，戦略1と2の最適な混合比率を求めよ。

$$[A]: \quad R \begin{array}{c} \\ 1 \\ 2 \\ 3 \end{array} \begin{array}{c} C \\ \begin{array}{cc} 1 & 2 \end{array} \\ \begin{bmatrix} 6 & 3 \\ 3 & 6 \\ 4 & 4 \end{bmatrix} \end{array}$$

$$[B]: \quad R \begin{array}{c} \\ 1 \\ 2 \\ 3 \end{array} \begin{array}{c} C \\ \begin{array}{cc} 1 & 2 \end{array} \\ \begin{bmatrix} 10 & 4 \\ -2 & 10 \\ 5 & 5 \end{bmatrix} \end{array}$$

$$[C]: \quad R \begin{array}{c} \\ 1 \\ 2 \\ 3 \end{array} \begin{array}{c} C \\ \begin{array}{cc} 1 & 2 \end{array} \\ \begin{bmatrix} -5 & 5 \\ 10 & -10 \\ -1 & 0 \end{bmatrix} \end{array}$$

$$[D]: \quad R \begin{array}{c} \\ 1 \\ 2 \\ 3 \end{array} \begin{array}{c} C \\ \begin{array}{cc} 1 & 2 \end{array} \\ \begin{bmatrix} -5 & 5 \\ 1 & 0 \\ 10 & -10 \end{bmatrix} \end{array}$$

# 13 紛争と協同——非定数和ゲームの理論と現実——

　これまで扱ってきたゲームは，プレイヤーたちの利害がまったく対立するものであった。この章では，そのような極端な紛争の形式ではなく，プレイヤーたちがともに利益を増進しうるような戦略の可能性をもつゲームを，とりあげていくことにする。これらのゲームの多くは定数和ゲームのような明確な解をもたない。しかしそれだけ逆に，多くの紛争の構造を把握したり，それらの解決に際して生じるであろう困難性を理解するのに役立ってくれる。

　すでにみてきたように，いくつかのゲームの解は，プレイヤーに混合戦略にしたがって故意に無作為な行動をとることを要求する。やや唐突だがこのことから思い出されるのは，私が以前フランスで休暇をとった際，帰国時にイギリス税関員の無作為な行動に遭遇したときのことである。私は緊張しながらドーバー海峡の税関に並ぶ旅行者の列の中にいたが，そのとき自分が混合戦略を解とするゲーム，しかも定数和ゲームではないゲームの中にいることに気づいたのである。初めにその状況を例にとってみよう。

## 1. 密輸のゲーム

　**旅行者と税関の利得**　さて旅行者に対して税関員がとりうる戦略は2つあって，検閲をするか，検閲をせずに入国させるかのどちらかである。旅行者は免税範囲を超える課税品をこっそり持ち込むか，持ち込まないかのいずれかを選ぶことができる。税関員は個々の旅行者に関してかれらがもっている情報を最大限活用するし，手のひらの発汗や神経質な目の動きといった観察からも情報を収集しようとする。けれども私の観察したところでは，かれ

らは基本的には旅行者から無作為にサンプルを選んで検閲するやり方を併用している。問題はこれが賢明なやり方といえるかどうか，そしてもしそうだとしたらどれくらいの割合でサンプルを取るべきか，ということだ。手始めに税関と代表的旅行者に対する利得行列を構築してみよう。

まず旅行者にとっての利得行列は，つぎのようになる。

|  |  | 税関 | |
|---|---|---|---|
|  |  | 検閲する | 検閲しない |
| 旅行者 | 密輸しない | T | S |
|  | 密輸する | W | B |

旅行者の利得行列：B (best) > S (second best) > T (third best) > W (worst)

上の行列に示されるように旅行者にとっての最良の結果は，検閲されずにまんまと密輸品を持ち込む場合である。密輸品を持っていないときにも，検閲されるより検閲されない方の選好が高くなっているが，これは検閲によって生じる荷物の詰め直しのコストや時間的ロスを考慮してのことである。旅行者にとっての最悪の結果はいうまでもなく，密輸品とともに拘留されることである。

一方の英国税関は，以下のように旅行者とは異なる利得行列をもつ。

|  |  | 税関 | |
|---|---|---|---|
|  |  | 検閲する | 検閲しない |
| 旅行者 | 密輸しない | S | B |
|  | 密輸する | T | W |

税関の利得行列：B (best) > S (second best) > T (third best) > W (worst)

税関にとっての最悪の結果は，検閲されずに旅行者が密輸品を持ち込む場合である。この場合のコストは，関税のとり損ないと法の実効性の低下による社会的コストである。そのつぎに悪いのは，密輸しようとした旅行者を検閲して発見する場合である。これが密輸していない旅行者を検閲する場合よりも好ましくないと想定されるのは，検閲の労力的コストに加えて，密輸者を起訴するためのコストがかかるからである。税関にとっての最良は，密輸していない旅行者を検閲しない場合である。

**非定数和ゲームの吟味**　定数和ゲームにおいては，一方のプレイヤーの利得の増加はそのまま他方のプレイヤーの利得の減少を意味していた．上記のゲームは明らかに，このような定数和ゲームとは異なる．非定数和ゲームは通常2つの利得行列を合併して表わされ，行プレイヤーの利得を左側に，列プレイヤーの利得を右側に，各々カンマで区切って並記する．以下の表記法がそれである．

$$
\begin{array}{cc}
 & \text{税　関} \\
 & \text{検閲する　検閲しない}
\end{array}
$$

$$
\text{旅行者}\;\;\begin{array}{c}\text{密輸しない}\\ \text{密輸する}\end{array}\left[\begin{array}{cc} T,\ S & S,\ B \\ W,\ T & B,\ W \end{array}\right]
$$

いずれのプレイヤーも優越戦略をもたないことは，それぞれの利得に数値を与えなくともすぐにわかる．しかし数値を与えると，プレイヤーが置かれている問題状況がよりわかりやすくなると思われるので，とりあえず以下のような架空の数値を割りあててみる．

$$
\begin{array}{cc}
 & \text{税　関} \\
 & \text{検閲する　検閲しない}
\end{array}
$$

$$
\text{旅行者}\;\;\begin{array}{c}\text{密輸しない}\\ \text{密輸する}\end{array}\left[\begin{array}{cc} -1,-2 & 0,\ 0 \\ -51,-5 & 10,-20 \end{array}\right]
$$

優越な純粋戦略が存在しないことは確認済みなので，プレイヤーが慎重なマキシミン戦略を採用したとしたらどうなるかを見てみよう．その結果は，旅行者は密輸しないが，税関は検閲する，となることが確かめられる．この結果はどうみても均衡ではない．なぜなら旅行者が決して密輸しないのであれば，税関は検閲しない戦略に切り替えることによって，より高い利得をえることができるからである（この戦略の切り替えは，税関だけでなく旅行者にもより多くの利得をもたらす）．しかしながら，もし税関が検閲しないのであれば旅行者は密輸する方が得だということになり，そうなれば今度は税関が検閲を始めて利得を上げようとする．このような推論を繰り返すと，われわれは行列の中を際限なく時計方向にぐるぐる回ってしまう．

そこでもう一度，利得行列を吟味してみよう。たしかに税関は優越戦略こそもっていないが，かれらの利得は旅行者が密輸しないときの方が常に大きい。つまり税関にとって必要なのは，旅行者が「密輸しない」戦略をとることを確実にする方法を見つけることである。同様に旅行者にとっては，税関が「検閲しない」戦略をとることを確実にすることが必要になる。まずは税関の側からみたゲームを問題にしていこう。

**無作為な検閲法の合理性**　税関が密輸をさせないようにするためのもっとも確実な方法は，常に検閲をおこなうことを旅行者に知らせ，実際にそれを実行することである。しかしながら旅行者に密輸を思いとどまらせるのが目的であれば，そこまでせずとも，ある十分な割合の旅行者を検閲するだけで効果を上げうるだろう。いま税関が旅行者のある比率 $q$ を検閲し，残りの比率 $1-q$ は検閲しない，という方策をとったとしよう。そうすると定数和ゲームのところで扱ったテクニックをもちいて，税関が最低どれだけの割合の旅行者を検閲すればよいかを，以下のように決めることができる。

この無作為な検閲法が採用されたとき，旅行者にとっては，

$$密輸しないときの期待利得 = -1q + 0(1-q) = -q$$
$$密輸するときの期待利得 = -51q + 10(1-q) = 10 - 61q$$

となる。この両者の大小関係をみると，$q$ が小さければ密輸するときの期待利得が密輸しないときの期待利得を上回り，$q$ が大きければその逆になることがわかる。旅行者に密輸を思いとどまらせるために必要な $q$ の最小値 ($q^*$) は，この２つの期待利得がちょうど等しくなるときにえられる。

すなわち，

$$-q^* = 10 - 61q^*$$
$$q^* = \frac{1}{6}$$

である。この結果にしたがえば，税関が６人に１人以上の割合で無作為に旅行者を検閲すれば，密輸は生じない。この状況のもとでは，

$$旅行者にとっての期待利得 = -\frac{1}{6}$$

$$税関にとっての期待利得 = -2 \times \frac{1}{6} + 0 \times \frac{5}{6} = -\frac{1}{3}$$

である。

　これはある意味ではゲームの均衡解である。なぜなら税関が6人に1人の割合よりも多くあるいは少なく検閲しようとすれば，旅行者は税関の期待利得を低下させるような行動を起こすことになるからである。しかし別の意味でこれは満足のいく解ではない。なぜならこの結果は，双方がそれぞれ密輸もせず検閲もしないということに同意してえらえる結果に比べると，双方にとってより好ましくないものだからである。実際，無作為な検閲法の解は双方のプレイヤーに負の利得しか保証しないが，この同意が実現したときには双方ともゼロの利得を獲得できる。もし税関が旅行者を信用することができれば，双方にとってよい結果が期待できるのである。

　けれどもここの例では，おそらくそうした協力によるハッピーエンドは望めないだろう。税関員がストライキをおこなったときの船着場を見るがよい。旅行者たちはこれ幸いにできるだけ大きなスーツケースを準備して，酒やタバコなどの船で持ち込める免税範囲を超えた課税品を詰め込んでいる。このように信用が逆手にとられる可能性がある限り，協力によるよりよい結果はなかなか望めず，無作為な検閲法や他の非協力解が生じやすいのである。

　**解についてのいくつかの問題**　われわれはこれまで税関の側に立って，ゲームを慎重に吟味してきたわけだが，すでに述べたように旅行者の側に立って同様の分析をおこなうこともできる。実際の計算は読者の宿題に残して結果だけを示せば，もし旅行者が17回に2回しか密輸をしないと宣言し，実際にそれを実行すれば，税関はまったく検閲をしなくても利得上は同じことになる。もっともこのような考察は現実的には無意味である。たとえそれが得だとしても英国税関がそのような無法状態を許すはずはないし，税関の無作為な検閲なしには，旅行者がその宣言を守っているかどうかを調べるすべもない。旅行者のどれだけの割合が密輸をしているかを知るためには，税関は検閲する他はないのである。いずれにしても，この例のようにプレイヤー

とかれらの状況における位置づけが異質である場合には，このタイプのゲームの解はややあいまいにならざるをえない，ということがいえる。

われわれは密輸の問題をきわめて単純化してきた。実際にはすべての旅行者が同じ利得行列をもっているとは考えられない。必ずしもすべての人が検閲をめんどうだと考えるわけではないし，刑務所暮しを苦にしない人だっているだろう。またひと口に密輸といっても実際には種々の異質な要素があって，たとえば密輸される品物やその量はまちまちだろうし，それに応じて密輸の報酬や罰則も違ってくる。けれどもこうした複雑さをとり入れたからといって，必ずしもゲームが根本的に変わってしまうわけではない。たとえ旅行者のどれだけの割合を検閲すればそれを防げるかを，正確に計算することは難しいとしても，大々的な密輸の防止のためにはやはり無作為な検閲法は合理的なやり方である。一方，検閲や起訴のコストが密輸を許すことによる損失に比肩するか，それを上回ってしまうくらいの小規模の密輸に対しては，税関は信用しているふりをして見逃がせばよい。ある程度の密輸に目をつぶり，それを非課税対象として処理してやることによって，旅行者の自発的な協力を促す効果も見込める。

このゲームは，英国税関の現実の行動がある合理的な基礎に依っていると想定しうる，いくつかの根拠を与えている。興味深いことに，税関が合法的にこの無作為な検閲戦略を押し進めていることに対して，それを怠慢・不公平であると非難する声はほとんどあがっていない。この種の合理的戦略は，警察による飲酒運転の取締りなどにも同様に観察される。酒場からある程度離れた地点で，無作為に車を止めて運転者の息を調べるやり方がそれである。税関と違って警察のこのやり方に対しては批判が強く，個人の自由や権利を侵害する可能性の高い危険な方法だ，と考えられるのが普通である。けれども，税関に比べて警察はそのような戦略をより多くとりがちであると想定しうるのでなければ，警察だけが非難されるのは筋違いだといわざるをえないだろう。おそらく警察の場合は，飲酒運転による致死事故を抑制できない警察に対する国民の不信感が，その非難の根っこにあると考えられる。

## 2．囚人のジレンマ

**裏切りと協力のジレンマ**　密輸のゲームで明らかになったことは，もし双方のプレイヤーが互いに信用して協力し合うならば，双方ともに利得を改善できるような状況が解になりうる，ということである．この裏切りか協力かという問題は多くの非定数和ゲームに見られるが，それは**囚人のジレンマ**として知られている有名なゲームによってもっとも明確に表わされる．

このゲームのもともとの問題設定は，大まかにいえば以下のようなものである．いま 2 人の囚人が，重大犯罪を共犯した疑いで拘留されているとしよう．じつはかれらは有罪なのだが，それを確定するための十分な証拠がない．そこで警察はかれらを別々の部屋に入れ，それぞれにつぎのような取り引きを提案をした．もし 2 人とも罪を自白すれば，2 人は同じ年月の長期服役に処せられるだろう．また 2 人とも黙秘をとおせばより軽い余罪が問われるだけで，ともに短い年月の服役で済むだろう．けれどももし一方が黙秘しているときに，他方が自白し共犯者に不利な証言をすれば，自白者は罰を免れたうえに警察から報酬をもらえるが，あくまで黙秘した方は本来よりもずっと長い服役に処せられるだろう．

以上の提案内容は，下のような 2 人の囚人間のゲームを表わす利得行列に集約できる．各要素の英文字の意味は前と同じで，2 つ並べられた要素の左側が行プレイヤー（囚人 R）の利得，右側が列プレイヤー（囚人 C）の利得である．

$$
\begin{array}{c}
\text{囚人 C} \\
\begin{array}{cc}
\text{黙秘} & \text{自白}
\end{array} \\
\text{囚人 R} \begin{array}{c} \text{黙秘} \\ \text{自白} \end{array} \left[ \begin{array}{cc} S,\ S & W,\ B \\ B,\ W & T,\ T \end{array} \right]
\end{array}
$$

B (best) > S (second best) > T (third best) > W (worst)

各要素の配置が密輸ゲームと違っているのは明らかであり，したがって自ずと結果も違ってくる．代数的に話を進めるよりも数値計算を好む読者のために，さきの警察の提案にもとづいて，これらの利得に架空の数値を割りふっ

てみよう。

$$\begin{array}{c} \quad\quad\quad\quad\quad 囚人C \\ \quad\quad\quad\quad 黙秘\quad\quad 自白 \\ 囚人R \begin{array}{c} 黙秘 \\ 自白 \end{array} \left[ \begin{array}{cc} -1,-1 & -5,+1 \\ +1,-5 & -3,-3 \end{array} \right] \end{array}$$

　このゲームの解は，一見したところ単純に求められそうである。利得行列は対称だし，具体的に数値を与えてみるまでもなく，双方の囚人にとって自白戦略が黙秘戦略を優越していることは明白である。したがって囚人が合理的であるならば，かれらはともに自白して仲良く長期服役に処せられ，警察を喜ばせる結果になる。かくして囚人たちには，自らが招いた結果を悔いる時間がたっぷりと与えられる。少しでも相互に信用があり黙秘という形で協力していたならば，ともに2番めに望ましい結果を実現できるチャンスがあったのに，なぜむざむざ3番めに望ましい結果に甘んじてしまうことになったのか。おそらくかれらはつぎのようなジレンマに気づくだろう。すなわち，個人的利害にしたがえば相棒の選択に関係なく自白が合理的なのだが，集合的利害にしたがえばともに黙秘するのが合理的である，という形のジレンマである。

　このジレンマのゆえに，このゲームは幅広く研究者の関心を引きつけることになった。このようなジレンマは定数和ゲームでは決して生じない。なぜなら定数和ゲームにおいては，プレイヤー間の利害は完全に対立しており，互恵的に利得を増進させるような戦略転換の余地はないからである。

　**ジレンマの制御法**　囚人のジレンマ・ゲームによって表わされる具体的な利害紛争の例を扱う前に，囚人たちに仕組まれた罠をもう少し吟味しておこう。ジレンマをとり除くためのてっとり早い方法は，ゲームのルールを変えるか，諸々の戦略に対する利得を変えることである。これはごまかしによるジレンマの解決法のように思われるかもしれないが，多くの紛争において，その解決のために新たなルールを形成しようとしたり，既存のルールの改善を決議させようとしたりする人びとが必ず現われてくる。かれらの手腕次第

で，協力解が導かれるか不十分な非協力解が導かれるかが決まる，といっても過言ではない。

囚人たちの例では，かれらが別々の部屋に隔離されることが，罠の重要な要素になっている。このルールがなければ，かれらは自白しないことを互いに約束し，それを破らないように相互に監視することができる。プレイヤー間に約束があり，その遵守を有効に監視することができれば，より協力解が導かれやすくなるだろう。

あるいはまた，部外者が利得構造を変えることも不可能ではない。さきほどの囚人たちの利得は，警察と裁判所の協議によってあらかじめ定められていた。しかし囚人たちにしてみれば，犯罪者の世界の，裏切りに対する厳しい制裁を考慮せざるをえないだろう。釈放後に他の仲間につかまって受ける制裁のコストに比較すれば，相棒を売った囚人に警察が与える報酬は，十分とは受け止められないかもしれない。もしもこうした打算から，相棒が黙秘しているときに自分が自白した場合の利得が下がり，ともに黙秘した場合の利得より小さくなれば，もはやジレンマではなくなる。たとえばさきほどの数値例で，＋1あった利得が－2に低下したような場合がそれである。それにしたがって利得行列を書き直してみると，

$$
\begin{array}{c}
\phantom{囚人R}\quad\text{囚人C}\\
\phantom{囚人R}\ \ \text{黙秘}\quad\ \text{自白}\\
\text{囚人R}\ \begin{array}{c}\text{黙秘}\\ \text{自白}\end{array}
\begin{bmatrix} -1,-1 & -5,-2 \\ -2,-5 & -3,-3 \end{bmatrix}\\
=\begin{bmatrix} B,B & W,S \\ S,W & T,T \end{bmatrix}
\end{array}
$$

となり，双方ともに優越戦略はなくなる。

そこで，定数和ゲームにおいて合理性をもっていたマキシミン戦略が導く結果をみてみよう。もしも双方のプレイヤーがマキシミン戦略を採用したとすると，2人とも自白するのが合理的になり，やはり非協力解が結果される。けれども非定数和ゲームにおいては，相手の戦略がもたらしうる最悪の結果のうち最良のものを選ぶマキシミン戦略が，合理的であるという論拠はない。

プレイヤーがとくに意地悪でもない限り，かれは相手にとって最悪の結果をもたらそうとするよりは，自分にとって最良の結果をもたらそうとするだろう。このように想定する限り，そして双方がその意味で合理的に同じやり方で行動すると仮定する限り，この新しいゲームにおける囚人たちは黙秘を続けることになる。

このように協力解からの逸脱に対して制裁が課せられることにより，それがない場合よりも望ましい結果が皆に対して導かれたわけである。以上のような囚人のジレンマ・ゲームの分析は，これからとりあげていくいくつかの重要な現実例を理解するうえで，きっと役に立つだろう。

## 3. 軍拡競争のゲーム

**軍縮が進まないわけ**　恐るべき浪費をともなう冷戦ないし軍拡競争は，囚人のジレンマ・ゲームによって表現しうる格好の社会紛争の事例である[1]。合衆国とソ連(旧ソ連)が，迎撃ミサイル・システムを整備することによって「防衛力」を強化すべきかどうかを思案している，という納得的な状況設定で話を進める(実際にはシステムは年々レベル・アップされるだろうが，ここでは1回きりのゲームとして考える)。さて両国の政府は，相手がシステムを整備しないときに自分がシステムをもった場合，それは年間利得150単位に相当する，と評価している。また相手が整備するときに自分がもたない場合，それは−150単位に相当する，と評価している。システムの整備と維持には，年間100単位のコストがかかるものとする(そのかわりに人びとは平和な生活を享受できるわけである)。もし両国ともシステムを整備した場合には，現状に比べて軍事上の損得は生じないが，整備コストによる損失が差し引かれる。以上の状況を利得行列に表わせば，以下のようになる。

---

1) たとえばつぎの文献を見よ。Thomas C. Schelling, *The Strategy of Conflict,* Harvard University Press, Cambridge, Mass., 1960; Michael Nicholson, *Conflict Analysis,* The English University Press, London, 1970.

                              合衆国
                     整備しない    整備する
       ソ連 整備しない ⎡  0, 0      −150, +50  ⎤
           整備する  ⎣ +50, −150  −100, −100 ⎦

　これをB，S，T，Wを使った表記法に直してやると，このゲームがもともとの囚人のジレンマとまったく同じ構造をもっていることが，はっきりするだろう．

                              合衆国
                     整備しない    整備する
       ソ連 整備しない ⎡  S, S      W, B  ⎤
           整備する  ⎣  B, W      T, T  ⎦

　この例では両国にとって「整備する」が優越戦略になっている．もし両国が協力することがなければ，各々は優越戦略の命じるまま新しい防衛システムを整備することになり，両国とも整備しない場合に比べてはるかに大きな損失を被ることになる．
　気づかれている読者もいると思うが，これと同じ不幸な結末は，軍拡のみならず軍縮を考えるときにも同様に現われる．すでに合衆国とソ連は互いの国を数回破壊しうる軍事能力を備えている．軍備を均等に減らすのであれば，軍事バランスに変化は生じないし，しかも資源の無駄な浪費を避けることもできる．そうした配慮から米ソ両国は，さきほど整備した新システムの廃棄を考えだしたとしよう．その状況は以下の利得行列によって示しうる．

                              合衆国
                      軍縮する    現状維持
       ソ連 軍縮する  ⎡ 100, 100    −50, 150  ⎤
           現状維持  ⎣ 150, −50    0, 0     ⎦

　明らかにこの利得行列は新たな囚人のジレンマになっている．すなわちどちらの国からみても，自分だけが軍縮してもメリットはないが，双方が軍縮するのであればメリットがある．この利得行列は，前の軍拡ゲームの行列の

各要素に100単位を加えただけのものなので,ジレンマが消えないのは当然のことである。これらの結果から,われわれはつぎのようにいえるだろう。敵対国が防衛力を増強しないときに自国の防衛力増強から期待される軍事的利益が,増強のための費用を打ち消して十分なほど大きい限り,防衛費は年々増加していかざるをえない。けれども両国がそうやって同じように合理的に行動する限り,そのような軍事的利益が実際に生じることはなく,結局は浪費の積み重ねに終わる。

**協定と相互監視の問題**　もはや協力への道は残されていないのだろうか。もとの囚人ゲームでは,外部から利得を変えて協力を導こうとするマフィアの存在を考慮できたが,残念ながら軍拡ゲームではそうはいかない。国連がそれに近い存在だといえようが,国連は協力を説得はできても,強制はできない。

ただ囚人のケースと違ってやや期待がもてるのは,合衆国とソ連が互いに隔離されて独立に軍事戦略を決める必要はない,ということである。両国には一同に会して会談し,軍縮に向けて相互の協力を調停することが許されている。けれども軍縮会議の歴史をみると,決して楽観視はできない。両国間の永続的な相互監視システムがない限り,どんな協定でも裏切られる可能性は常に存在する。そうした監視システムがなければ,「現状維持」と「軍縮」を戦略とする囚人のジレンマが,「協定破棄」と「協定遵守」を戦略とする囚人のジレンマに置き換えられるだけの話である。両国にとって「協定破棄」が優越戦略になることは,いうまでもない。

軍縮会議は,協定の遵守を監視する問題にまではなかなか踏み込めないのが現状である。どんなやり方であっても監視を許せば,自ずと敵にある程度の軍事情報が渡ってしまう。そうやってお互いが蓄積していく軍事情報量が均等になる,という保証がなければ,話が進まないのもやむをえないことだろう。中立的な判定者を設置するにしても,どういう機関にそれを委ねるかに関して,両国の同意をうるのは容易なことではない。かくして合衆国とソ連にとって軍備を蓄積し続けることは,相変わらず合理的である。おそらく,われわれに課せられたこの悲観的な運命ないしはパラドックスから逃れるためには,合理性の概念そのものを問題にしていかざるをえないだろう。

## 4．各種の公共財問題

**OPECと原油の価格協定**　OPEC（石油輸出国機構）は，加入国の共通利益を増進させるために設置された，一種の国家カルテルである。1974年までに当機構は原油価格を4倍に引き上げ，全体としては石油産出国の歳入を増大させた。ただし価格上昇による需要の減退に省エネブームも手伝って，1974年以降もそれまで続いていた原油の価格割れを押しとどめることはできなかった。OPECが直面した問題は単純明快である。世界市場において石油の価格を上げるためには，石油を減産しなければならない，ということだ。カルテルのメンバー国はそのために，一時的な歳入の減少を覚悟しなければならない。

話を単純化していま5つの石油産出国があるとし，それぞれは毎年100単位の原油を産出し，1単位当たり100万ポンドの歳入をえていると仮定する。また市場メカニズムは，1パーセントの減産によって，2パーセントの価格上昇をもたらすものと仮定する。そうすると，たとえば表1のような原油産出量と価格との対応表がえられる。

表1　各国が10％減産に応じた場合の価格の動き

| 10％減産に応じた国の数 | 総産出量（5ヵ国合計） | 1単位当たり価格（単位：100万ポンド） |
| --- | --- | --- |
| 0 | 500 | 1 |
| 1 | 490 | 1.04 |
| 2 | 480 | 1.08 |
| 3 | 470 | 1.12 |
| 4 | 460 | 1.16 |
| 5 | 450 | 1.20 |

この表はOPECを構成する（と想定されている）5つの国が，各々10パーセントの減産に同意した場合の，価格の動きを一覧している。ただし各国は協定を守るか破棄するかのいずれかを選ぶことができる。各国がえる歳入は，他の何国が約束を破ったか，あるいは約束を守ったかに依存して増減するのである。いまＡ国に着目してみると，この増減の変化はつぎのような利得行

列の形にまとめることができる。

$$
\begin{array}{c}
\text{協定を守っている他の国の数} \\
\begin{array}{cccccc}
 & 0 & 1 & 2 & 3 & 4
\end{array} \\
\text{A国}\begin{array}{l}\text{減産しない}\\\text{10\%減産する}\end{array}\left[\begin{array}{ccccc} 0 & 4 & 8 & 12 & 16 \\ -6.4 & -2.8 & 0.8 & 4.4 & 8 \end{array}\right] \\
\text{利得の単位は100万ポンド}
\end{array}
$$

これらの数値を計算するのは難しくない。たとえばA国が10%減産を選択し，他の2つの国が協定を守ってそれと同じ選択をした場合をみてみよう。このとき表1より，価格の上昇は1単位当り1.12(100万ポンド)であるから，A国の歳入は$90 \times 1.12 = 100.8$となり，0.8の歳入増になる。これが第2行第3列の数値である。

**$N$人囚人のジレンマ**　　この利得行列をみればわかるように，A国にとって「減産しない」戦略は，他の国がどうするかに関係なく常により好ましい結果をもたらす。いい換えれば，協定破棄が優越戦略になっている。そしてこのことは，他のどの国に対しても同様にあてはまる。つまりこの利得行列は5人囚人のジレンマ・ゲームに他ならず，すべての国に減産を要求する集合的利害と，逆に減産しないことを指示する個別的利害（ないしは合理性）とが，矛盾している状況を表わしているのである。したがってこれまでの議論からすれば，OPECが生産量の割りあてを強制できない限り，このカルテルは失敗する運命にある。あるいはまた，協力の達成に向けて相互に裏切りを監視し合うことに対して，いかにして合意をえるか，という問題に直面せざるをえない。

そうしてみると，政治経済的に多様な国々から構成されるOPECが，1974年までにあれほどの協力体制を実現してみせたのは，驚くべきことだといえるだろう。もちろんここに提示されたモデルは，カルテルをうまく運行していくことがいかに困難であるかを示すためには十分であったとしても，現実のOPECを正確に記述しているわけではない。たとえばわれわれのモデルでは，OPEC加入国の間の力関係は捨象されたが，もしサウジアラビアの突出した

役割に着目したならば，ゲーム論的分析とは違った観点が要求されただろう[2]。

それはさておき，上に示した分析は他の種類の財の供給問題にも適用できる。たとえば農作物がそうだ。凶作が全般的かつ広域的に生じた場合，それによって引き起こされる穀物価格の上昇が，かえって農家に収入増をもたらすことがある。この市場原理を利用して，すべての農家が協同して生産量を下げることに合意すれば，疑いなくかれらは皆利益を獲得できるだろう。しかしそのときに，自分だけが生産量を増やすことによってえられる利益の大きさは，どの農家にとってもまた魅力である。この囚人のジレンマ・ゲームには非常にたくさんのプレイヤーが含まれるから，協力解が実現することはまずありえない（消費者にとってはありがたいことだ）。けれどもプレイヤーの数が少なく，したがって協定破棄に対する相互監視が容易なときには，価格カルテルは成立しずっと続くかもしれない。最近イギリスの2つの大手商船会社が，長年続いてきたドーバー海峡のフェリー運賃に関する協定を放棄したが，それなどはそのよい例である。

**労働組合のジレンマ**　　多人数のプレイヤーからなる囚人のジレンマ・ゲームは，多くの社会状況の記述に適用できる。たとえば労働組合の問題がある。いま100人の労働者を抱える工場があると仮定しよう。労働組合に加入する人が多ければ，それだけ組合は賃上げ交渉に成功しやすくなる。この組合は週給にして10ポンドの賃上げを要求しており，労働者が新たに1人加われば組合が交渉に成功するチャンスが1パーセント上昇する。組合費は週に50ペンスである。そうするとある任意の労働者が組合に加入するとき，および加入しないときに獲得する，他の労働者の加入状況に応じた期待損得は，以下の行列で表わされる。

---

2) たとえば，OPECは有効なカルテルであったわけではない，と主張する研究者もいる。1974年の原油価格の上昇は，生産者間の協力によってというよりは，石油資源の管理が製油企業から産油国の政府に移行した結果としてもたらされたのだ，というのである。この主張については以下をみよ。Ali D. Johany, *The Myth of the OPEC Cartel*, John Wiley, Chichester, 1980.

|  |  | 自分以外に組合に加入している労働者数 |  |  |  |  |  |
|---|---|---|---|---|---|---|---|
|  |  | 0 | 1 | 2 | … 50 | … | 99 |
| 労働者A | 加入しない | 0 | .10 | .20 | … 5.00 | … | 9.90 |
|  | 加入する | −.40 | −.30 | −.20 | … 4.60 | … | 9.50 |

週当たりのポンドで計算した労働者Aの期待利得

　これらの期待利得は，増減分のみに関するものである。もし他の50人が加入しているときに労働者Aが加入しない場合，組合が賃上げに成功するチャンスは50パーセントになるから，労働者Aの期待利得は5ポンドになる。もし同じ状況で労働者Aも加入すれば，かれは5.10ポンドの給与上昇を期待できる。しかし組合費50ペンスが差し引かれるので，最終的な期待利得は4.60ポンドになる。組合活動がもたらす便益は，加入していない労働者も同等に享受できるから，他の労働者の加入人数に関係なく常に加入するよりも加入しない方が得になる。つまり誰にとっても労働組合に加入するのは合理的でないような，囚人のジレンマになっているのである。

　現実に労働組合が機能していることを考えれば，おそらくなんらかの別の配慮が働いて，人びとはこのように合理的かつ利己的なやり方で行動することを思いとどまっているのであろう。人びとを組合に加入させるための基本的なやり方は，2つある。1つは，組合員におんぶしてただ乗り(free-riding)していることの非道義性を訴えること。もう1つは，組合員に対してなんらかの差別的待遇を保証することである。現に多くの労働組合では，不当に解雇された組合員のめんどうをみることが，活動の重要な1つとなっている。これには，人びとの利得構造を変えてジレンマでなくする効果も見込める。また組合がその工場においてクローズド・ショップを獲得できれば，組合に加入していない労働者は，その工場で職を失うことになる[訳注1]。これは個人の職業上の自由に対するきびしい制約のように思われるかもしれないが，むしろ労働者の協力を促進して紛争を避け，かれらの集合的利益を増進するた

---

（訳注1）通常，労働組合と使用者（団体）との間で労働協約が締結されるが，組合と雇用との関係に関していくつかの方式がある。そのひとつがクローズド・ショップである。欧米の熟練工の職業別組合に多く見られ，特定の労働組合の加入者に限って雇用し，組合員資格を失った者は解雇する方式をいう。

めの1つの妥当な方法としてみるべきであろう。

**公共財問題**　以上の組合の例からいえることは，ある財やサービスが，それらの使用やそれらがもたらす便益から人びとを排除できない性質をもつときには，必ずそこに囚人のジレンマが生じるということである。経済学ではそうした性質をもつ財を，集合財ないし公共財と呼んでいる[3]。たとえば公園や街灯，防衛力，警察，きれいな空気などがすぐに思い付かれる。これらの財に共通しているのは，一旦これらが供給されると，これらがもたらす便益から市民を締め出すことは難しい，ということだ。

もし公共財の供給が個々の個人に任されていたら，微々たるものしか供給されないことになってしまうだろう。われわれは通常，そうしたジレンマから逃れるために，政府に公共財の制御を委ねている。政府は税金などを徴収し，集合的利害に照らして**適正**だと考えられる量の各種公共財を供給するために，それを活用する。もちろんそのような適正量がありうるのか，仮にあるとしても政府はそれをどうやって見極めているのか，ということは別問題である。

## 5. 汚染のゲーム

**進む五大湖の汚染**　これまでの議論の延長線上で考えれば容易に気づかれることだが，じつは環境汚染も，ゲームの非協力解として捉えることができる。すなわち，汚染を防ごうとするよりも汚染する方が安上がりである限り，個々人の中の利己的な貪欲さによって，皆が汚染するという最悪の結果に陥るわけだ。しばしば政府はこの問題の構造を認識し，法的な規制を加えて，工場や個人による汚染を禁止したり制限したりしている。こうした政府による干渉は，ゲームのルールを変えて好結果をもたらす1つの有効な手段である。しかし一方で，そうした法的な規制の強要や法制定それ自体が困難であるケースも，少なくない。

そのよい例が，北アメリカの五大湖における汚染問題である。かつての美

---

[3] たとえばつぎの文献の第15章をみよ。D. K. H. Begg, S. Fischer and R. Dornbusch, *Economics,* McGraw-Hill, Maidenhead, 1984.

しく豊かなこれらの湖は，合衆国およびカナダの沿岸住民によって流し込まれる廃棄物によって，着実に汚染されてきた。湖が両国にまたがっているがゆえに，逆に両国の汚染阻止に対するとり組みが阻まれてきたのである。したがってこの問題は，合衆国とカナダの間の囚人のジレンマとして表わすことができる。

　例によって話を少し単純化してみよう。まず各々自分の側からの汚染をなくすための費用が，両国ともに2億ドルかかるものとする。もし両国がともに対策をとれば湖から汚染はなくなり，それによって3億ドルの便益が見込まれる。しかしどちらか一方しか対策をとらないときには汚染が残るため，両国ともに1億5千万ドルの便益しか見込めない。これだけのデータが揃えば，それぞれの選択の組合せ結果に応じた，両国の純利益を計算できる。以下の利得行列がそれである。

　　　　　　　　　　　　　　カナダ
　　　　　　　　　　汚染対策をとる　対策をとらない
　　　　　　汚染対策をとる ⎡　100, 100　　　−50, 150　⎤
合衆国　　　　　　　　　　⎢　　　　　　　　　　　　　⎥
　　　　　　対策をとらない ⎣　150, −50　　　　0, 0　　⎦
　　　　　　　　　利得は純利益（100万ドル）

　これをみると，両国にとって「対策をとらない」戦略が優越している。けれども汚染対策をとることに合意がえられれば，ともにより高い利益を獲得できることもわかる（各利得の大小関係からみた配列が，以前の囚人のジレンマ・ゲームのものと同じであることを確認されたい）。ただしこの例でも，協力による賢明な結果は望みにくいだろう。法律や慣習は国ごとに異なるので，お互いに完全に相手を信用しきることは難しい。しかも，われわれは2人ゲームに単純化して考えているが，それは両国それぞれの内部で各世帯や工場，市当局の間にすでに協力解が実現していることを，前提にしている。少なくとも両国内に汚染に対する法規制がない場合には，以前の石油カルテルや労働組合の例のように，$N$人囚人のジレンマ・ゲームを考えなければならない。

　さらにいえば，国内の協力を確保するためになんらかの手段が講じられている場合でも，それが有効に機能するとは限らない。汚染を規制する法律や汚染対策用の税金徴収，汚染防止を促進するための助成金など，国民の利得

行列を変えて協力を促す手段はいくつか考えられる。しかしそれらが有効に機能するかどうかは，実際に逮捕される可能性や刑罰の重さ，税金や助成金の額などに依存する。こうした国内的な困難性に加えて，国家間の協力解が実現されるためには，お互いに相手国の対策の有効性に対する信頼がなければならないのである。

**非対称なプレイヤー間のゲーム**　幸いにして，すべての紛争が囚人のジレンマのタイプに属するわけではない。ラパポートとガイヤー[4]が指摘するように，2×2行列に限ってみても，実質的に異なるゲームを作り出すように双方のプレイヤーの利得要素を並び替えるやり方は，78通りもある。しばしば汚染問題を，囚人のジレンマ状況がもたらす不幸な結果として適切に記述できるのは確かである。けれども五大湖の例に関しては，別のゲームとしてみた方がよい，という指摘も現にある[5]。難しい話ではないので，以下にそのエッセンスを紹介しておこう。

われわれのこれまでのモデルでは，費用と便益が，合衆国とカナダとで等しいと仮定されていた。けれども湖岸に隣接するカナダ側の人口および産業が，合衆国側の4分の1しかないことを考えれば，この仮定に無理があるのは明らかである。そこでいま，カナダが自国側の汚染を防ぐための費用は合衆国の3分の1で済むが，逆に汚染のない湖からえる便益は合衆国よりずっ

表2　両国が対等でないときの利得表(単位：100万ドル)

|  |  |  | カナダ |  |  |  |
|---|---|---|---|---|---|---|
|  |  | 汚染対策をとる |  | 対策をとらない |  |
| 合衆国 | 汚染対策をとる | 費用 | 300, | 100 | 費用 | 300, | 0 |
|  |  | 便益 | 600, | 200 | 便益 | 450, | 150 |
|  | 対策をとらない | 費用 | 0, | 100 | 費用 | 0, | 0 |
|  |  | 便益 | 200, | 65 | 便益 | 0, | 0 |

4) A.Rapoport and M.J.Guyer, 'A taxonomy of 2×2 games', *General Systems,* Vol.11, 1966, pp.203-14.

5) Michael Sheehan and K.C.Kogiku, 'Game theory analysis applied to water-resource problems', *Socio-Economic Planning Sciences,* Vol.15 No.3, 1981, pp.109-18.

と少ない，と仮定しよう．より具体的には，費用と便益に割り振られる数値を表2のように設定してみる．

表中にカンマで区切って併記された数字の左側は，それぞれの選択の組合せが生じたときの，合衆国にとっての費用と便益である．同様に右側は，カナダにとっての費用と便益である．もちろん両国が関心をもっているのは純利益であるから，それぞれの組合せごとに便益から費用を引いた値を，最終的なゲーム行列とすればよい．すなわち，

|  | カナダ 汚染対策をとる | 対策をとらない |
|---|---|---|
| 合衆国 汚染対策をとる | 300, 100 | 150, 150 |
| 対策をとらない | 200, −35 | 0, 0 |

利得は純利益（単位：100万ドル）

同じことだが，馴染みの記号法を使って以下のように書き直せば，このゲームが囚人のジレンマでないことがよりはっきりするだろう．

|  | カナダ 汚染対策をとる | 対策をとらない |
|---|---|---|
| 合衆国 汚染対策をとる | B, S | T, B |
| 対策をとらない | S, W | W, T |

このゲームは，双方のプレイヤーがともに優越戦略をもっている点では囚人のジレンマと似ている．この場合の優越戦略は，合衆国に対してはカナダの出方に関係なく汚染対策をとることを指示し，カナダに対しては逆に対策をとらないことを指示する．これにしたがえば公害小国たるカナダは，予算を節約できるだけでなく，もっぱら隣国が負担する汚染対策によって便益をえることができる．このゲームはまた，双方のプレイヤーが優越戦略を選ぶことによる結果が安定している点でも，囚人のジレンマに似ている．安定というのは，どちらのプレイヤーも自分の戦略の変更によって一方的に，自分の利得の改善を図ることができないという意味である．囚人のジレンマと違って，双方ともに均衡解より望ましい結果は存在しないから，ここでの合

理性はずいぶんとカナダに有利に働くことになる。つまりカナダにはいつも最良の結果がもたらされるのに，合衆国にはいつも3番めに望ましい結果しか保証されないのである。

**威嚇と相互授受による解** もちろん話はこれで終わりではなく，関連国がゲームのルールを変えようとする可能性が残されている。たとえばカナダがただ乗りを決め込むのを予測した合衆国は，カナダが汚染対策をとらない限り合衆国はなにもしない，と前もって宣言するかもしれない。もしもカナダが，合衆国は単独の対策からえられる便益を犠牲にしてもその戦略を遂行する構えである，と判断するならば，カナダはその脅しに屈して対策をとることに合意するだろう。この種の脅しを許容する均衡解を，ゲーム理論では**脅しに弱い均衡**と呼んでいる。

しかしながら脅しがいつも有効であるとは限らない。カナダは，合衆国は虚勢を張っているだけだと判断するかもしれない。つまりカナダの出方に関係なく，合衆国は結局は自分の利益確保のために単独で対策をとるだろう，と判断するかもしれないのである。一般に脅しの実効性は，脅しを実際に実行するときに脅迫者が被る損失の大きさや，強硬な態度の表われ方，過去の似たような状況において脅迫者がとった行動など，多くの事柄によって左右される。このようにぎりぎりの線でのさぐり合いがなされるために，現実の政治の世界における，脅しや相手に対して強硬な態度をとる政策——いわゆる瀬戸際政策(brinkmanship)——は，常に一触即発の危機的状況を招いてきたのである[6]。

この一見したところ単純に見えるゲームには，じつはもうひとつの可能な解が含意されている。それは脅迫とはむしろ逆の，裏取り引きの可能性を考えるときに明らかになる。仮にいま合衆国は，汚染対策をとるという優越戦略の遂行を決定したとしよう。このときカナダが同じく汚染対策をとったとすると，なにもしなかった場合に比べて，合衆国には1億5千万ドルの利益増がもたらされる一方で，カナダの利益減は5千万ドルにとどまる。そこ

---

[6] このような状況を分析するためのゲーム理論の適用法に関する包括的な議論としては，つぎの文献を参照されたい。S.J.Brams, *Game Theory and Politics,* Free Press, New York, 1975.

でカナダが対策をおこなう代わりに，合衆国は5千万から1億5千万の間の額の見返り金（side-payment）をカナダに支払うものとしよう。そうするとその結果は，カナダがなにもしない場合に比べ，双方にとってより望ましいはずである。すなわち，各々の戦略の組合せに応じた両国の利得の合計は一定のまま，それらの分配の仕方に関して両国が協議する余地を残すわけである。

（ただしこれが可能なのは金銭のように利得が分割可能なときだけである。また分割可能とはいっても，囚人ゲームで刑の年数をやり取りするようなことは考えにくい。）

以上の議論にもとづいて，カナダが汚染対策をおこなう見返りに，合衆国が1億ドルをカナダに支払うことを提案した場合を考えてみよう。そうすると以下の利得行列が新たにえられる。

|  |  | カナダ | |
|---|---|---|---|
|  |  | 汚染対策をとる | 対策をとらない |
| 合衆国 | 汚染対策をとる | 200, 200 | 150, 150 |
|  | 対策をとらない | 100, 65 | 0, 0 |

これを選好順位の記号で表わせば，

$$\begin{bmatrix} B, B & S, S \\ T, T & W, W \end{bmatrix}$$

である。

これを見れば明らかなように，相互授受によって，両国ともに汚染対策をとることが優越戦略になっている。しかもそれから導かれる結果は，両国にとって，もとのゲームの均衡解よりも望ましいものになっている。

**環境対策の現実の難しさ**　このように国家間の協定が大いに共益を保証するものであるならば，いまだに五大湖の汚染が進んでいるのはどういうわけであろうか。その解答はおそらく単純である。自由を愛する合衆国政府とカナダ政府が当該市民に協力を強制することを嫌い，それゆえ汚染問題が$N$人囚人のジレンマ・ゲームに陥っているのである。かれらにとって汚染する

権利は，携帯銃を持ち歩く権利と同様に侵しがたい権利なのだ。

たしかに，国家間の協力に負けず劣らず，国内の協力問題は困難な問題である。けれども近年，合衆国政府は国民に協力を強要すべく，さまざまなジレンマ・ゲームへの介入を強めつつある。すでに自動車の安全性や排気ガス中の有毒物質の含有レベルに関しては厳しい法律があるし，公道のスピード制限も厳しく取り締まっている。これらの動きをみると，合衆国が五大湖の保全に積極的に乗り出す将来的な可能性がないわけではない。

けれどもこれまでのゲームの結果が示唆するように，そうした動きは，すぐに国家間の提携のレベルで困難に突きあたるだろう。まず合衆国は汚染を放置することでカナダを脅し，協同の対策行動を強要しようとする。それはカナダ側に脅迫として理解されるかもしれないが，両者は構えたまま動かず，数年が経過する。脅迫をあきらめた合衆国が浄化作戦に着手したとしても，それにただ乗りしようとするカナダ側からの汚染は続く。あるいは合衆国は，カナダ側に協同作戦をとらせるべく，見返り金を支払おうとするかもしれないが，それも政治的に困難であろう。仮にカナダの浄化行動に対して報酬を支払うことを合衆国市民に納得させえたとしても，それを実際にどれくらいの額にするか，というやっかいな交渉課題が残る。さきほどの架空の数値例でいえば，5千万から1億5千万ドルの間の額なら両国とも損をしないことになるが，当然ながら合衆国側は5千万でとどめようとし，カナダ側は1億5千万まで引き上げようとするだろう。交渉の場でお互いにその線を強硬に主張し合えば，交渉決裂もありうるし，少なくとも示談が成立するまでに長い年月を要することになる。環境はその間，悪化するのを待ってはくれないのである。

相互に便益をもたらしうる環境プロジェクトにとり組むときに，国家間の協力が実現しにくい事情を，ゲーム理論を使って分析しようとした研究は少なくない。その中で五大湖の例よりさらに印象的なのが，ロジャースの研究である。そこでは，ガンジス川治水事業の負担の均等化をめぐる，インドとバングラデシュの損得分析が主題となっている[7]。

バングラデシュでは毎年雨期になるとガンジス川が氾濫し，稲を育む代わ

---

7) P.Rogers, 'A game-theory approach to the problem of international river basins', *Water Resources Research,* Vol.5, 1969, pp.749-60.

りに，多くの生命を奪っていく。逆に乾期にはなにも育たない。もしもインドの上流地域にダムを作ることができれば，それは治水だけでなく電力供給にも活用できるから，両国に対してともに便益をもたらすであろう。けれどもインドはなんら見返りなしには，バングラデシュに便益をもたらすために必要な事業を，進んでしようとはしない。一方でバングラデシュは，その事業がインドにも便益をもたらすことを知っているから，一方的な譲歩を甘受しようとはしない。この状況はまさしく，五大湖の汚染ゲームと同じ構造をもっている。したがってこの必ずしも友好的な関係にあるとはいえない両国間で，なんらかの相互授受が実現することは困難である，と予想される。かくしてガンジス川は，洪水と飢餓を生み続けるのである。

### 5．合理性再考——実験室から学ぶ——

**囚人のジレンマの実験研究**　これまでの非定数和ゲームの分析は，プレイヤーは**合理的**であるという観念のうえに立ったものであった。種々のジレンマ・ゲームにおいては，この**合理性**が，もしかれらがより**合理的**でないやり方で行動したならばえられたであろう結果よりも，より望ましくない結果をプレイヤーにもたらしたのである。この節では，いくつかの社会心理学的な実験の結果に目を通すことによって，この種の合理性の現実性について考えてみたい。もっとも，これらの実験が実験室の外での人びとの行動に一般的な指針を与えているというつもりはなく，そこでえられたいくつかの興味深い発見を紹介するのが目的である。われわれは当面の関心を囚人のジレンマ・ゲームに限定する。紛争と協同の間のジレンマは78通りある2×2ゲームの中でいろんな現われ方をするけれども，やはり囚人のジレンマがそれをもっとも鮮明に表現しているし，実験でも頻繁に使用されてきているからである。

　囚人のジレンマの実験研究におけるパイオニアとしてあげられるのは，ミシガン大学の学生を被験者にして一連の膨大な実験をおこなった，ラパポートとチャマーである[8]。学生たちは，数種類の囚人のジレンマ・ゲームを，各々300回続けてプレイするように指示される。協力に対する報酬や裏切りに対する罰金の大きさが結果に及ぼす影響を考慮して，そこでは7種類のゲームが使われている。そのうちの2つを以下にあげておこう。

プレイヤー2
戦略C　　戦略D

プレイヤー1 　戦略C $\begin{bmatrix} 1, & 1 & -10, & 10 \\ 10, & -10 & -9, & -9 \end{bmatrix}$
　　　　　　戦略D

ラパポートとチャマーのゲームII

プレイヤー2
戦略C　　戦略D

プレイヤー1 　戦略C $\begin{bmatrix} 1, & 1 & -50, & 50 \\ 50, & -50 & -1, & -1 \end{bmatrix}$
　　　　　　戦略D

ラパポートとチャマーのゲームV

　この2つはともに囚人のジレンマ・ゲームではあるが，報酬と罰金の大きさがまったく違っている。ゲームIIの方は紛争（DDという戦略の組合せ）に対する罰金が相対的にかなり大きいのに対して，ゲームVの方は裏切りの誘惑の大きさに比べて協力の誘引が小さい。これらの報酬や罰金は学生たちにとって現実のものである。つまりゲームの損得分は最後にはお金に換算され，実験協力に対する謝礼金に加算されたり，それから差し引かれたりするのである。

　**繰り返しゲームにおける合理性**　これらの実験は，同じゲームを同じプレイヤー同士が何度も繰り返しておこなうよう設計されている。その点で，われわれがこれまで見てきた囚人のジレンマ・ゲームの例とは異なっている。けれども繰り返しゲームのどの時点をとっても，すべてのプレイヤーにとって，裏切り（D戦略）を選ぶのが**合理的**である点に違いはない。

　その理由は簡単に見てとれる。まずゲームが300回繰り返されるときに，プレイヤーが第299回まで協力（C戦略）を選択したとしよう。このとき第300回めのゲームを考えてみると，**合理的**プレイヤーならば当然D戦略を選ぶことになる。なぜなら最終ゲームでは，次回以降に自分が戦略をCに戻したとき

---

8) A.Rapoport and A.M.Chammah, *Prisoner's Dilemma,* University of Michigan Press, Ann Arbor, 1965.（廣松毅・平山朝治・田中辰雄訳，『囚人のジレンマ——紛争と協力に関する心理学的研究——』，啓明社，1983.）

に報復される心配がなく，1回きりの囚人のジレンマ・ゲームをプレイするのと同じことになるからである。ところが双方のプレイヤーが，互いにそうした相手の意図を見越して，最終ゲームの結果はDDであると確信したらどうなるか。その場合，戦略的な思考にもとづく限り，かれらにとって事実上299回めが最終ゲームになる。そしてつぎのゲームで相手はC戦略をとらないと互いにわかっているから，それまでの戦略に関係なく，このゲームではDをとるのが双方にとって合理的である。こうした推論を300回めから1回めまで遡っておこなえば，**合理的**なプレイヤーは常に裏切りを選択することになる。

　こうした事情を数値的に示すために，ラパポートとチャマーが使用したゲームIIを使って，それが2回だけ繰り返しプレイされたとしたときの利得行列を作ってみよう。2回繰り返しゲームにおいては，8通りの戦略が存在する。それらのうちの4つは相手の1回めの選択を考慮しないものであり，他の4つは相手の1回めの選択が自分の2回めの選択に影響するものである。これらの戦略のリストを以下に一覧しておく。

　1．相手の1回めの選択に関係なく，1回めも2回めもCを選ぶ。
　2．1回めはCを選び，2回めは相手の1回めの戦略と同じものを選ぶ。
　3．1回めはCを選び，2回めは相手の1回めの戦略と逆のものを選ぶ。
　4．相手の1回めの選択に関係なく，1回めはCを選び，2回めはDを選ぶ。
　5．相手の1回めの選択に関係なく，1回めはDを選び，2回めはCを選ぶ。
　6．1回めはDを選び，2回めは相手の1回めの戦略と同じものを選ぶ。
　7．1回めはDを選び，2回めは相手の1回めの戦略と逆のものを選ぶ。
　8．相手の1回めの選択に関係なく，1回めも2回めもDを選ぶ。

　読者はこれら以外の戦略が存在しないことを確認いただきたい。あとは機械的に計算すれば，これらのすべての組合せに応じた，2回繰り返しゲームの利得行列を作ることができる。

　いうまでもなくこのゲームは対称的であるから，一方のプレイヤーにとって合理的な戦略は，他方のプレイヤーにとっても合理的である。それぞれのプレイヤーの観点から見ると，戦略8（D, D）が戦略7，6，5を優越するが，1〜4は優越しないこと，そして戦略4（C, D）が戦略1，2，3を優越するが，5〜8は優越しないことがわかる。したがって**合理的**なプレイヤー

プレイヤー2

|  | | 1<br>C,C | 2<br>C,同 | 3<br>C,逆 | 4<br>C,D | 5<br>D,C | 6<br>D,同 | 7<br>D,逆 | 8<br>D,D |
|---|---|---|---|---|---|---|---|---|---|
| プレイヤー1 | 1. C,C | 2, 2 | 2, 2 | −9, 11 | −9, 11 | −9, 11 | −9, 11 | −20, 20 | −20, 20 |
| | 2. C,同 | 2, 2 | 2, 2 | −9, 11 | −9, 11 | 0, 0 | 0, 0 | −19, 1 | −19, 1 |
| | 3. C,逆 | 11, −9 | 11, −9 | −8, −8 | −8, −8 | −9, 11 | −9, 11 | −20, 20 | −20, 20 |
| | 4. C,D | 11, −9 | 11, −9 | −8, −8 | −8, −8 | 0, 0 | 0, 0 | −19, 1 | −19, 1 |
| | 5. D,C | 11, −9 | 0, 0 | 11, −9 | 0, 0 | −8, −8 | −19, 1 | −8, −8 | −19, 1 |
| | 6. D,同 | 11, −9 | 0, 0 | 11, −9 | 0, 0 | 1, −19 | −18, −18 | 1, −19 | −18, −18 |
| | 7. D,逆 | 20, −20 | 1, −19 | 20, −20 | 1, −19 | −8, −8 | −19, 1 | −8, −8 | −19, 1 |
| | 8. D,D | 20, −20 | 1, −19 | 20, −20 | 1, −19 | 1, −19 | −18, −18 | 1, −19 | −18, −18 |

2回繰り返しの場合の利得行列：ラパポートとチャマーのゲームII

ならば，戦略C，Dか戦略D，Dのどちらかを選択するはずである。この結果はわれわれのさきほどの言明，すなわちゲームが繰り返しプレイされるとき，**合理性**にしたがうプレイヤーたちは少なくとも最後のプレイでは裏切りを選択する，という言明を支持するものである。実際，最後のプレイで確実にDを選ばせる戦略は，この2つ以外にない。

さて，合理的なプレイヤーが4と8以外の戦略を選ぶことはないのだから，さきの複雑なゲームは簡単な2×2ゲームに縮減できる。すなわち，もとの行列から戦略4と8に相当する部分だけを抜き出せばよい。

プレイヤー2

|  | | 4 (C,D) | 8 (D,D) |
|---|---|---|---|
| プレイヤー1 | 4 (C,D) | −8, −8 | −19, 1 |
| | 8 (D,D) | 1, −19 | −18, −18 |

この縮減されたゲームは新たに囚人のジレンマを構成しており，双方のプレイヤーにとって戦略D，Dが優越している。したがって繰り返しゲームのすべてのプレイで裏切りを選択するのは，双方のプレイヤーにとって**合理的**である。いうまでもなくこの結果は，さきほどのわれわれの最終的な言明に合致する。

**いくつかの実験条件の効果**　もちろん現実に被験者が常にこの**合理的**戦略を選ぶとは限らない。現にラパポートたちの実験結果によれば，ゲームIIを使用したときには，協力解の達成度は77.4パーセントにも及んだ。ただし協力に対する誘引が小さいゲームVを使用したときには，協力解の達成度は26.8パーセントにとどまっている。こうした結果をもとにラパポートとチャマーは，協力はそれに対する誘引が大きいほど促進され，裏切りによって実現できる利益が大きいほど阻害される，という一般的仮説を提起している。

　かれらの実験では，この他にもいくつかの興味深い発見がある。たとえば実験の中には，利得行列を提示してゲームをおこなう条件の他に，利得行列は提示せず，プレイ終了後に利得結果を逐一知らせる条件も組み入れられている。当初ラパポートたちは，この条件が協力の促進をもたらすと予想した。試行錯誤するうちにプレイヤーたちがたまたま協力解に遭遇し，それがよい利得結果をもたらすためにそこから動かなくなる，というのがその理由である。プレイヤーには裏切りが**合理的**戦略であることが見えていないのだから，たしかに協力が促進される可能性はある。

　けれどもかれらの予測に反して，非提示条件では逆に協力が著しく低下した。たとえばゲームIIにおいては，提示条件では77.4パーセントあった協力達成度が，非提示条件に変えただけで半分近くの44.6パーセントに低下している。非提示条件においても，何回かプレイしているうちに利得行列は見えてくるはずだから，この結果はある意味で不可思議なことである。おそらく協力による便益が目の前に突きつけられていないと，なかなか協力も進まないということなのであろう。

　さらにラパポートとチャマーは，理由は明示していないが，男性と女性の行動の比較もおこなっている。その結果，男性同士の場合の方が，女性同士の場合に比べて2倍近く協力する傾向が発見された。また男女混合の場合は，同一の性同士の場合に比べて，ゲームの最初のプレイにおいていくらか高めの協力率が観察されている。その後の実験研究でこの結果はほぼ支持されており，なるほどと思わせる心理学的説明もいくつか与えられている。けれども個人的にむしろ興味を引かれるのは，やや異なる観点から性別要因を組み込んで，これらの先行する実験を反証する結果を導きだした，ショトコたちの研究である[9]。

かれらは過去になされた実験を可能な限り収集し，そのすべてが男性実験者によってなされていること，すなわち被験者に実験内容を説明したり，ゲームの結果を記録したりするのがすべて男性であることに気づいた。そこで実験者に男性を使ったり女性を使ったりしながら，先行実験と同じ内容の数多くの実験を再検証したのである。おおまかにいうと，実験者が男性だけのときは先行実験の結果は支持された。けれども実験者に女性がいるときには，女性同士のゲームにおいて前述したような競争的行動は現れず，男性同士のときとほぼ同程度の協力率が結果された。また男性被験者の行動は，実験者の性別にほとんど影響されないことも発見された。つまり囚人のジレンマ・ゲームのプレイの仕方に関して確認されてきた前述の男女差は，単に実験デザインの影響が性別で異なることを示しているにすぎず，男性よりも女性の方が合理的であるとか，競争心が旺盛であるという根拠にはならないのである。

まさに今述べた実験デザインの問題に着目するとき，**現実世界**において囚人のジレンマに直面した人びとがとる行動を予測するために，これらの実験結果を使おうとするときには，十分に慎重な態度が必要であるということがいえる。基本的には，実験はあくまで実験として理解しておくべきである。たとえば別の実験に，実際に効き目のある精神安定剤（リブリウム）と，実効性のない偽似薬（プラシボ）を別々の被験者たちに飲ませ，ゲームのプレイの仕方を比較したものがある[10]。その実験結果によれば，リブリウムを投薬された被験者たちは，気休め薬を飲まされた被験者たちよりも相互に協力する傾向を強く現わした。けれどもそれが確かだとしても，軍縮会議におけるすべての交渉当事者を薬漬けにすればよい，などと主張する人はいない。

ゲーム理論は，協力に対して誘引があると同時に，競争への誘惑も存在するような多くの問題の構造を，解き明かしてくれる。しかし，そのような状況において現実にどのように決定がなされるかについては，さらに別の角度からの考察が必要である。

---

9) V.Shotko, D.Langmeyer and D.Lundgren, 'Sex differences as artefact in the prisoner's dilemma game', *Journal of Conflict Resolution*, Vol.18, 1974, pp.207-13.

10) Allan H. Stix, 'The effect of a minor tranquillizer on strategic choice behaviour in the prisoner's dilemma', *Journal of Conflict Resolution*, Vol.18, 1974, pp.373-94.

# 終章　今後の研究のために

「幼児にカナヅチを渡せば，かれは近くにあるものを手当たり次第それでたたこうとするだろう。」[1]

この1文が示唆するように，時間をかけてある技術を習得すれば，手当たり次第それを使ってみたくなるものである。マルコフ連鎖やゲーム理論を克服した読者は今，あらゆる社会状況や社会過程を，ゲームや連鎖としてみようとする誘惑に駆られているかもしれない。けれどもわれわれが慎重に挿入しておいた，ゲーム理論の無理な応用例をぜひ思いだしてもらいたい。それらの例が示すように，手持ちの限られた研究手法だけに依存して問題へのアプローチの仕方を決めることには，大きな危険が潜んでいる。しかしその点に注意すれば，本書で紹介した多くの研究例(そのほとんどは上記の危険を回避していると確信している)に示されるように，数学は社会の研究と理解のために大いに助けになるはずである。

自分が抱いているアイデアを数学的言語に置き直すことの効用は，アイデア自体の明確化ということにとどまらない。厳密に論理的な思考が可能になり，一見ごちゃごちゃに入り組んだ社会状況に対する分析に，秩序を与えることができる。ただしこのような問題のフォーマライゼイションにも自ずと限界はある。経済現象，社会移動，人口移動，権力関係，親族関係等々，扱う対象はさまざまだろうが，それらはいずれも複雑な過程であり複雑な現象である。そうした複雑さのすべてを，数学の明快で完結した論理で把握でき

---

1) A.Kaplan, *The Conduct of Social Inquiry: Methodology for Behavioral Sciences*, Chandler, San Francisco, p.28. 1964.

ると過信してはならない。

　角度を換えていえば，われわれは常に，ある特定のモデルに満足しきってはいけないということである。モデルは，それが立脚している仮定の妥当性の吟味や，データとの突き合わせによって，不断に改善されなければならない。たとえば産業移動の議論のところで，始めは単純なマルコフ連鎖として過程を見ていた研究者たちが，いかにしてそれを乗り越えるモデルを発展させたかを，思いだしていただきたい。同様にわれわれの投入産出モデルの例においても，それが異なる経済セクター間の相互依存という重要で基礎的な観念を把握するための行列手法として，有効であったにもかかわらず，さらなる改善の試みが問われた。そこには経済学者がずっと疑問に思ってきた，つぎのような問題があったからである。「投入係数が一定であるという仮定は，どの程度まで許容されるのか。もし許容されない場合には，それをどう処理すればよいのか。」これらは避けて通ることのできない，しかしながら困難な問題である。

　一般的にいえば，どんなモデルも現実の単純化なのであって，それをもっとも納得のいくやり方でおこなうことが大切なのである。単純化のために現実のある重要な諸部分を切り落とし過ぎることは問題だし，かといって隅々まで現実と対応するようなモデルを作っても意味はない。とくに後者のようなやり方で現実を忠実に再現することは，なんら新たな認識を生み出さないし，冗長なだけである。

　これらの点に注意を喚起したうえで再度いえば，数学，とりわけわれわれが扱ってきた行列代数は，あらゆる分野の社会科学において非常に有効な道具になるだろう。経済学者と心理学者たちは，それぞれの研究をより適切に発展させるために数理化が必要であることを，随分早くから気づいていた。もちろんそこでは行列代数以外にも，さまざまな分野の数学が応用されている。これらに比べると，他の社会科学の諸分野では数理化の歴史はまだ浅い。読者がどういう立場から本書を手にしているかはわからないが，行列という数学の1分野に限ってみても，それが多くの学問領域に応用可能であることは，ここまで読み進まれて十分に了解いただけたと思う。本書をとおして，読者がそれぞれの分野でこうした数理化の可能性に興味をもち，それを追求していくきっかけを与えることになれば，著者としてこれ以上の喜びはない。

## 参考文献の紹介

本文中に注の形で多くの参考文献をあげておいたが，その中で重要性が高いものを改めてここで解題しておきたい。ただし幅広い内容をもつものを選んでいるので，読者はこれらの文献中にある文献リストを手がかりにして，さらに自分の特定関心に即した文献を探していただきたい。以下，学問分野別にリストを作成しているけれども，中にはいくつかの領域にまたがる内容をもった文献もある。その意味でも分野間の境界線はゆるやかにお考えいただきたい。

### (1) 一般的テキスト

J. W. Bishir and D. W. Drewes, *Mathematics in the Behavioral and Social Sciences,* Harcourt, Brace, New York, 1970.

> 行列代数とマルコフ連鎖を含む一般的テキストで，本書より高度な数学まで扱っている。ほとんどの社会科学からの応用例が紹介されている。

J.G. Kemeny, J.L. Snell and G.L. Thompson, *Introduction to Finite Mathematics* (3rd edition), Prentice-Hall, New Jersey, 1974.（矢野健太郎訳，「新しい数学：その方法と応用（初版訳）」，共立出版，1959年。）

> この優れた標準的テキストは，本書で使った数学のほとんどをカバーしており，たくさんの事例を扱っている。

R. Bronson, *Matrix Methods,* Academic Press, London, 1970.

F.E. Hohn, *Elementary Matrix Algebra* (3rd edition), Macmillan, New York, 1973.

E.D. Nering, *Linear Algebra and Matrix Theory,* Wiley, New York, 1970.

> 以上の3冊は数多い数学テキストの中から選んだもので，初歩的レベルから始まって，本書を超える水準の行列代数まで読者を導いてくれる。

H. Hamburger, *Games as Models of Social Phenomena,* Freeman, San Francisco, 1979.

> ゲーム理論の入門書として適しており，経済学や政治学，心理学の事例を扱っている。高度な数学の知識は要求されない。

M. Shubik, *Game Theory in the Social Sciences,* MIT Press, Cambridge, Mass., 1982.

> ハンバーガーのものと違って，この本では専門家向けに厳密に数学が展開されている。ゲーム理論の最前線を知るにはよい本だろう。

(2) **経済学および経営科学**

　経済学者の間では、とくに意識されないほどに、ごく当たり前に行列が使われている。以下にあげるのはそのほんの一部分である。

G.Mills, *Introduction to Linear Algebra for Social Scientists,* Allen and Unwin, London, 1969.

　　とくに経済学者にとって有益な行列手法が紹介されている。初歩的レベルから始まって、本書で展開した諸理論まで網羅している。

A.C.Chiang, *Fundamental Methods of Mathematical Economics (3rd edition),* McGraw-Hill, Tokyo, 1984.（大住栄治ほか訳、「現代経済学の数学基礎」（上・下），マグロウヒル，1979-1980. ［第2版訳］）

　　この本で扱われている数学のうち行列代数は一部分にすぎないが、投入産出分析や効率的な生産計画ないし産出計画のような行列の応用法が、適度な水準で説明されている。

G.Heal, G.Hughes and R.Tarling, *Linear Algebra and Linear Economics,* Macmillan, London, 1974.

　　経済学や統計学の理論でよく問題になる線型代数の考え方が、手際よく整理されている。経済計画におけるそれらの使用法についての解説もある。

J.G.Kemeny, A.Scheifer, J.L.Snell and G.L.Thompson, *Finite Mathematics with Business Applications,* Prentice-Hall, New Jersey, 1962.

　　いまや古典的存在になってしまったが、経営学や経理学を学ぶ学生に確率論やマルコフ連鎖、ゲーム理論を紹介した入門書としては、右に出るものはない。

R.O'Connor and E.W.Henry, *Input-Output Analysis and Its Applications,* Griffin, London, 1975.

　　現実の投入産出行列と、国家経済政策ないし地域経済政策を分析するためのそれらの適用が含まれていて、投入産出分析がよくわかる。

R.Stone, *Aspects of Economic and Social Modelling,* Librairie Droz, Geneva, 1981.

　　著者はイギリスで最初に投入産出分析を構築した人であり、その内容と展開に前半部分がさかれている。全体にとても理解しやすい。

E.R.Weintraub, *Conflict and Co-operation in Economics,* Macmillan, London, 1975.

　　経済学におけるゲーム理論の適用法を使いやすく紹介してある。賃金と交渉、交換、外部経済(externarities)，公共財、投票といったトピックスが、ゲーム理論の枠組みで議論されている。

J.W.Friedman, *Oligopoly and the Theory of Games,* North Holland, Amsterdam, 1977.

必ずしも平易ではないが，少数企業からなる市場競争の分析を概説したものとして，含蓄に富んでいる。
J.W.Friedman, 'Game Theory models in the allocation of advertising expenditures', *Operations Research,* Vol.6, 1958, pp.699-700.
A.K.Klevorick and G.H.Kramer, 'Social choice on pollution management: the Genossenschaften', *Journal of Public Economics,* Vol.2, 1973, pp.102-46.
M.Laver, 'The great British wage game', *New Society,* 6 March 1980.
　この3本は，広告や汚染，インフレといったテーマに関して，うまくゲーム理論を適用した数多くの論文からの選択である。
I.Adelman, 'A stochastic analysis of the size distribution of firms', *Journal of the American Statistical Association,* Vol.53, 1958, pp.893-904.
A.R.Horowitz and I.Horowitz, 'Entropy, Markov processes and competition in the brewing industry', *Journal of Industrial Economics,* Vol.16, 1968, pp.196-216.
　この2本は経済現象の分析におけるマルコフ連鎖の応用力をよく示している。最初のものは産業部門内における企業規模の分布を説明しており，2番めのものはビール醸造会社の盛衰を吸収マルコフ連鎖によって説明している。
J.K.Shank, *Matrix Methods in Accounting,* Addison-Wesley, Reading, Mass., 1972.
　経理におけるお金の流出入を行列代数によって把握できることを示した，簿記・会計学のテキスト。
S.Koshimura, *Capital Reproduction and Economic Crisis in Matrix Form,* Wako University Press, Tokyo, 1984.
　もしカール・マルクスが行列代数を知っていたら，かれの経済学思想はもっと実りあるものになっていたかもしれない。この本はそのような可能性を追求したもので，マルクスの資本論とその後の業績を行列を使って再分析している。

(3)　**地理学，人口学，社会人口統計学**
R.W.Thomas and R.J.Huggett, *Modeling in Geography – a Mathematical Approarch,* Harper and Raw, London, 1980.
　地理学における行列手法のさまざまな活用法を概説している。地理学的な人口研究におけるレスリー行列の使用法も扱われており，行列が輸送問題の解決にいかに役立つかが示されている。
K.Chapman, *People, Pattern and Process,* Edward Arnold, London, 1979.
D.Unwin, *Introductory Spatial Analysis,* Methuen, London, 1981.
　この2冊はいずれも，イギリスの鉄道システムやロンドンの地下鉄のような

運輸ネットワークの分析に対して，行列がいかに役立つかを的確に議論している。そこでは連結行列と呼ばれる行列が使われているが，それは本書5章の優越行列と類似したものであり，使われ方もほとんど同じである。

W.Isard, *Introduction to Regional Science*, Prentice-Hall, New Jersey, 1975.（青木外志夫・西岡久雄監訳，「地域科学入門」（1～3），大明堂，1980-1985.）

主導的な地誌学者によって書かれたもので，多くの地誌学的な投入産出行列とその使用法，および地誌学的な問題の分析における利得行列の有用性について説明されている。

P.Gould, 'Wheat on Kilimanjaro', *General Systems,* Vol.10, 1965, pp.157-66.

穀物の収穫にゲーム理論の適用を試みた，グールドのもうひとつの研究例である。キリマンジャロ近辺に初めて小麦が導入されたとき，農夫たちはその種の性質や適した気候条件を知らなかった。そこで費用を最小化しようとする悪意あるゲームのプレイヤーとして，気候をみなした。それは農夫たちが控えめな作付け戦略を採択したことに表われている。しかし2年めからは，農夫たちはその戦略を，より高コストをともなうが同時に高利得をもたらす戦略に変えていった。気候を合理的な敵対者と見なすことをやめ，気候パターンを考慮しながら期待利得を最大化する試みに転じたのである。これは非常に興味深い応用研究であって，もしかれの解釈が正しいならば，重要な政策的示唆を提示している。

A.Rogers, *Matrix Analysis of Interregional Population Growth and Distribution,* University of California Press, Berkley, 1968.

移民や出産率の差異による一定地方の人口変動を，行列手法を使って分析してみせた本。

N.Keyfitz, *Introduction to the Mathematics of Population,* Addison-Wesley, Reading, Mass., 1968.

N.Keyfitz, *Applied Mathematical Demography,* Wiley, New York, 1977.

同じ著者からの2冊だが，最初のものは数理人口学の標準的なテキストで，人口学者に役立つレスリー行列やその他の数学が詳しく説明してある。2冊めは，人口学における行列の応用法について，本書を十分に補う内容を含んでいる。さらに同様の方法が健康と医療ケア，あるいはまた教育システムと非行のような問題にどのように適用されうるかも，議論している。すなわちこれらの社会人口学における問題が，人びとが疾病状態から健康状態に移行したり，小学校から中学校に移行したり，あるいはまた健全な状態から非行の状態に移行したりする過程として分析されている。

R.Stone, *Aspects of Economic and Social Modelling,* Librairie Droz, Geneva, 1981.

前半は経済学に関する内容で，社会人口学における行列の応用法が導入され

た後，後半では著者自身の豊富な研究が要約されている。教育システムや将来的な教育的要請の分析に，レスリー行列を適用した研究が中心である。

R.Stone, *Demographic Accounting and Model Building,* OECD, Paris, 1971.

人口学は人の流れと集積を扱う学問であるという規定のもとに，投入産出行列やマルコフ連鎖のような行列手法が，生涯あるいは教育，職業などをとおした人口の動きの記述・分析に，どのように適用できるかが示されている。

J.Meredith, 'A Markovian analysis of a geriatric ward', *Management Science,* Vol.19, 1973, pp.604-12.

例がユニークで，高齢患者のために病院の外に老人ホームを作るときの採算性を評価するために，推移行列が使用されている。

### (4) 社会学，社会心理学，人類学

R. Mapes, *Mathematics and Sociology,* Batsford, London, 1971.

とくに社会学者向けに書かれた，非常に簡潔な入門書。行列代数やマルコフ連鎖，グラフ理論をわかりやすく説明している。

R.K.Leik and B.F.Meeker, *Mathematical Sociology,* Prentice-Hall, New Jersey, 1975.

T.J.Fararo, *Mathematical Sociology,* Wiley, New York, 1973.（西田春彦・安田三郎監訳,「数理社会学Ⅰ・Ⅱ」, 紀伊国屋書店，1980.）

この2冊は，社会学その他において親族構造や社会移動，ゲーム理論を議論するために行列手法を使った，中級レベルのテキストである。

O.Bartos, *Simple Models of Group Behavior,* Columbia University Press, New York, 1967.

とくにマルコフ連鎖とゲーム理論に詳しく，それらの社会学および社会心理学における活用法もよくわかる。

P.F.Lazarsfeld and N.W.Henry, *Readings in Mathematical Social Sciences,* MIT Press, Cambridge, Mass., 1966.

よく知られた論文集で，本書で触れたいくつかの古典的論文が含まれている。たとえば，親族についてのホワイトの論文，職業移動についてのブルーメンらの論文，アッシュの実験についてのケメニィとスメルの論文などが収録されている。

J.S.Coleman, *The Mathematics of Collective Action,* Heinemann, London, 1973.

マルコフ連鎖モデルにおける欠陥対角線の問題に関して，優れた議論がなされている。また小集団の意志決定や，官僚機構において誰がなにをどのように管理するかといった問題が，行列によって分析されている。

C.H.Coombs, R.M.Dawes and A.Tversky, *Mathematical Psychology,* Prentice-Hall, New Jersey, 1970.

社会関係の優越行列による分析，ゲーム理論，学習過程のマルコフ連鎖モデルによる分析などが収録されている。

R.Boudon, *Mathematical Structures of Social Mobility,* Jossey-Bass, San Francisco, 1973.

本書で扱った社会移動の行列モデルに関する議論と，著者自身によるその拡張が展開されている。社会移動に関心をもつ学生だけでなく，社会学における数学的思考の発展方法に関心をもつ学生にとっても，役立つ1冊である。

P.Krishnan, 'A Markov-chain approximation of conjugal history'; and J.Stafford, 'Urban growth as an absorbing Markov process'. これらはいずれもつぎの雑誌に収録されている；Mathematical Models of Sociology, *Sociological review,* Monograph 24, 1977.

前者は婚姻関係の展開を，結婚，死別，離婚，死亡という一連の状態間を移行する過程として捉えている。後者はカナダのデータを使って都市の盛衰を記述したもので，アルバータ州の諸都市における将来的な人口規模の予測も，提示されている。

A.M.Coleman, *Game Theory and Experimental Games,* Pergamon, Oxford, 1982.

ゲーム理論および近年報告された数多くの実験ゲームの動向を知るのに適している。著者は心理学者だが，心理学からの例だけでなく，経済学や政治学（投票戦略），生物学（進化論），道徳哲学（倫理的行為）におけるゲーム論的議論も扱われている。

C.A.Gregory, *Gifts and Commodities,* Academic Press, London, 1982.

この刺激的な本は，経済学と人類学を統合しようとする政治経済学者によって書かれたもので，パプア・ニューギニアにおける贈与品と日用品の交換が分析されている。巻末の数学的付録をみると，親族関係の行列を使った分析からなにがえられるかがよくわかる。

I.R.Buchler and H.G.Nubini (eds.), *Game Theory in the Behavioral Sciences,* University of Pittsburgh Press, Pittsburgh, 1969.

表題から抱かれるイメージと違って，人類学的な研究論文が主体である。たとえばアフリカの部族政治のゲーム論的分析や，行列を使った婚姻システムの分析の他，本書で扱ったジャマイカ漁民の行動に対するデイヴンポートの行列ゲーム分析も見られる。

J.J.Honigmann (ed.), *Handbook of Social and Cultural Anthropology,* Rand McNally, Chicago, 1973.

第9章（D.R.Whiteの執筆）で，数理人類学における研究が幅広く紹介されている。アンドロス島における家族形態の変化（核家族と拡大家族の間の変化）のマルコフ分析や，同様にマルコフ連鎖を使ったエチオピア社会の分析（息子が，父親と同じライフ・サイクルないし年齢集団を経験していかなけ

ればならない，その過程の分析）などが議論されている。

(5) **政治学，紛争研究**

政治学はゲーム理論がさまざまな応用可能性をもつ分野である。*Journal of Conflict Resolution* という雑誌に，特定状況に対するゲーム理論の応用例が数多く報告されている。

T.C.Schelling, *The Strategy of Conflict,* Harvard University Press, Cambridge, Mass., 1963.

> 標準的かつ著名な研究で，多くの刺激的な単純ゲームとそれらの国際紛争状況へのアナロジーが議論されている。

S.J.Brams, *Game Theory and Politics,* Free Press, New York, 1975.

S.J.Brams, *Paradoxes in Politics,* Free Press, 1976.

> 同じ著者による2冊。前者には，政党間の競争のような政治学的な諸問題に対するゲーム理論の数多くの応用例が，明快に示されている。後者には，票の交換やキューバのミサイル危機などを含む，さらに幅広い政治学的問題のゲーム論的分析が収められている。

S.J.Brams and M.D.Davis, 'A game-theory approach to jury selection', *Trial,* Vol.12, 1976, pp.47-9.

S.J.Brams and D.Muzzio, 'Game theory and the White House tapes case', *Trial,* Vol.13, 1977, pp.49-53.

> いずれも特定状況のゲーム論的分析をおこなった短い論文。後者では，ウォーター・ゲート事件におけるニクソン大統領の証拠隠滅の画策に終止符を打った，最高裁の判決に対して，興味深い説明が提示されている。

M.Dresher, *Games of Strategy: Theory and Applications,* Prentice-Hall, New Jersey, 1961.

> 軍事問題におけるゲーム理論の応用法を概説したものとして優れている。そこでは「どんな武器でどこを攻撃すべきか」といった類の問題に対する解答が，与えられている。

# 訳者あとがき

　本書は，Bradley, Ian and Ronald L. Meekによる *Matrices and Society* (1986, A PELICAN BOOK) を翻訳したものである。著者の一人ミークは，価値論の研究で有名な（マルクス）経済学者であったが，1978年に死亡している。またもう一人の著者ブラッドリーは，本書を公刊した当時は，University of Leicester の lecturer in economics であった。序によれば，本書は，ミークの遺稿をもとに，ブラッドリーがいくつかの章を書き加えて完成したものである。

　ところで本書は，行列やベクトルを使って社会現象の仕組みを解きほぐそうとしたもので，線型数学のまったくの初学者でも理解できるように工夫されている。とくに逆行列に関する説明は丁寧で，数学アレルギーの強い読者でもなんとかとり組めるようにとの配慮がうれしい。社会科学の専攻者で，線型数学の勉強に挫折した経験のある読者に，とくにお薦めしたい一冊である。もちろん本書は初学者向きのものであるから，固有値に関する話題がまったく登場しないなど物足りない点はある。しかしそれについては，より進んだレベルの書物によって補ってもらうほかない。（そのような書物としては，Rorres, C. and H. Anton, 1972, *Applications of Linear Algebra,* Wiley 〔山下純一訳，『やさしい線型代数の応用』，1980，現代数学社〕などがある。）

　訳者の二人は，いずれも数理社会学を専攻しており，以前から数理社会学のやさしい入門書の必要性を感じていた。数理社会学の研究体制を整備するには，若い学生・院生をリクルートしなければならないが，そのためには数理社会学の標準的な教科書が必要となるからである。本書は社会学にとくに傾斜した内容となっているわけではないが，社会移動や親族構造など社会学者にとってなじみの深い話題を含んでおり，数理社会学の入門書としても使用できると思われる。訳者の一人（小林）にはとくに10章が，またもう一人の

訳者(三隅)にはとくに13章が興味深く感じられたことをつけ加えておきたい。ただ本書には，数理社会学の根幹をなす「モデル・スペキュレーション」についての解説が，ほとんどみられない。この点については，Lave, C. A. and J. G. March, 1975, *An Introduction to Models in the Social Sciences*, Harper and Row（佐藤嘉倫・大澤定順・都築一治訳，『社会科学のためのモデル入門』，1991，ハーベスト社）や小林淳一・木村邦博編，1991，『考える社会学』，ミネルヴァ書房，などで補ってほしい。

　また本書はただ読んでゆくだけでも基本的なところを理解することができるが，行列を使ったモデルに習熟したいと思う読者は，ほとんどの章につけられている練習問題に，ぜひとり組んでいただきたい。自分で問題を解いた後，巻末の解答でチェックすれば効果的であろう。ただその解答は，われわれ訳者がつけ加えたものであり，思わぬ誤りがあるかもしれない。読者の寛容を乞う次第である。

　なお行列の転置記号として，原著では'（ダッシュ）を使っているが，最近の傾向を考えて，本訳書では，$^t$を使った。したがって行ベクトルの表記にも$^t$を使ったが，行ベクトルしか登場せず混同の恐れがない場合には，簡潔さを重んじて$^t$をつけなかったことをお断わりしておきたい。

　　1992年（平成4年）初夏

小 林 淳 一<br>三 隅 一 人

　新装改訂に当たって，誤植・解答ミスなど改善すべきだと思われる箇所は，ほとんどすべて修正したつもりである。訳者が見過ごしていた誤りを指摘してくれた福岡大学・九州大学・福岡県立大学・金沢大学の学生諸君ならびに岩本健良氏（金沢大学文学部・助教授）に深く感謝したい。

　　1996年（平成8年）初春

小 林 淳 一<br>三 隅 一 人

# 練習問題の解答

**[1章の解答]**

(1-2. についてのみ。)

1. $\begin{bmatrix} 5 & 0 \\ 0 & 5 \end{bmatrix} = 5 \begin{bmatrix} 1 & 0 \\ 0 & 1 \end{bmatrix}$

2. $\begin{bmatrix} -3 & 4 \\ 6 & 3 \end{bmatrix}$

3. $A$ の次元は 2×2 であるのに対し, $C$ の次元は 3×2。故に $A+C$ は計算できない。

4. $\begin{bmatrix} -2 & 0 \\ 0 & -2 \end{bmatrix} = -2 \begin{bmatrix} 1 & 0 \\ 0 & 1 \end{bmatrix}$

5. $\begin{bmatrix} -2 & 0 \\ 0 & -2 \end{bmatrix} = -2 \begin{bmatrix} 1 & 0 \\ 0 & 1 \end{bmatrix}$

6. $A$ の次元は 2×2 であるのに対し, $C$ の次元は 3×2。故に $AC$ は計算できない。

7. $\begin{bmatrix} 1 & 2 \\ -3 & -4 \\ 8 & 12 \end{bmatrix}$

8. $\begin{bmatrix} 0 & 2 & 8 \\ -1 & -1 & -6 \end{bmatrix}$

9. $D$ の次元は 2×3 であるのに対し, $B$ の次元は 2×2。故に $DB$ は計算できない。

10. $\begin{bmatrix} 1 & 0 & 2 \\ -2 & 1 & 0 \\ 6 & -2 & 4 \end{bmatrix}$

11. $\begin{bmatrix} 5 & 4 \\ 2 & 1 \end{bmatrix}$

**1-12.** $AB$ の次元は $2\times 2$ であるのに対し，$C$ の次元は $3\times 2$。故に $ABC$ は計算できない。

**1-13.** $\begin{bmatrix} -2 & 0 & -4 \\ -4 & 2 & 0 \end{bmatrix} = -2\begin{bmatrix} 1 & 0 & 2 \\ 2 & -1 & 0 \end{bmatrix}$

**1-14.** $AB=BA=-2I$

$-\dfrac{1}{2}AB=I$ であるので，$A=-2B^{-1}$ である。

$\therefore B^{-1}=-\dfrac{1}{2}A$

まったく同様にして，

$A^{-1}=-\dfrac{1}{2}B$

[ 2章の解答 ]

**2-1.** $\begin{bmatrix} 3 & -1 \\ 4 & 2 \end{bmatrix}^{-1} = \begin{bmatrix} \dfrac{1}{5} & \dfrac{1}{10} \\ -\dfrac{2}{5} & \dfrac{3}{10} \end{bmatrix}$

| | | |
|---|---|---|
| $\begin{bmatrix} 1 & 0 \\ 0 & 1 \end{bmatrix}$ | $\begin{bmatrix} 3 & -1 \\ 4 & 2 \end{bmatrix}$ | 第1行を3で割る。 |
| $\begin{bmatrix} \dfrac{1}{3} & 0 \\ 0 & 1 \end{bmatrix}$ | $\begin{bmatrix} 1 & -\dfrac{1}{3} \\ 4 & 2 \end{bmatrix}$ | 第1行に$-4$を掛け，それを第2行に加える。 |
| $\begin{bmatrix} \dfrac{1}{3} & 0 \\ -\dfrac{4}{3} & 1 \end{bmatrix}$ | $\begin{bmatrix} 1 & -\dfrac{1}{3} \\ 0 & \dfrac{10}{3} \end{bmatrix}$ | 第2行に$\dfrac{3}{10}$を掛ける。 |
| $\begin{bmatrix} \dfrac{1}{3} & 0 \\ -\dfrac{2}{5} & \dfrac{3}{10} \end{bmatrix}$ | $\begin{bmatrix} 1 & -\dfrac{1}{3} \\ 0 & 1 \end{bmatrix}$ | 第2行に$\dfrac{1}{3}$を掛け，それを第1行に加える。 |
| $\begin{bmatrix} \dfrac{1}{5} & \dfrac{1}{10} \\ -\dfrac{2}{5} & \dfrac{3}{10} \end{bmatrix}$ | $\begin{bmatrix} 1 & 0 \\ 0 & 1 \end{bmatrix}$ | |

$\begin{bmatrix} \frac{1}{2} & \frac{1}{2} \\ \frac{1}{4} & \frac{1}{2} \end{bmatrix}^{-1} = \begin{bmatrix} 4 & -4 \\ -2 & 4 \end{bmatrix}$

| | | |
|---|---|---|
| $\begin{bmatrix} 1 & 0 \\ 0 & 1 \end{bmatrix}$ | $\begin{bmatrix} \frac{1}{2} & \frac{1}{2} \\ \frac{1}{4} & \frac{1}{2} \end{bmatrix}$ | 第1行に2を掛ける。 |
| $\begin{bmatrix} 2 & 0 \\ 0 & 1 \end{bmatrix}$ | $\begin{bmatrix} 1 & 1 \\ \frac{1}{4} & \frac{1}{2} \end{bmatrix}$ | 第1行に$-\frac{1}{4}$を掛け, それを第2行に加える。 |
| $\begin{bmatrix} 2 & 0 \\ -\frac{1}{2} & 1 \end{bmatrix}$ | $\begin{bmatrix} 1 & 1 \\ 0 & \frac{1}{4} \end{bmatrix}$ | 第2行に$-4$を掛け, それを第1行に加える。 |
| $\begin{bmatrix} 4 & -4 \\ -\frac{1}{2} & 1 \end{bmatrix}$ | $\begin{bmatrix} 1 & 0 \\ 0 & \frac{1}{4} \end{bmatrix}$ | 第2行に4を掛ける。 |
| $\begin{bmatrix} 4 & -4 \\ -2 & 4 \end{bmatrix}$ | $\begin{bmatrix} 1 & 0 \\ 0 & 1 \end{bmatrix}$ | |

$\begin{bmatrix} 6 & 8 \\ -3 & -4 \end{bmatrix}$ の逆行列は, 存在しない。

| | | |
|---|---|---|
| $\begin{bmatrix} 1 & 0 \\ 0 & 1 \end{bmatrix}$ | $\begin{bmatrix} 6 & 8 \\ -3 & -4 \end{bmatrix}$ | 第1行に$\frac{1}{6}$を掛ける。 |
| $\begin{bmatrix} \frac{1}{6} & 0 \\ 0 & 1 \end{bmatrix}$ | $\begin{bmatrix} 1 & \frac{4}{3} \\ -3 & -4 \end{bmatrix}$ | 第1行に3を掛け, それを第2行に加える。 |
| $\begin{bmatrix} \frac{1}{6} & 0 \\ \frac{1}{2} & 1 \end{bmatrix}$ | $\begin{bmatrix} 1 & \frac{4}{3} \\ 0 & 0 \end{bmatrix}$ | |

$$\begin{bmatrix} 1 & 1 \\ -1 & 1 \end{bmatrix}^{-1} = \begin{bmatrix} \dfrac{1}{2} & -\dfrac{1}{2} \\ \dfrac{1}{2} & \dfrac{1}{2} \end{bmatrix}$$

| | | |
|---|---|---|
| $\begin{bmatrix} 1 & 0 \\ 0 & 1 \end{bmatrix}$ | $\begin{bmatrix} 1 & 1 \\ -1 & 1 \end{bmatrix}$ | 第1行を第2行に加える。 |
| $\begin{bmatrix} 1 & 0 \\ 1 & 1 \end{bmatrix}$ | $\begin{bmatrix} 1 & 1 \\ 0 & 2 \end{bmatrix}$ | 第2行に$-\dfrac{1}{2}$を掛け,それを第1行に加える。 |
| $\begin{bmatrix} \dfrac{1}{2} & -\dfrac{1}{2} \\ 1 & 1 \end{bmatrix}$ | $\begin{bmatrix} 1 & 0 \\ 0 & 2 \end{bmatrix}$ | 第2行に$\dfrac{1}{2}$を掛ける。 |
| $\begin{bmatrix} \dfrac{1}{2} & -\dfrac{1}{2} \\ \dfrac{1}{2} & \dfrac{1}{2} \end{bmatrix}$ | $\begin{bmatrix} 1 & 0 \\ 0 & 1 \end{bmatrix}$ | |

2-2. $\begin{bmatrix} 1 & 0 & 0 \\ 2 & 1 & 0 \\ 3 & 4 & 2 \end{bmatrix}^{-1} = \begin{bmatrix} 1 & 0 & 0 \\ -2 & 1 & 0 \\ \dfrac{5}{2} & -2 & \dfrac{1}{2} \end{bmatrix}$

| | | |
|---|---|---|
| $\begin{bmatrix} 1 & 0 & 0 \\ 0 & 1 & 0 \\ 0 & 0 & 1 \end{bmatrix}$ | $\begin{bmatrix} 1 & 0 & 0 \\ 2 & 1 & 0 \\ 3 & 4 & 2 \end{bmatrix}$ | 第1行に$-2$を掛け,それを第2行に加える。 |
| $\begin{bmatrix} 1 & 0 & 0 \\ -2 & 1 & 0 \\ 0 & 0 & 1 \end{bmatrix}$ | $\begin{bmatrix} 1 & 0 & 0 \\ 0 & 1 & 0 \\ 3 & 4 & 2 \end{bmatrix}$ | 第1行に$-3$を掛け,それを第3行に加える。 |
| $\begin{bmatrix} 1 & 0 & 0 \\ -2 & 1 & 0 \\ -3 & 0 & 1 \end{bmatrix}$ | $\begin{bmatrix} 1 & 0 & 0 \\ 0 & 1 & 0 \\ 0 & 4 & 2 \end{bmatrix}$ | 第2行に$-4$を掛け,それを第3行に加える。 |

| $\begin{bmatrix} 1 & 0 & 0 \\ -2 & 1 & 0 \\ 5 & -4 & 1 \end{bmatrix}$ | $\begin{bmatrix} 1 & 0 & 0 \\ 0 & 1 & 0 \\ 0 & 0 & 2 \end{bmatrix}$ | 第3行に$\frac{1}{2}$を掛ける。 |
| --- | --- | --- |
| $\begin{bmatrix} 1 & 0 & 0 \\ -2 & 1 & 0 \\ \frac{5}{2} & -2 & \frac{1}{2} \end{bmatrix}$ | $\begin{bmatrix} 1 & 0 & 0 \\ 0 & 1 & 0 \\ 0 & 0 & 1 \end{bmatrix}$ | |

$$\begin{bmatrix} 1 & 2 & 3 \\ 0 & -1 & 2 \\ 0 & 1 & -1 \end{bmatrix}^{-1} = \begin{bmatrix} 1 & -5 & -7 \\ 0 & 1 & 2 \\ 0 & 1 & 1 \end{bmatrix}$$

| $\begin{bmatrix} 1 & 0 & 0 \\ 0 & 1 & 0 \\ 0 & 0 & 1 \end{bmatrix}$ | $\begin{bmatrix} 1 & 2 & 3 \\ 0 & -1 & 2 \\ 0 & 1 & -1 \end{bmatrix}$ | 第2行に2を掛けて、それを第1行に加える。 |
| --- | --- | --- |
| $\begin{bmatrix} 1 & 2 & 0 \\ 0 & 1 & 0 \\ 0 & 0 & 1 \end{bmatrix}$ | $\begin{bmatrix} 1 & 0 & 7 \\ 0 & -1 & 2 \\ 0 & 1 & -1 \end{bmatrix}$ | 第2行を第3行に加える。 |
| $\begin{bmatrix} 1 & 2 & 0 \\ 0 & 1 & 0 \\ 0 & 1 & 1 \end{bmatrix}$ | $\begin{bmatrix} 1 & 0 & 7 \\ 0 & -1 & 2 \\ 0 & 0 & 1 \end{bmatrix}$ | 第2行に$-1$を掛ける。 |
| $\begin{bmatrix} 1 & 2 & 0 \\ 0 & -1 & 0 \\ 0 & 1 & 1 \end{bmatrix}$ | $\begin{bmatrix} 1 & 0 & 7 \\ 0 & 1 & -2 \\ 0 & 0 & 1 \end{bmatrix}$ | 第3行に$-7$を掛け、それを第1行に加える。 |
| $\begin{bmatrix} 1 & -5 & -7 \\ 0 & -1 & 0 \\ 0 & 1 & 1 \end{bmatrix}$ | $\begin{bmatrix} 1 & 0 & 0 \\ 0 & 1 & -2 \\ 0 & 0 & 1 \end{bmatrix}$ | 第3行に2を掛け、それを第2行に加える。 |
| $\begin{bmatrix} 1 & -5 & -7 \\ 0 & 1 & 2 \\ 0 & 1 & 1 \end{bmatrix}$ | $\begin{bmatrix} 1 & 0 & 0 \\ 0 & 1 & 0 \\ 0 & 0 & 1 \end{bmatrix}$ | |

$$\begin{bmatrix} 1 & 2 & 2 \\ 3 & 2 & 1 \\ 2 & 3 & 2 \end{bmatrix}^{-1} = \frac{1}{3}\begin{bmatrix} 1 & 2 & -2 \\ -4 & -2 & 5 \\ 5 & 1 & -4 \end{bmatrix}$$

| | | |
|---|---|---|
| $\begin{bmatrix} 1 & 0 & 0 \\ 0 & 1 & 0 \\ 0 & 0 & 1 \end{bmatrix}$ | $\begin{bmatrix} 1 & 2 & 2 \\ 3 & 2 & 1 \\ 2 & 3 & 2 \end{bmatrix}$ | 第1行に$-3$を掛け、それを第2行に加える。 |
| $\begin{bmatrix} 1 & 0 & 0 \\ -3 & 1 & 0 \\ 0 & 0 & 1 \end{bmatrix}$ | $\begin{bmatrix} 1 & 2 & 2 \\ 0 & -4 & -5 \\ 2 & 3 & 2 \end{bmatrix}$ | 第1行に$-2$を掛け、それを第3行に加える。 |
| $\begin{bmatrix} 1 & 0 & 0 \\ -3 & 1 & 0 \\ -2 & 0 & 1 \end{bmatrix}$ | $\begin{bmatrix} 1 & 2 & 2 \\ 0 & -4 & -5 \\ 0 & -1 & -2 \end{bmatrix}$ | 第3行に2を掛け、それを第1行に加える。 |
| $\begin{bmatrix} -3 & 0 & 2 \\ -3 & 1 & 0 \\ -2 & 0 & 1 \end{bmatrix}$ | $\begin{bmatrix} 1 & 0 & -2 \\ 0 & -4 & -5 \\ 0 & -1 & -2 \end{bmatrix}$ | 第3行に$-5$を掛け、それを第2行に加える。 |
| $\begin{bmatrix} -3 & 0 & 2 \\ 7 & 1 & -5 \\ -2 & 0 & 1 \end{bmatrix}$ | $\begin{bmatrix} 1 & 0 & -2 \\ 0 & 1 & 5 \\ 0 & -1 & -2 \end{bmatrix}$ | 第2行を第3行に加える。 |
| $\begin{bmatrix} -3 & 0 & 2 \\ 7 & 1 & -5 \\ 5 & 1 & -4 \end{bmatrix}$ | $\begin{bmatrix} 1 & 0 & -2 \\ 0 & 1 & 5 \\ 0 & 0 & 3 \end{bmatrix}$ | 第3行に$\frac{2}{3}$を掛け、それを第1行に加える。 |
| $\begin{bmatrix} \frac{1}{3} & \frac{2}{3} & -\frac{2}{3} \\ 7 & 1 & -5 \\ 5 & 1 & -4 \end{bmatrix}$ | $\begin{bmatrix} 1 & 0 & 0 \\ 0 & 1 & 5 \\ 0 & 0 & 3 \end{bmatrix}$ | 第3行に$-\frac{5}{3}$を掛け、それを第2行に加える。 |
| $\begin{bmatrix} \frac{1}{3} & \frac{2}{3} & -\frac{2}{3} \\ -\frac{4}{3} & -\frac{2}{3} & \frac{5}{3} \\ 5 & 1 & -4 \end{bmatrix}$ | $\begin{bmatrix} 1 & 0 & 0 \\ 0 & 1 & 0 \\ 0 & 0 & 3 \end{bmatrix}$ | 第3行に$\frac{1}{3}$を掛ける。 |

$$\begin{bmatrix} \frac{1}{3} & \frac{2}{3} & -\frac{2}{3} \\ -\frac{4}{3} & -\frac{2}{3} & \frac{5}{3} \\ \frac{5}{3} & \frac{1}{3} & -\frac{4}{3} \end{bmatrix} \quad \begin{bmatrix} 1 & 0 & 0 \\ 0 & 1 & 0 \\ 0 & 0 & 1 \end{bmatrix}$$

[ 3 章の解答 ]

**3-1.** (i) $I-A = \begin{bmatrix} \frac{4}{5} & -\frac{1}{5} \\ -\frac{1}{5} & \frac{4}{5} \end{bmatrix} \quad [I-A]^{-1} = \frac{5}{3}\begin{bmatrix} \frac{4}{5} & \frac{1}{5} \\ \frac{1}{5} & \frac{4}{5} \end{bmatrix}$

(ii) $I-A = \begin{bmatrix} \frac{1}{2} & -\frac{2}{5} \\ -\frac{1}{4} & \frac{4}{5} \end{bmatrix} \quad [I-A]^{-1} = \frac{10}{3}\begin{bmatrix} \frac{4}{5} & \frac{2}{5} \\ \frac{1}{4} & \frac{1}{2} \end{bmatrix}$

(iii) $I-A = \begin{bmatrix} 1 & -\frac{1}{2} \\ -\frac{1}{2} & 1 \end{bmatrix} \quad [I-A]^{-1} = \frac{4}{3}\begin{bmatrix} 1 & \frac{1}{2} \\ \frac{1}{2} & 1 \end{bmatrix}$

(iv) $I-A = \begin{bmatrix} \frac{1}{2} & 0 \\ 0 & \frac{3}{4} \end{bmatrix} \quad [I-A]^{-1} = \frac{8}{3}\begin{bmatrix} \frac{3}{4} & 0 \\ 0 & \frac{1}{2} \end{bmatrix}$

**3-2.** (i) $A = \begin{bmatrix} \frac{1}{4} & \frac{1}{2} \\ \frac{1}{4} & \frac{1}{3} \end{bmatrix} = \begin{bmatrix} 0.250 & 0.500 \\ 0.250 & 0.333\cdots \end{bmatrix}$

$A^2 = \begin{bmatrix} \frac{3}{16} & \frac{7}{24} \\ \frac{7}{48} & \frac{17}{72} \end{bmatrix} = \begin{bmatrix} 0.1875 & 0.2916\cdots \\ 0.1458\cdots & 0.2361\cdots \end{bmatrix}$

$A^3 = \begin{bmatrix} \frac{736}{6144} & \frac{440}{2304} \\ \frac{880}{9216} & \frac{3144}{20736} \end{bmatrix} = \begin{bmatrix} 0.1197\cdots & 0.1909\cdots \\ 0.0954\cdots & 0.1516\cdots \end{bmatrix}$

(ii) $I-A = \begin{bmatrix} -1 & -1 \\ -1 & -2 \end{bmatrix} \quad [I-A]^{-1} = \begin{bmatrix} -2 & 1 \\ 1 & -1 \end{bmatrix}$

(iii) $A = \begin{bmatrix} 2 & 1 \\ 1 & 3 \end{bmatrix}$　$A^2 = \begin{bmatrix} 5 & 5 \\ 5 & 10 \end{bmatrix}$　$A^3 = \begin{bmatrix} 15 & 20 \\ 20 & 35 \end{bmatrix}$

(iv) ならない。($n$ が∞に近づけば，$A^n$は[∞]に近づく。ただし[∞]は，すべての要素が∞の行列を指す。)

**3-3.** (i) $A = \begin{bmatrix} \dfrac{3}{5} & \dfrac{3}{5} \\ \dfrac{1}{5} & \dfrac{1}{5} \end{bmatrix}$

(ii) $[I - A]^{-1} = \begin{bmatrix} 4 & 3 \\ 1 & 2 \end{bmatrix}$

(iii) $\begin{bmatrix} x_1 \\ x_2 \end{bmatrix} = \begin{bmatrix} 4 & 3 \\ 1 & 2 \end{bmatrix} \begin{bmatrix} 100 \\ 100 \end{bmatrix} = \begin{bmatrix} 700 \\ 300 \end{bmatrix}$

$\begin{array}{cccccc} & F & G & 最終需要 & 総産出量 \\ F & 420 & 180 & 100 & 700 \\ G & 140 & 60 & 100 & 700 \end{array}$

(iv) ${}^t\boldsymbol{q} = [10,\ 20]$

$[10,\ 20] \begin{bmatrix} 700 \\ 300 \end{bmatrix} = 13000$ (単位)

(v) 最終需要を表わすベクトルを $\boldsymbol{y} = \begin{bmatrix} y^* \\ y^* \end{bmatrix}$ とする。

$[10,\ 20] \begin{bmatrix} 4 & 3 \\ 1 & 2 \end{bmatrix} \begin{bmatrix} y^* \\ y^* \end{bmatrix} = 130 y^*$

ここで $130 y^* = 1500$

∴ $y^* = \dfrac{150}{13}$

$\begin{bmatrix} x_1 \\ x_2 \end{bmatrix} = \begin{bmatrix} 4 & 3 \\ 1 & 2 \end{bmatrix} \begin{bmatrix} \dfrac{150}{13} \\ \dfrac{150}{13} \end{bmatrix} = \begin{bmatrix} \dfrac{1050}{13} \\ \dfrac{450}{13} \end{bmatrix}$

## [4章の解答]

**4-1.**
$$WC = \begin{bmatrix} 0 & 1 & 0 & 0 & 0 \\ 0 & 0 & 1 & 0 & 0 \\ 1 & 0 & 0 & 0 & 0 \\ 0 & 0 & 0 & 0 & 1 \\ 0 & 0 & 0 & 1 & 0 \end{bmatrix} \begin{bmatrix} 0 & 0 & 0 & 0 & 1 \\ 1 & 0 & 0 & 0 & 0 \\ 0 & 1 & 0 & 0 & 0 \\ 0 & 0 & 1 & 0 & 0 \\ 0 & 0 & 0 & 1 & 0 \end{bmatrix} = \begin{bmatrix} 1 & 0 & 0 & 0 & 0 \\ 0 & 1 & 0 & 0 & 0 \\ 0 & 0 & 0 & 0 & 1 \\ 0 & 0 & 0 & 1 & 0 \\ 0 & 0 & 1 & 0 & 0 \end{bmatrix}$$

$$C^2 = \begin{bmatrix} 0 & 0 & 0 & 0 & 1 \\ 1 & 0 & 0 & 0 & 0 \\ 0 & 1 & 0 & 0 & 0 \\ 0 & 0 & 1 & 0 & 0 \\ 0 & 0 & 0 & 1 & 0 \end{bmatrix} \begin{bmatrix} 0 & 0 & 0 & 0 & 1 \\ 1 & 0 & 0 & 0 & 0 \\ 0 & 1 & 0 & 0 & 0 \\ 0 & 0 & 1 & 0 & 0 \\ 0 & 0 & 0 & 1 & 0 \end{bmatrix} = \begin{bmatrix} 0 & 0 & 0 & 1 & 0 \\ 0 & 0 & 0 & 0 & 1 \\ 1 & 0 & 0 & 0 & 0 \\ 0 & 1 & 0 & 0 & 0 \\ 0 & 0 & 1 & 0 & 0 \end{bmatrix}$$

**4-2.**
- クランPに属する男の息子の娘が属するクラン。
  その男の息子のクランは，行列$C$より，Tである。当該の息子の子どものクランは，行列$C$より，Sである。
- クランPに属する男の妻の兄弟の娘が属するクラン。
  その男の妻のクランは，行列$W$より，Qである。当該の妻の兄弟もまたクランQに属する。当該の兄弟の娘のクランは，行列$C$より，Pである。

**4-3.**
- クランQに属する女の兄弟の息子が属するクラン。
  その女の兄弟のクランは，同じくQである。当該の兄弟の息子のクランは，行列$C$より，Pである。
- クランQに属する女の姉妹の娘が属するクラン。
  その女の姉妹のクランは，同じくQである。当該の姉妹の夫のクランは，行列$W^{-1}$より，Pである。その子どものクランは，行列$C$より，Tである。

**4-4.** (i) ある男の娘の子ども：$CW^{-1}C$
(ii) ある男の妻の母親　：$WC^{-1}W$

**4-5.** (i) ある女の娘の子ども：$W^{-1}CW^{-1}C$
(ii) ある女の夫の母親　：$W^{-1}C^{-1}W$

**4-6.** (i) ある人の父方の祖父（父の父）
(ii) ある人の母親（父の妻）
(iii) ある女の義理の父（夫の父）

(iv) ある女の孫（夫の子どもの子ども）

**4-7.** $W=W^{-1}$ かつ $WC=CW$ なので，型Ⅰの社会。

**4-8.** $W=W^{-1}$ だが，$WC \neq CW$ かつ $W^{-1}C \neq CW$ なので，型Ⅳの社会。

**4-9.** $WC=CW$ だが，$W \neq W^{-1}$ なので，型Ⅱの社会。

**4-10.** $W \neq W^{-1}$，$WC \neq CW$，$W^{-1}C \neq CW$ なので，どの型にも属さない。

[ 5 章の解答 ]

**5-1.** A～Eの順に並べた優越行列を左に，それを主対角線の上側がすべて1になるように並び換えたものを右側に記す。

$$\begin{array}{c} \quad A\ B\ C\ D\ E \\ \begin{array}{c}A\\B\\C\\D\\E\end{array}\!\!\left[\begin{array}{ccccc}0&0&1&0&0\\1&0&1&1&1\\0&0&0&0&0\\1&0&1&0&1\\1&0&1&0&0\end{array}\right] \end{array} \rightarrow \begin{array}{c} \quad B\ D\ E\ A\ C \\ \begin{array}{c}B\\D\\E\\A\\C\end{array}\!\!\left[\begin{array}{ccccc}0&1&1&1&1\\0&0&1&1&1\\0&0&0&1&1\\0&0&0&0&1\\0&0&0&0&0\end{array}\right] \end{array}$$

**5-2.** まず(a)について $D, D^2, D^3$ を求めると，

$$D=\begin{array}{c}\quad A\ B\ C\ D\ E\\ \begin{array}{c}A\\B\\C\\D\\E\end{array}\!\!\left[\begin{array}{ccccc}0&1&0&0&1\\0&0&1&1&1\\1&0&0&1&0\\1&0&0&0&0\\0&0&1&1&0\end{array}\right]\end{array} \quad D^2=\left[\begin{array}{ccccc}0&0&2&2&1\\2&0&1&2&0\\1&1&0&0&1\\0&1&0&0&1\\2&0&0&1&0\end{array}\right] \quad D^3=\left[\begin{array}{ccccc}4&0&1&3&0\\3&2&0&1&2\\0&1&2&2&2\\0&0&2&2&1\\1&2&0&0&2\end{array}\right]$$

$D+D^2+D^3$ を計算して各行の行和を求めると，勢力ベクトル，

$$\begin{array}{c}A\ \ B\ \ C\ \ D\ E\\ [11,\ 14,\ 10,\ 6,\ 8]\end{array}$$

をえる。これにしたがえば(a)のつつき順位は，BACEDの順である。同様に(b)について $D, D^2, D^3$ を求めると，

$$D=\begin{array}{c}\quad A\ B\ C\ D\ E\\ \begin{array}{c}A\\B\\C\\D\\E\end{array}\!\!\left[\begin{array}{ccccc}0&0&1&1&1\\1&0&0&1&0\\0&1&0&1&0\\0&0&0&0&1\\0&1&1&0&0\end{array}\right]\end{array} \quad D^2=\left[\begin{array}{ccccc}0&2&1&1&1\\0&0&1&1&2\\1&0&0&1&1\\0&1&1&0&0\\1&1&0&2&0\end{array}\right] \quad D^3=\left[\begin{array}{ccccc}2&2&1&3&1\\0&3&2&1&1\\0&1&2&1&2\\1&1&0&2&0\\1&0&1&2&3\end{array}\right]$$

したがって勢力ベクトルは，

```
    A    B   C   D   E
[  15,  10,  9,  5,  10 ]
```
となり，つつき順位はＡＢＥＣＤの順（ただしＢとＥは同順位）になる。

## [6章の解答]

**6-1.** 推移確率行列 $P$ は，

$$P = \begin{array}{c}\text{雨}\\\text{晴}\end{array}\begin{bmatrix}\dfrac{1}{2} & \dfrac{1}{2} \\ \dfrac{1}{3} & \dfrac{2}{3}\end{bmatrix}\begin{array}{c}\text{雨}\quad\text{晴}\end{array}$$

1月1日が雨であることを出発状態（初期ベクトルは $x = [1, 0]$）とすれば，

(i) 1月3日が雨の確率は $xP^2$ を計算して，.417

(ii) 1月5日が雨の確率は $xP^4$ を計算して，.402

(iii) 1月9日が雨の確率は $xP^8$ を計算して，.400

年間の雨の平均日数は，均衡確率から考えればよい。雨を1，晴を2として均衡確率ベクトルを $x^* = [x^*_1, x^*_2]$ と置けば，均衡では $x^* = x^*P$ だから，

$$x^*_1 = \frac{1}{2}x^*_1 + \frac{1}{3}x^*_2$$

$$x^*_2 = \frac{1}{2}x^*_1 + \frac{2}{3}x^*_2$$

$$x^*_1 + x^*_2 = 1$$

この連立方程式を解くと，$x^*_1 = .4$, $x^*_2 = .6$，すなわち雨が降る均衡確率は .4 である。したがって年間の雨の平均日数は，$365 日 \times .4 = 146 日$。

**6-2.** ポンドの1日間の動きを推移確率行列 ($P$) で表わすと，

$$\begin{array}{c}\text{ドルに対してポンド上昇}\\\text{ドルに対してポンド不変}\\\text{ドルに対してポンド下落}\end{array}\begin{bmatrix}\dfrac{1}{4} & \dfrac{3}{4} & 0 \\ \dfrac{1}{3} & 0 & \dfrac{2}{3} \\ 0 & \dfrac{1}{2} & \dfrac{1}{2}\end{bmatrix} = P$$

上昇　不変　下落

下落から出発したとき（初期ベクトルは $x = [0, 0, 1]$），その2日後に上昇する確率は $xP^2$ より .167，3日後に上昇する確率は $xP^3$ より .125。上昇と下落の平均期間は均衡確率によって与えられる。上昇を1，不変を2，下落を3で指示

すれば，問題 6-1 と同様にして，

$$x^*_1 = \frac{1}{4}x^*_1 + \frac{1}{3}x^*_2$$

$$x^*_2 = \frac{3}{4}x^*_1 + \frac{1}{2}x^*_3$$

$$x^*_3 = \frac{2}{3}x^*_2 + \frac{1}{2}x^*_3$$

$$x^*_1 + x^*_2 + x^*_3 = 1$$

これを解くと，$x^*_1 = .16$, $x^*_2 = .36$, $x^*_3 = .48$である。すなわちある十分な期間をとってやれば，その16パーセントは上昇し，48パーセントは下落する。

## [7章の解答]

**7-1.** 政党支持の変化を推移確率行列 ($P$) で表わすと，

$$\begin{array}{c} \phantom{X} \\ \text{与党支持} \\ \text{野党支持} \end{array} \begin{array}{cc} \text{与党支持} & \text{野党支持} \end{array} \begin{bmatrix} .99 & .01 \\ .015 & .985 \end{bmatrix} = P$$

十分な時間が経過した後の支持分布は，均衡確率ベクトル $\boldsymbol{x}^* = [x^*_1, x^*_2]$（1が与党，2が野党）によって予測される。$\boldsymbol{x}^* = \boldsymbol{x}^* P$ だから，

$$x^*_1 = .99 x^*_1 + 0.015 x^*_2$$

$$x^*_2 = .01 x^*_1 + .985 x^*_2$$

$$x^*_1 + x^*_2 = 1$$

これを解くと，$x^*_1$(与党支持)$= .6$, $x^*_2$(野党支持)$= .4$。

**7-2.** 支持固定層（停留者）の割合を与える行列を $S$，浮動層（移動者）に対する推移行列を $M$，200人全員に対する推移行列を $P$ として，移動者—停留者モデルを作ると，

$$P = S + (I-S)M = \begin{bmatrix} .6 & 0 \\ 0 & .8 \end{bmatrix} + \begin{bmatrix} .4 & 0 \\ 0 & .2 \end{bmatrix} \begin{bmatrix} .975 & .025 \\ .075 & .925 \end{bmatrix}$$

$$= \begin{bmatrix} .99 & .01 \\ .015 & .985 \end{bmatrix}$$

このように1カ月後を問題にする限り推移行列は問題 7-1 と同一であるから，結果は同じで $\boldsymbol{x}P = [.5025, .4975]$（ただし $\boldsymbol{x} = [.5, .5]$）。つまり支持固定層を考慮しても考慮しなくても，1カ月後には各々0.5人が支持を変えると期待できる。

長期間を経た後の支持分布をみるためには，まず行列 $M$ の極限値を求めなけ

ればならない。行列$M$にしたがう過程が均衡に達したときの確率ベクトルを$\boldsymbol{w}(=[w_1,\ w_2])$で表わすと，$\boldsymbol{w}=\boldsymbol{w}M$であるから，以下の連立方程式が導かれる。

$$w_1 = .975w_1 + .075w_2$$
$$w_2 = .025w_1 + .925w_2$$
$$w_1 + w_2 = 1$$

これを解けば，$w_1 = .75$，$w_2 = .25$である。すなわち$M$は，同一の確率ベクトル$\boldsymbol{w} = [.75,\ .25]$を各行にもつ行列に収束する。したがって，

$$P^* = \begin{bmatrix} .6 & 0 \\ 0 & .8 \end{bmatrix} + \begin{bmatrix} .4 & 0 \\ 0 & .2 \end{bmatrix} \begin{bmatrix} .75 & .25 \\ .75 & .25 \end{bmatrix} = \begin{bmatrix} .90 & .10 \\ .15 & .85 \end{bmatrix}$$

ここでも$\boldsymbol{x} = [.5,\ .5]$で初期状態を与えると，$\boldsymbol{x}P^* = [.525,\ .475]$である。このように長期間後においては，問題7-1に比べて，与党支持がやや少なめに，野党支持がやや多めに予測される。

## [8章の解答]

**8-1.** 推移確率行列は，

$$P = \begin{array}{c} \\ 5 \\ 1 \\ 2 \\ 3 \\ 4 \end{array} \begin{array}{c} \begin{array}{ccccc} 5 & 1 & 2 & 3 & 4 \end{array} \\ \begin{bmatrix} 1 & 0 & 0 & 0 & 0 \\ 0 & \frac{1}{2} & \frac{1}{2} & 0 & 0 \\ 0 & 0 & \frac{1}{2} & \frac{1}{2} & 0 \\ 0 & 0 & 0 & \frac{1}{2} & \frac{1}{2} \\ \frac{1}{2} & 0 & 0 & 0 & \frac{1}{2} \end{bmatrix} \end{array} \qquad Q = \begin{array}{c} \\ 1 \\ 2 \\ 3 \\ 4 \end{array} \begin{array}{c} \begin{array}{cccc} 1 & 2 & 3 & 4 \end{array} \\ \begin{bmatrix} \frac{1}{2} & \frac{1}{2} & 0 & 0 \\ 0 & \frac{1}{2} & \frac{1}{2} & 0 \\ 0 & 0 & \frac{1}{2} & \frac{1}{2} \\ 0 & 0 & 0 & \frac{1}{2} \end{bmatrix} \end{array}$$

吸収状態5を除いた初期ベクトルを$\boldsymbol{f}^{(0)} = [1,\ 0,\ 0,\ 0]$とする。

(i) コインを4回投げたとき，5以外のどこかにいる確率は，

$$\boldsymbol{f}^{(0)}Q^4 = [1,\ 0,\ 0,\ 0] \begin{bmatrix} .063 & .25 & .375 & .25 \\ 0 & .063 & .25 & .375 \\ 0 & 0 & .063 & .25 \\ 0 & 0 & 0 & .063 \end{bmatrix}$$

$$= [.063,\ .25,\ .375,\ .25]$$

5にいる確率はこのベクトルの要素の和を1から引いて，$1 - .938 = .062$。

(ii) コインを10回投げたとき，5以外のどこかにいる確率は，

$$f^{(0)}Q^{10} = [1,\ 0,\ 0,\ 0] \begin{bmatrix} .001 & .010 & .0439 & .117 \\ 0 & .001 & .010 & .439 \\ 0 & 0 & .001 & .010 \\ 0 & 0 & 0 & .001 \end{bmatrix}$$

$$= [.001, .010, .0439, .117]$$

5にいる確率はこのベクトルの要素の和を1から引いて，$1 - .172 = .828$。

**8-2.** 推移確率行列を完成させると，

$$P = \begin{array}{r} \text{脱落} \\ \text{取得} \\ 1\text{年} \\ 2\text{年} \\ 3\text{年} \end{array} \begin{bmatrix} \begin{array}{cc|ccc} \text{脱落} & \text{取得} & 1\text{年} & 2\text{年} & 3\text{年} \\ 1 & 0 & 0 & 0 & 0 \\ 0 & 1 & 0 & 0 & 0 \\ \hline .2 & 0 & 0 & .8 & 0 \\ .2 & .3 & 0 & 0 & .5 \\ .1 & .9 & 0 & 0 & 0 \end{array} \end{bmatrix} = \begin{bmatrix} I & 0 \\ \hline R & Q \end{bmatrix}$$

基本行列は,

$$N = (I-Q)^{-1} = \begin{bmatrix} 1 & -.8 & 0 \\ 0 & 1 & -.5 \\ 0 & 0 & 1 \end{bmatrix}^{-1} = \begin{bmatrix} 1 & .8 & .4 \\ 0 & 1 & .5 \\ 0 & 0 & 1 \end{bmatrix}$$

これをもちいて $B = NR$ と $t = N\mathbf{1}$ を計算する。

$$B = \begin{bmatrix} .4 & .6 \\ .25 & .75 \\ .1 & .9 \end{bmatrix} \quad t = \begin{bmatrix} 2.2 \\ 1.5 \\ 1 \end{bmatrix}$$

この $B$ と $t$ の第1行を読みとれば，1年次から出発した学生の60パーセントが最終的に資格を取得し，脱落か取得までに平均2.2年かかることが確かめられる。

[9章の解答]

**問題1.** 横領犯に対する基本行列は，

$$N = (I-Q)^{-1} = \begin{bmatrix} 1 & .7 & .588 & .547 \\ 0 & 1 & .84 & .781 \\ 0 & 0 & 1 & .93 \\ 0 & 0 & 0 & 1 \end{bmatrix}$$

これを用いて $B = NR$ と $t = N\mathbf{1}$ を計算すると，

$$B=\begin{bmatrix} .475 & .525 \\ .250 & .750 \\ .107 & .893 \\ .04 & .96 \end{bmatrix} \quad t=\begin{bmatrix} 2.83 \\ 2.62 \\ 1.93 \\ 1 \end{bmatrix}$$

横領犯が刑務所に戻るまでに要する平均年数を $x_1$ とすれば，

$$2.83=.525\times 4+.475\times x_1$$

これを解くと $x_1=1.54$。

一方，強盗犯に対する基本行列は，

$$N=(I-Q)^{-1}=\begin{bmatrix} 1 & .91 & .901 & .793 \\ 0 & 1 & .99 & .871 \\ 0 & 0 & 1 & .88 \\ 0 & 0 & 0 & 1 \end{bmatrix}$$

前と同様にこれから $B=NR$ と $t=N1$ を計算すると，

$$B=\begin{bmatrix} .239 & .761 \\ .164 & .836 \\ .155 & .845 \\ .04 & .96 \end{bmatrix} \quad t=\begin{bmatrix} 3.60 \\ 2.86 \\ 1.88 \\ 1 \end{bmatrix}$$

強盗犯が刑務所に戻るまでに要する平均年数を $x_2$ とすれば，

$$3.60=.761\times 4+.239\times x_2$$

これを解くと $x_2=2.33$。

以上より，横領犯の場合はその48パーセントが4年の内に刑務所に逆戻りし，しかもそれまでに平均1.5年しか要しないのに対して，強盗犯の場合はその24パーセントが逆戻りするだけで，それまでに要する平均年数も2.3年である。強盗犯の方が犯罪常習性が低いことが，このデータから確認できる。

**問題2．** まず基本行列を求めると，

$$N=(I-Q)^{-1}=\begin{bmatrix} 11.063 & 6.725 \\ 9.978 & 8.026 \end{bmatrix}$$

これをもちいて $t=N1$ と $B=NR$ を計算すると，

$$t=\begin{bmatrix} 17.79 \\ 18.00 \end{bmatrix} \quad B=\begin{bmatrix} .664 & .336 \\ .599 & .401 \end{bmatrix}$$

$t$ の第1行より，被験者は平均18回の実験反復のうちに，完全同調か完全非同調かのどちらかに態度を固定することが確かめられる。また $B$ より，出発点で一時的非同調であった被験者の34パーセントは最後は同調者になり，出発点で一

時的同調であった被験者ではその割合は40パーセントになることが，確かめられる。

**9-1.** 鎮圧者としての状態を考えないのだから，伝達者としての世代（0～4）および無知の状態のみが問題になり，吸収連鎖ではなくなる。以下のように4回の出会いのみを考慮し，その後の分布を調べればよい。

・1回めの出会いの後：

$$f_1 P_1 = [.2, \ 0, \ .8] \begin{bmatrix} 1 & 0 & 0 \\ 0 & 1 & 0 \\ 0 & .2 & .8 \end{bmatrix} = \begin{matrix} G_0 & G_1 & I \\ [.2, & .16, & .64] \end{matrix}$$

・2回めの出会いの後：

$$f_2 P_2 = [.2, \ .16, \ 0, \ .64] \begin{bmatrix} 1 & 0 & 0 & 0 \\ 0 & 1 & 0 & 0 \\ 0 & 0 & 1 & 0 \\ 0 & .2 & .16 & .64 \end{bmatrix}$$

$$= \begin{matrix} G_0 & G_1 & G_2 & I \\ [.2, & .29, & .10, & .41] \end{matrix}$$

・3回めの出会いの後：

$$f_3 P_3 = [.2, \ .29, \ .10, \ 0, \ .41] \begin{bmatrix} 1 & 0 & 0 & 0 & 0 \\ 0 & 1 & 0 & 0 & 0 \\ 0 & 0 & 1 & 0 & 0 \\ 0 & 0 & 0 & 1 & 0 \\ 0 & .2 & .29 & .10 & .41 \end{bmatrix}$$

$$= \begin{matrix} G_0 & G_1 & G_2 & G_3 & I \\ [.2, & .37, & .22, & .04, & .17] \end{matrix}$$

・4回めの出会いの後：

$$f_4 P_4 = [.2, \ .37, \ .22, \ .04, \ 0, \ .17] \begin{bmatrix} 1 & 0 & 0 & 0 & 0 & 0 \\ 0 & 1 & 0 & 0 & 0 & 0 \\ 0 & 0 & 1 & 0 & 0 & 0 \\ 0 & 0 & 0 & 1 & 0 & 0 \\ 0 & 0 & 0 & 0 & 1 & 0 \\ 0 & .2 & .37 & .22 & .04 & .17 \end{bmatrix}$$

$$= \begin{matrix} G_0 & G_1 & G_2 & G_3 & G_4 & I \\ [.2, & .403, & .282, & .079, & .007, & .028] \end{matrix}$$

これを人数に直すと，$G_1=84.7$, $G_2=59.3$, $G_3=16.6$, $G_4=1.5$, $I=5.9$ となる。実験データと比較すると，最後まで知らなかった人の数が大幅に過小推定されている一方で，伝達者の第1世代や第2世代の人数が過剰推定されている。総じて本文中のモデルより適合は良くない。

[10章の解答]

**問題 1**

$$I-S = \begin{bmatrix} 1 & 0 & 0 & 0 \\ -S_1 & 1 & 0 & 0 \\ 0 & -S_2 & 1 & 0 \\ 0 & 0 & -S_3 & 1 \end{bmatrix}$$

| | | |
|---|---|---|
| $\begin{bmatrix} 1 & 0 & 0 & 0 \\ 0 & 1 & 0 & 0 \\ 0 & 0 & 1 & 0 \\ 0 & 0 & 0 & 1 \end{bmatrix}$ | $\begin{bmatrix} 1 & 0 & 0 & 0 \\ -S_1 & 1 & 0 & 0 \\ 0 & -S_2 & 1 & 0 \\ 0 & 0 & -S_3 & 1 \end{bmatrix}$ | 第1行に $S_1$ を掛け，それを第2行に加える。 |
| $\begin{bmatrix} 1 & 1 & 1 & 0 \\ S_1 & 1 & 0 & 0 \\ 0 & 0 & 1 & 0 \\ 0 & 0 & 0 & 1 \end{bmatrix}$ | $\begin{bmatrix} 1 & 0 & 0 & 0 \\ 0 & 1 & 0 & 0 \\ 0 & -S_2 & 1 & 0 \\ 0 & 0 & -S_3 & 1 \end{bmatrix}$ | 第2行に $S_2$ を掛け，それを第3行に加える。 |
| $\begin{bmatrix} 1 & 0 & 0 & 0 \\ S_1 & 1 & 0 & 0 \\ S_1S_2 & S_2 & 1 & 0 \\ 0 & 0 & 0 & 1 \end{bmatrix}$ | $\begin{bmatrix} 1 & 0 & 0 & 0 \\ 0 & 1 & 0 & 0 \\ 0 & 0 & 1 & 0 \\ 0 & 0 & -S_3 & 1 \end{bmatrix}$ | 第3行に $S_3$ を掛け，それを第4行に加える。 |
| $\begin{bmatrix} 1 & 0 & 0 & 0 \\ S_1 & 1 & 0 & 0 \\ S_1S_2 & S_2 & 1 & 0 \\ S_1S_2S_3 & S_2S_3 & S_3 & 1 \end{bmatrix}$ | $\begin{bmatrix} 1 & 0 & 0 & 0 \\ 0 & 1 & 0 & 0 \\ 0 & 0 & 1 & 0 \\ 0 & 0 & 0 & 1 \end{bmatrix}$ | |

**問題2** 1902年のイギリス

＊生存行列

$$\begin{array}{cc} & \begin{array}{cccccccc} 0 & 1 & 2 & 3 & 4 & 5 & 6 & 7 \end{array} \\ \begin{array}{cc} 0 & 5\text{—}14 \\ 1 & 15\text{—}24 \\ 2 & 25\text{—}34 \\ 3 & 35\text{—}44 \\ 4 & 45\text{—}54 \\ 5 & 55\text{—}64 \\ 6 & 65\text{—}74 \\ 7 & 75\text{—}84 \end{array} & \left[\begin{array}{cccccccc} 0 & & & & & & & \\ 0.968 & 0 & & & & & & \\ & 0.957 & 0 & & & & & \\ & & 0.934 & 0 & & & & \\ & & & 0.890 & 0 & & & \\ & & & & 0.814 & 0 & & \\ & & & & & 0.650 & 0 & \\ & & & & & & 0.301 & 0 \end{array}\right] \end{array}$$

＊基本行列

$$\begin{array}{cc} & \begin{array}{cccccccc} 0 & 1 & 2 & 3 & 4 & 5 & 6 & 7 \end{array} \\ \begin{array}{c} 0 \\ 1 \\ 2 \\ 3 \\ 4 \\ 5 \\ 6 \\ 7 \end{array} & \left[\begin{array}{cccccccc} 1 & & & & & & & \\ 0.968 & 1 & & & & & & \\ 0.926 & 0.957 & 1 & & & & & \\ 0.865 & 0.894 & 0.934 & 1 & & & & \\ 0.770 & 0.796 & 0.831 & 0.890 & 1 & & & \\ 0.627 & 0.646 & 0.677 & 0.724 & 0.814 & 1 & & \\ 0.407 & 0.421 & 0.440 & 0.471 & 0.529 & 0.650 & 1 & \\ 0.123 & 0.127 & 0.132 & 0.142 & 0.159 & 0.196 & 0.301 & 1 \end{array}\right] \\ & \begin{array}{cccccccc} 5.686 & 4.841 & 4.014 & 3.227 & 2.502 & 1.846 & 1.301 & 1 \end{array} \end{array}$$

＊生命表

| | | | 各年代を生き延びると期待される人数<br>（5—14歳の人口を100単位とする。） | | 各年代の出発時の<br>平均余命 |
|---|---|---|---|---|---|
| 年代 | | 5—14 | 0 | 100 | 51.9 |
| | | 15—24 | 1 | 96.8 | 43.4 |
| | | 25—34 | 2 | 92.6 | 35.1 |
| | | 35—44 | 3 | 86.5 | 27.3 |
| | | 45—54 | 4 | 77.0 | 20.0 |
| | | 55—64 | 5 | 62.7 | 13.5 |
| | | 65—74 | 6 | 40.7 | 8.0 |
| | | 75—84 | 7 | 12.3 | 5.0 |

1982年のイギリス
＊主な生存行列

|   |       | 0 | 1 | 2 | 3 | 4 | 5 | 6 | 7 |
|---|-------|---|---|---|---|---|---|---|---|
| 0 | 5―14  | 0 |   |   |   |   |   |   |   |
| 1 | 15―24 | 0.997 | 0 |   |   |   |   |   |   |
| 2 | 25―34 |   | 0.991 | 0 |   |   |   |   |   |
| 3 | 35―44 |   |   | 0.991 | 0 |   |   |   |   |
| 4 | 45―54 |   |   |   | 0.982 | 0 |   |   |   |
| 5 | 55―64 |   |   |   |   | 0.939 | 0 |   |   |
| 6 | 65―74 |   |   |   |   |   | 0.821 | 0 |   |
| 7 | 75―84 |   |   |   |   |   |   | 0.536 | 0 |

＊基本行列

|   | 0 | 1 | 2 | 3 | 4 | 5 | 6 | 7 |
|---|---|---|---|---|---|---|---|---|
| 0 | 1 |   |   |   |   |   |   |   |
| 1 | 0.997 | 1 |   |   |   |   |   |   |
| 2 | 0.988 | 0.991 | 1 |   |   |   |   |   |
| 3 | 0.979 | 0.982 | 0.991 | 1 |   |   |   |   |
| 4 | 0.962 | 0.964 | 0.973 | 0.982 | 1 |   |   |   |
| 5 | 0.903 | 0.906 | 0.914 | 0.922 | 0.939 | 1 |   |   |
| 6 | 0.741 | 0.743 | 0.750 | 0.757 | 0.771 | 0.821 | 1 |   |
| 7 | 0.397 | 0.399 | 0.402 | 0.406 | 0.413 | 0.440 | 0.536 | 1 |
| 計 | 6.967 | 5.985 | 5.030 | 4.067 | 3.123 | 2.261 | 1.536 | 1 |

＊生命表

| 年代 |   | 各年代を生き延びると期待される人数<br>（5―14歳の人口を100単位とする。） |   | 各年代の出発時の平均余命 |
|---|---|---|---|---|
| 5―14 | 0 | 100 | | 64.7 |
| 15―24 | 1 | 99.7 | | 54.9 |
| 25―34 | 2 | 98.8 | | 45.3 |
| 35―44 | 3 | 97.9 | | 35.7 |
| 45―54 | 4 | 96.2 | | 26.2 |
| 55―64 | 5 | 90.3 | | 17.6 |
| 65―74 | 6 | 74.1 | | 10.4 |
| 75―84 | 7 | 39.7 | | 5.0 |

10-1.

| 年代 | 1982 | 1992 | 2002 | 2012 | 2022 | 2032 | 2042 | 2052 | 2062 |
|---|---|---|---|---|---|---|---|---|---|
| 0―9 | 205 | 109 | 112 | 91 | 121 | 128 | 127 | 148 | 155 |
| 10―19 | 258 | 199 | 106 | 109 | 88 | 117 | 124 | 124 | 143 |
| 20―29 | 169 | 256 | 197 | 105 | 108 | 88 | 117 | 123 | 123 |
| 30―39 | 127 | 167 | 253 | 195 | 104 | 107 | 87 | 113 | 121 |
| 40―49 | 99 | 125 | 164 | 248 | 191 | 102 | 104 | 85 | 111 |
| 50―59 | 74 | 95 | 120 | 157 | 239 | 184 | 98 | 101 | 82 |
| 60―69 | 48 | 67 | 86 | 109 | 143 | 216 | 167 | 89 | 91 |
| 70―79 | 23 | 37 | 51 | 66 | 83 | 109 | 164 | 127 | 68 |
| 80＋ | 5 | 12 | 19 | 26 | 33 | 42 | 55 | 84 | 65 |
| 合計 | 1,008 | 1,067 | 1,108 | 1,106 | 1,110 | 1,093 | 1,043 | 994 | 959 |

10-2.

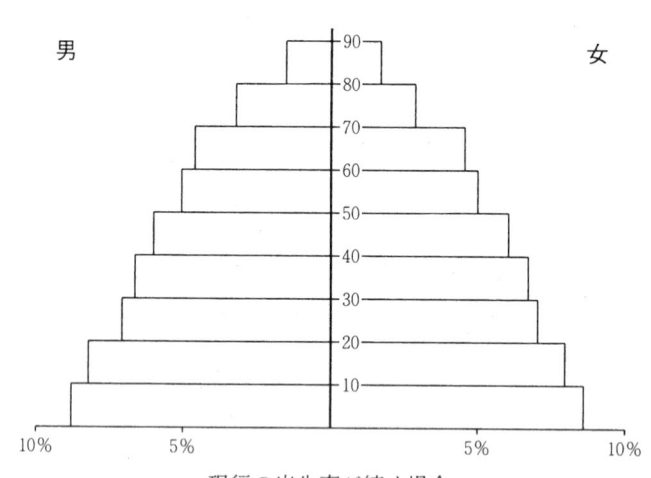

現行の出生率が続く場合

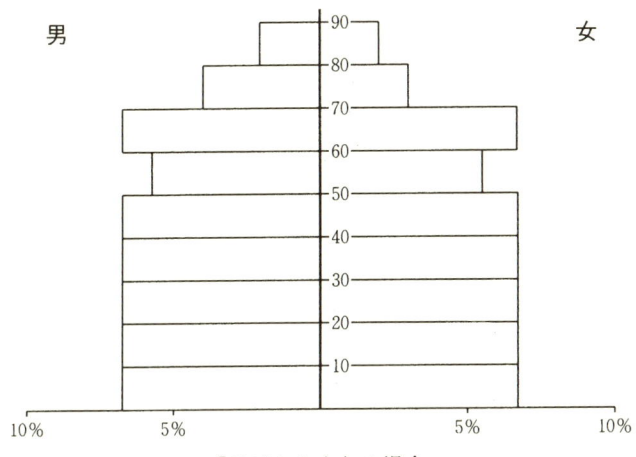

「子ども2人」の場合

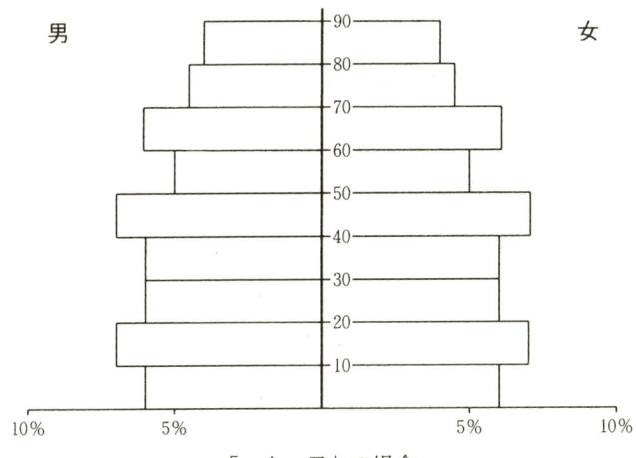

「一人っ子」の場合

## [11章の解答]

**11-1.**

(a) Rの利得行列

$$\begin{array}{c} \text{Cの戦略} \\ \begin{array}{cc} 1枚 & 2枚 \end{array} \\ \text{Rの戦略} \begin{array}{c} 1枚 \\ 2枚 \end{array} \begin{bmatrix} 10 & -10 \\ -20 & 20 \end{bmatrix} \end{array}$$

(b) Cの利得行列

$$\begin{array}{c} \text{Cの戦略} \\ \begin{array}{cc} 1枚 & 2枚 \end{array} \\ \text{Rの戦略} \begin{array}{c} 1枚 \\ 2枚 \end{array} \begin{bmatrix} -10 & 10 \\ 20 & -20 \end{bmatrix} \end{array}$$

**11-2.** Rの利得行列

$$\begin{array}{c} \text{Cの戦略} \\ \begin{array}{ccc} 0枚 & 1枚 & 2枚 \end{array} \\ \text{Rの戦略} \begin{array}{c} 0枚 \\ 1枚 \\ 2枚 \end{array} \begin{bmatrix} 0 & 0 & 0 \\ -10 & 10 & -10 \\ -20 & -20 & 20 \end{bmatrix} \end{array}$$

Cの利得行列

$$\begin{array}{c} \text{Cの戦略} \\ \begin{array}{ccc} 0枚 & 1枚 & 2枚 \end{array} \\ \text{Rの戦略} \begin{array}{c} 0枚 \\ 1枚 \\ 2枚 \end{array} \begin{bmatrix} 0 & 0 & 0 \\ 10 & -10 & 10 \\ 20 & 20 & -20 \end{bmatrix} \end{array}$$

**11-3.**

(a) $\begin{cases} \text{Rは優越戦略をもっている（Ⅰ）。} \\ \text{Cは優越戦略をもっている（Ⅰ）。} \end{cases}$

(b) $\begin{cases} \text{Rは優越戦略をもっている（Ⅲ）。} \\ \text{Cは優越戦略をもっている（Ⅰ）。} \end{cases}$

(c) $\begin{cases} \text{Rは優越戦略をもっている（Ⅱ）。} \\ \text{Cは優越戦略をもっていない。} \end{cases}$

(d) $\begin{cases} \text{Rは優越戦略をもっていない。} \\ \text{Cは優越戦略をもっている（Ⅲ）。} \end{cases}$

**11-4.** 1のゲーム：双方ともに優越戦略なし。

2のゲーム：Cは「0枚」が優越戦略である。

**11-5.**

(a) レイチェル：$-1$ / チャールズ：$-1$ } 鞍点あり

(b) レイチェル：$1$ / チャールズ：$2$ } 鞍点なし

(c) レイチェル：$1$ / チャールズ：$1$ } 鞍点あり

(d) レイチェル：$0$ / チャールズ：$0$ } 鞍点あり

(e) レイチェル：$1$ / チャールズ：$1$ } 鞍点あり

(f) レイチェル：$3$ / チャールズ：$3$ } 鞍点あり

(g) レイチェル：$-1$ / チャールズ：$-1$ } 鞍点あり

**11-6.** A-1のゲームでは，

　Rにとってのマキシミンは$-10$であるのに対し，Cにとってのミニマックスは$10$である。

A-2のゲームでは，

　Rにとってのマキシミンは$0$であるのに対し，Cにとってのミニマックスも$0$である。

**11-7.** Cが1の戦略を採用したときのRの期待利得は，$3p_2$である。またCが2の戦略を採用したときのRの期待利得は，$p_1-4p_2$である。したがって，Rにとっての最適戦略は，$3p_2=p_1-4p_2$の点となる。

$$3p_2=p_1-4p_2$$
$$3p_2=1-5p_2$$
$$\therefore p_2^*=\frac{1}{8}, \quad p_1^*=\frac{7}{8}$$

またこの点でのRの期待利得（ゲームの値）は，$3p_2^*=\dfrac{3}{8}$となる。

　Rが1の戦略を採用したときのCの期待利得は，$q_2$である。またRが2の戦略を採用したときのCの期待利得は，$3q_1-4q_2$である。したがってCにとっての最適戦略は，$q_2=3q_1-4q_2$の点となる。

$$q_2=3q_1-4q_1$$

$$1-q_1 = 3q_1 - 4(1-q_1)$$
$$1-q_1 = 7q_1 - 4$$
$$\therefore q_1^* = \frac{5}{8}, \quad q_2^* = \frac{3}{8}$$

またこの点でのCの期待利得（ゲームの値）は，$q_2^* = \frac{3}{8}$ となる。

**11-8.** もとの利得行列は，

$$\begin{array}{c} & C \\ & \begin{array}{cc} 2 & 3 \end{array} \\ R \begin{array}{c} 1 \\ 2 \end{array} & \left[\begin{array}{cc} -1 & 3 \\ 2 & 1 \end{array}\right] \end{array}$$

に縮約される。

**11-9.** もとの利得行列から，まず第2行が除去され，つぎに第2列が除去されて，

$$\begin{array}{c} & C \\ & \begin{array}{cc} 1 & 3 \end{array} \\ R \begin{array}{c} 1 \\ 3 \end{array} & \left[\begin{array}{cc} 2 & 0 \\ -3 & -2 \end{array}\right] \end{array}$$

となる。さらに第2行が除去されて，[2, 0]となるから，結局0がゲームの解となる。

**11-10.** もとの利得行列から，第3列を除去し，

$$\begin{array}{c} & C \\ & \begin{array}{cc} 1 & 2 \end{array} \\ R \begin{array}{c} 1 \\ 2 \end{array} & \left[\begin{array}{cc} 5 & -10 \\ -10 & 5 \end{array}\right] \end{array}$$

とする。またRの混合戦略を ${}^t\boldsymbol{p}=[p_1, p_2]$，Cの混合戦略を $\boldsymbol{q}={}^t[q_1, q_2]$ で表わす。

そうすると，Rの最適戦略は，$5p_1-10p_2=-10p_1+5p_2$ の点となるので，${}^t\boldsymbol{p}^* = \left[\frac{1}{2}, \frac{1}{2}\right]$ となる。同様にCの最適戦略は，$\boldsymbol{q}^* = \left[\frac{1}{2}, \frac{1}{2}\right]$ となる。またゲームの解は，$-\frac{5}{2}$ である。

**11-11.**

(1) 絶対に勝てない戦略がないことから，優越された戦略が存在していないこ

とは明らかである。またRのミニマックスとCのマキシミンをみれば，純粋戦略が存在しないことも明らかである。

(2) Rの最適戦略：${}^t\boldsymbol{p}^* = \left[ \dfrac{1}{3}, \dfrac{1}{3}, \dfrac{1}{3} \right]$

Cの最適戦略：$\boldsymbol{q}^* = {}^t\left[ \dfrac{1}{3}, \dfrac{1}{3}, \dfrac{1}{3} \right]$

これは常識を裏づけている。

## [12章の解答]

**12-1.**

(A) 図よりRの戦略は除去できるので，それを除去した利得行列を作ると，

$$G = \begin{bmatrix} 6 & 3 \\ 3 & 6 \end{bmatrix}$$

Rに対する最適混合戦略を与えるベクトルを $\boldsymbol{p}^* = [p_1{}^*, \ p_2{}^*]$ とすれば，

$$\boldsymbol{p}^* G = [6p_1{}^* + 3p_2{}^*, \ 3p_1{}^* + 6p_2{}^*]$$

この2つの要素を等しく置いて，$p_2{}^* = 1 - p_1{}^*$ を利用すると，

$$6p_1{}^* + 3(1 - p_1{}^*) = 3p_1{}^* + 6(1 - p_1{}^*)$$

これを解くと $p_1{}^* = 0.5$，$p_2{}^* = 0.5$ である。つまりRは戦略1と戦略2をそれぞれ確率0.5で選択すればよい。

行列$G$の各要素の符号を逆にしたものが，Cにとっての利得行列になる。それを $G'$ で表わす。ただし$G$の転置行列（${}^tG$）で考えなければならない。すなわち，

$${}^tG' = \begin{bmatrix} -6 & -3 \\ -3 & -6 \end{bmatrix}$$

Cに対する最適混合戦略を $\boldsymbol{q}^* = [q_1{}^*, \ q_2{}^*]$ とすれば，

$$\boldsymbol{q}^{*t}G' = [-6q_1{}^* - 3q_2{}^*, \ -3q_1{}^* - 6q_2{}^*]$$

前と同様にこの2つの要素を等しく置いた式を解けば，$q_1{}^* = 0.5$，$q_2{}^* = 0.5$である。つまりCの側から見ても，戦略1と戦略2をそれぞれ確率0.5で選ぶのが最適である。

(B) 考え方は(A)と同じなので，要点のみを記す（以下同様）。図よりRの戦略3は除去できる。したがってRに対しては，

$$\boldsymbol{p}^* G = [10p_1{}^* - 2p_2{}^*, \ 4p_1{}^* + 10p_2{}^*]$$

だから，この2つの要素を等しく置いて解けば，$p_1{}^* = 0.67$，$p_2{}^* = 0.33$である。つまりRにとっては戦略1を確率0.67で，戦略2を確率0.33で選ぶのが

最適である。Cに対しては，
$$q^{*t}G' = [-10q_1^* - 4q_2^*, \ 2q_1^* - 10q_2^*]$$
であるから，$q_1^* = 0.33$, $q_2^* = 0.67$ がえられる。つまりCはちょうどRとは逆に，戦略1を確率0.33で，戦略2を確率0.67で選べばよい。

(C) 図よりRの戦略3は除去できる。したがってRに対しては，
$$p^*G = [-5p_1^* + 10p_2^*, \ 5p_1^* - 10p_2^*]$$
である。これを等しく置いて解けば，$p_1^* = 0.67$, $p_2^* = 0.33$ である。つまりRにとっては戦略1を確率0.67で，戦略2を確率0.33で選ぶのが最適である。Cに対しては，
$$q^{*t}G' = [5q_1^* - 5q_2^*, \ -10q_1^* + 10q_2^*]$$
であるから，同様にして，$q_1^* = 0.5$, $q_2^* = 0.5$。つまりCにとっては戦略1と戦略2をそれぞれ確率0.5で選ぶのが最適である。

(D) 図よりRの戦略3は除去できる。したがってRに対しては，
$$p^*G = [-5p^* + p_2^*, \ 5p_1^*]$$
この2つの要素を等しく置いて解くと，$p_1^* = 0.09$, $p_2^* = 0.91$ である。つまりRにとっては戦略1を確率0.09で，戦略2を確率0.91で選ぶのが最適である。Cに対しては，
$$q^{*t}G' = [5q_1^* - 5q_2^*, \ -q_1^*]$$
であるから，同様にして $q_1^* = 0.45$, $q_2^* = 0.55$ をうる。つまりCは戦略1を確率0.45で，戦略2を確率0.55で選べばよい。

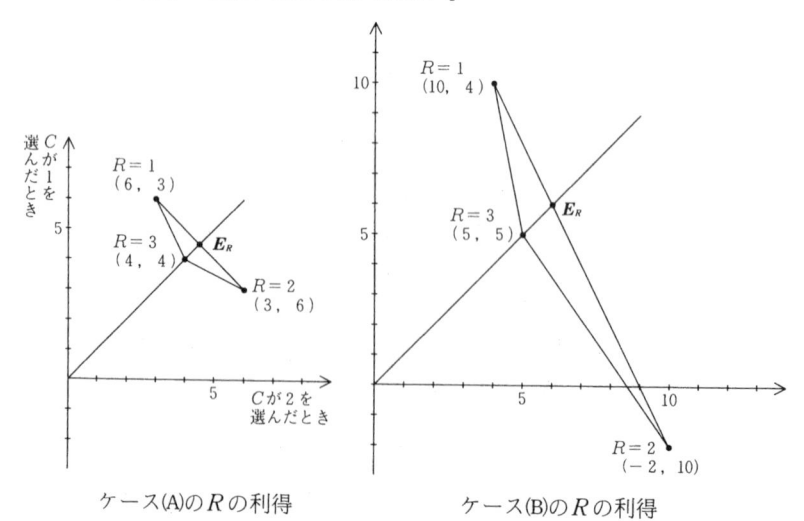

ケース(A)のRの利得

ケース(B)のRの利得

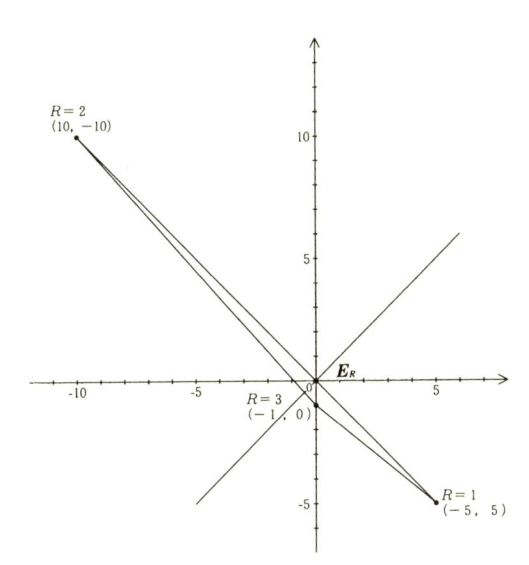

ケース(C)の$R$の利得

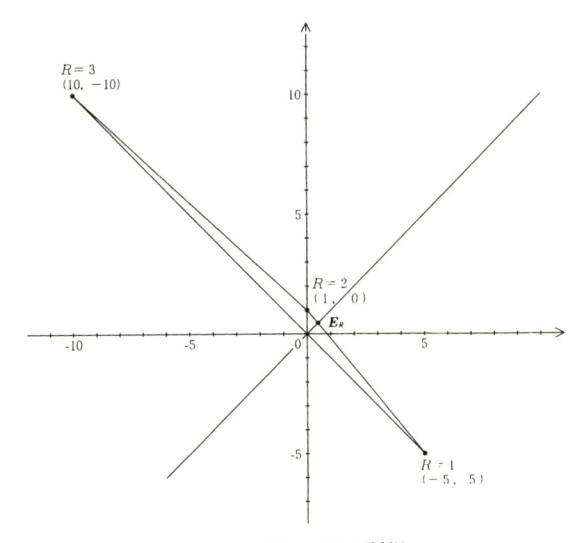

ケース(D)の$R$の利得

# 索　引

**あ**

鞍点（saddle point）…201, 203, 212, 213

**い**

移動（mobility）……………115, 117
　産業間（industrial）――　………120
　世代間（intergenerational）――　…120
　世代内（intragenerational）――　…120
移動者―停留者モデル（mover-stayer model）
　………………………………127, 155
いとこ婚（first-cousin marriage）……70

**う**

ウルマー（Ulmar, S.S.）………………89
うわさの伝播（spread of rumour）…109

**え**

影響力（influence）…………………83
　間接的な（direct）――　………83-87, 92
　直接的な（indirect）――　……83-87, 92
　――の重み（weight）…………87, 93
エゴ（ego）……58, 59, 65-67, 73, 76

**お**

脅しに弱い均衡（threat-vulnearable equibrium）……………………………255

**か**

（ゲームの）解（solution）……………
　……200, 203, 212-214, 218, 225, 227
確率（probability）…………………97
　――的予測……………………………100
確率ベクトル（probability vector）……
　…103, 111, 126, 204, 207, 222, 228
家系図（family tree）……………57, 58
可換的（commutative）…………15, 18
（行列の）掛け算（multiplication）…9, 11
加重要約行列（weighed summary index）
　………………………………………93
過小推定（underestimation）…125, 127, 131
過剰推定（overestimation）……………131

**き**

期待損失（expected loss）……………216
期待利得（expected pay-off）…………
　……………………206-210, 212, 214-216
基本的行変形（elementary row operation）…………………………28, 30
基本的列変形（elementary column operation）………………………………32
逆行列（inverse matrix）………………
　………………………15, 17, 21, 137, 146
吸収マルコフ連鎖（absorbing Markov chain）………………133, 143, 167
　――の基本行列（fundamental matrix）
　………………………137, 145, 171-173
行ベクトル（row vector）………………2
協力（co-operation）……………239, 246
　――解（――solution）………243, 262
　非――解（non――solution）…………
　……………………………239, 243, 251
行列（matrix）…………………………2

行列式（determinant）……………23, 27
均衡（equilibrium）………………………
　……107-109, 117, 125, 133, 200, 203

**く**
クラン（clan）…61-63, 66-70, 72, 73, 75
グールド（Gould, P.）……………230-234
軍拡競争（arms race）…………………244

**け**
ゲームの値（value of game）…209, 212
ゲームの理論（theory of game）……193
ゲームのルール（rules of a game）…255
欠陥対角線（deficient diagonal）……154
ケメニー（Kemeny, J.G.）…97, 117, 153

**こ**
公共財（public goods）…………………251
交差いとこ（cross-cousin）………60, 72
公理（axiom）………………………61, 77
合理的プレイヤー（rational player）……
　…………………194, 196, 223, 259
コーエン（Cohen, B.P.）………………145
コーガン（Kogan, M.）120, 148, 152, 154
コールマン（Coleman, J.S.）…………154
婚姻規則（marriage rule）…………60, 67
混合戦略（mixed strategy）………………
　………………………206, 209, 211-218

**さ**
最終需要（final demand）……36, 39, 43
最適（の）戦略（optimal strategy）………
　……………203, 212-214, 216-219, 229
産業コード群（industry code groups）…121
産出, 産出物（output）……………………35

**し**
実行可能性（feasibility）………………50
囚人のジレンマ（prisoner's dilemma）…
　……………………………………241, 242

$N$ 人（$N$ person）――――……248, 252
集団圧力（group pressure）……………150
（行列の）主対角線（main diagonal）…16
出産年齢（child-bearing age）…179-181
出自規則（descent rule）…………………60
出生率（fertility rate）……………182-190
樹木図（tree diagram）…100, 161, 162
純粋戦略（pure strategy）…………………
　………………200-202, 206, 213, 214
順列行列（permutation matrix）………64
状態（state）……………………………99
吸収（absorbing）――――……………133
非吸収（non-absorbing）―― …134, 145
親族システム（kinship system）………57

**す**
推移確率行列（matrix of transition probabilities）………………………………99
推移的（transitive）………………79, 81
（行列の）スカラー倍（scalar multiplication）……………………………………9
スネル（Snell, J.L.）……………117, 153

**せ**
正則（regular）……………………106, 156
生存行列（survival matrix）168, 174, 183
正方行列（square matrix）…………2, 99
（行列の）成分, 要素（components, elements）………………………………… 2
生命表（life table）………………176, 177
勢力（power）…………………82, 86, 87
ゼロ和ゲーム（zero-sum game）……195

**た**
ダイグラフ（digraph）……………79, 80
　→有向グラフ
対称行列（symmetric matrix）………75
（行列の）足し算（addition）…………8
ただ乗り（free-riding）………………250
単位行列（identity matrix, unit matrix）

索 引 **307**

..................................15, 16

## ち
チャマー (Chammah, A.M.) ......258-262
鎮圧者 (stiffer) ..............................159

## つ
つつき順位 (pecking order) ...........79

## て
デイヴンポート (Davenport, W.) .........
..........................................224, 231
定常人口 (stationary population) ...179
定数和ゲーム (constant-sum game) .....
........................196, 201, 213, 219
伝達者 (gossip) ..............................159
転置行列 (transposed matrix) .........65

## と
同調 (conformity) .........................150
同調関係指数 (ISI : inter-individual solidarity index) .........................90
——等級.........................................91
投入, 投入物 (input) .....................35
投入係数 (input coefficient) .........43
投入係数行列 (input coefficient matrix)
.................................................45
投入—産出分析 (input-output analysis) 42
等比数列 (geometrical progression) .....
..........................................136, 137
特異 (singular) ..............................27

## は
犯罪常習性 (recidivism) ...............143

## ひ
(行列の) 引き算 (substruction) .........8
非定数和ゲーム (non-constant-sum game)
.................................................237
「一人っ子」,「一人っ子」政策 (only children, one-child, one-child family) ......
..........................................187-191
「一人っ子」キャンペーン (one-child family campaign) ............185, 187, 189

## ふ
複占 (duopoly) .............................220
ブルーメン (Blumen, I.) .....................
........................120, 148, 152, 154
ブローザン (Blozan, C.F.) ...........143
(行列の) 分割 (partition) ...............135
紛争 (conflict) .......................219, 235

## へ
平均余命 (life expectancy) .........173
平行いとこ (parallel-cousin) ...........72

## ほ
補完的 (complementary) .................81
ホワイト (White, H.C.) ...57, 74, 76, 77

## ま
マキシミン (maximin) .......................
........................200, 201, 203, 207
マッカーシィ (McCarthy, P.J.) ...........
........................120, 148, 152, 154
マホニィ (Mahoney, W.M.) ...........143
マルコフ連鎖 (Markov chain) ......99
　高次の——(higher-order) ...........157
丸めの誤差 (rounding error) .........32

## み
ミーカー (Meeker, B.F.) .................57
見返り金 (side-payment) ......256, 257
ミニマックス (minimax) .....................
........................200, 201, 203, 207

## む
無限級数 (infinite series) ...............48
無作為性 (randomness) ...............223

無作為な検閲（random search）………238

**ゆ**
優越行列（dominance matrix）…80, 92
優越戦略（dominant strategy）
　…………197-199, 202, 213, 214, 217
有向グラフ（directed graph）…………79

**よ**
幼児死亡率（infant mortality）…176, 180

**ら**
ラパポート（Rapoport, A.）……258-262

**り**
リーク（Reik, R.K.）………………57
利得行列（pay-off matrix）………………
　……195-198, 201, 202, 213, 217, 218

**れ**
レオンチェフ（Leontief, W.）…………42
レスリー行列（Leslie matrix）………
　………………………………181-183, 188
列ベクトル（column vector）………… 3

**ろ**
労働（labour）………………35, 50, 51

### 訳者紹介

**小林淳一**（こばやし・じゅんいち）
1947年　高知県生まれ。
1977年　東北大学大学院文学研究科社会学専攻博士課程単位取得退学。
　　　　福岡大学人文学部教授を経て，現在，福岡大学名誉教授。
主　著　『社会学における理論と概念のフォーマライゼイション』（編著）
　　　　　文部省科学研究費成果報告書，1991年。
　　　　『考える社会学』（編著）ミネルヴァ書房，1991年。

**三隅一人**（みすみ・かずと）
1960年　福岡県生まれ。
1986年　九州大学大学院文学研究科社会学専攻博士課程単位取得退学。
　　　　山口大学人文学部専任講師等を経て，現在，九州大学大学院比較社会文化
　　　　研究院教授。博士（社会学）（2007年，関西学院大学）。
主　著　『社会関係資本―理論統合の挑戦―』ミネルヴァ書房，2013年。
　　　　 *A Formal Theory of Roles*, Hana-syoin, 2007年。

---

社会のなかの数理［新装版］
　　――行列とベクトル入門――

1992年11月 1 日　初版発行
1996年 4 月30日　改訂版 1 刷
2004年10月25日　改訂版 3 刷
2014年 2 月28日　新装版 1 刷

|  |  |
|---|---|
| 著　者 | Ｉ．ブラッドリー |
|  | Ｒ．Ｌ．ミーク |
| 訳　者 | 小　林　淳　一 |
|  | 三　隅　一　人 |
| 発行者 | 五十川　直　行 |
| 発行所 | 一般財団法人 九州大学出版会 |

　　　　〒812-0053　福岡市東区箱崎7-1-146
　　　　　　　　　　　九州大学構内
　　　　電話　092-641-0515（直通）
　　　　URL　http://kup.or.jp/
　　　　印刷・製本／大同印刷㈱

Ⓒ Junichi Kobayashi, Kazuto Misumi, 2014　　ISBN 978-4-7985-0127-7